Adolph Zahn

Die Zöglinge Calvins in Halle an der Saale

Adolph Zahn

Die Zöglinge Calvins in Halle an der Saale

ISBN/EAN: 9783744613033

Hergestellt in Europa, USA, Kanada, Australien, Japan

Cover: Foto ©ninafisch / pixelio.de

Weitere Bücher finden Sie auf **www.hansebooks.com**

Die Zöglinge Calvin's

in

Halle an der Saale.

Von

Adolph Zahn,
Domprediger zu Halle an der Saale.

Curvata resurgo.

Mit dem Portrait Calvin's nach Theophil Schuler's Copie des Genfer Originals, in Kupfer gestochen von J. Knolle, und einer Ansicht der Moritzburg und Domkirche in Halle nach C. Würbs, in Stahl gestochen von Joh. Poppel.

Halle,
Verlag von Richard Mühlmann.
1864.

Den Pastoren

der evangelisch-reformirten Gemeinden

in der

Provinz Sachsen

zum 27. Mai 1864

gewidmet

von

ihrem Mitbruder.

Theure, in unserem Herrn Jesu Christo geliebte Brüder!

Wenn ich es gewagt habe, Ihnen die vorliegende Schrift zu widmen, welche an die Wohlthaten erinnern soll, welche der barmherzige und treue Gott durch seinen Knecht Calvin, dessen Gedächtniß wir am 27. Mai dieses Jahres, als an seinem dreihundertjährigen Todestage, erneuern und kirchlich feiern sollen, uns gesegnet hat, so trieb mich dazu der Wunsch mitzuhelfen, daß in unserem kleinen Kreise die brüderliche Gemeinschaft gepflegt werde und daß wir im Hinblick auf das was einst die reformirten Gemeinden Sachsens aus dem Erbe des Reformators an heilsamer Lehre, guter Ordnung und Sitte besaßen, immermehr Zuversicht und Freudigkeit gewinnen, das uns befohlene heilige Werk des Herrn zu treiben und die Trümmer zu bauen.

Sie werden, ich bin es von Ihrer Liebe gewiß, mit Geduld und Nachsicht mein Thun aufnehmen und den zu Ihnen redenden Bruder freundlich ertragen. Bedürfen wir doch so sehr in dem Kampfe dieser Zeit, in der Größe der Verantwortung die auf uns liegt, in unserem ganzen ernsten und hohen Berufe gegenseitiger Stärkung und Tröstung und hierzu in meiner Schwachheit förderlich gewesen zu sein, würde meine Freude groß machen.

Möge das Gedächtniß Calvin's unter uns von dem Segen Gottes begleitet sein!

Dies wird es aber nur, wenn wir es so feiern wie sich die Gemeinden Judäas über die Bekehrung Pauli freuten: sie priesen Gott in ihm. Denn der Reformator ist in seinem Wesen und in seiner Arbeit lediglich „ein Werk Gottes, geschaffen in Christo Jesu zu guten Werken" und Gott würde seiner Ehre beraubt werden, stimmte man an seinem Erinnerungstage in jene lügnerische Menschenverherrlichung ein, der die Welt fröhnt. Auch würde man sein eignes Bekenntniß verachten wie er es sterbend so ausspricht: „Ich danke

Gott, daß er sich nicht nur seines armen Geschöpfes erbarmet und mich aus dem Abgrund der Abgötterei gezogen hat, um mir zur Klarheit seines Evangeliums zu verhelfen, mich auch weiter der Lehre seines Heiles theilhaftig gemacht, deren ich ganz unwürdig war, und mich in all meinen Fehlern und Armseligkeiten mit unaussprechlicher Geduld getragen, während ich verdient hätte, tausendmal verworfen zu werden; sondern daß er zu alledem seine Gnade so weit erstreckte, sich meiner und meiner Arbeit bedienen zu wollen, um die Wahrheit des Evangeliums zu verkünden und auszubreiten. Ich bezeuge aus innerster Seele, daß ich in diesem Glauben, den er mir gegeben, leben und sterben will; daß ich keine andere Hoffnung habe, als seine freie Erwählung, auf welcher mein ganzes Heil beruht; und von ganzem Herzen die Gnade erfasse, die mir in Christo Jesu, meinem Heiland bereitet worden ist, damit alle meine Sünde in dem Verdienst seines Lebens und Sterbens begraben werde. Auf das Demüthigste flehe ich ihn an: ich möchte in solcher Weise gereinigt und abgewaschen werden durch das Blut dieses großen Erlösers, welches für uns arme Sünder vergossen worden, daß ich vor seinem Angesicht erscheinen und sein Bild an mir tragen könne."

Wie fühlen wir es doch, meine Brüder, bei diesen Worten, daß gerade auf dem sich so demüthigenden und wegwerfenden Manne "der Geist der Herrlichkeit und Gottes" ruht, jene "Majestät" von der seine Mitbürger ihm Zeugniß gaben, und in der er die Werke that, die ihm bestimmt waren. Wollte er nun von sich selbst nichts wissen, "nichts werth sein sondern eine erbärmliche Creatur," so werden auch wir allein den Geber in der Gabe zu verherrlichen haben und zu Gott in Dankbarkeit und Lob aufblickend wird sich unser Herz mit Zuversicht und Glauben füllen, daß der Herr wie er einst in Calvin in dunkler Nacht ein Licht hat aufgehen lassen, so auch noch jetzt der lebendige und gegenwärtige Helfer seiner Kirche ist, dessen Macht und Gnade allein die traurigen Zustände unserer Gemeinden erneuern kann.

Das Gedächtniß des Reformators wird uns zunächst die Prüfung nahe legen, ob wir jene Wahrheiten für die er gearbeitet und gerungen hat unserm Volke predigen: die Verherrlichung der souveränen Gnade Gottes welche allein in sich Vergebung der Sünden, Heiligung und Bewahrung trägt, auch allein Anfang und Vollendung des Glaubens schafft; die Erniedrigung und Demüthigung des Menschen, der nur an Sünden reich ist und lediglich auf die Erbarmung Gottes angewiesen. Wo diese auf Schriftgrund bestehenden Wahrheiten in demüthiger Beugung unter Gott und in werbender Bruderliebe verkündet werden, wird unsere Arbeit nicht unbelohnt sein, und wir erfahren es nach Zweifel und Anfechtung, daß nicht eine vergängliche, sondern bleibende Bekehrung daraus hervorgeht.

Welch' ein Amt, theure Brüder, ist uns anvertraut! Ewiges Leben sollen wir aus dem Wort der Wahrheit darbieten. Lasset uns solches Amt mit Treue und Geduld, Eifer und Ernst schmücken. Wissen wir doch, daß unsere Mühe und unser Dienst mit dem Beifall des Herrn der Kirche gekrönt wird. Seine Augen sehen auf uns, wir streiten unter seiner Fahne, wir siegen in seinem Sieg.

Man hat gesagt, daß einige reformirte Gemeinden in unserer Provinz einen Sammelpunkt und Halt für schalen Vernunftglauben und verderblichen Liberalismus böten. Wäre dem wirklich so, welch' ein Gericht würde dann ihre Hirten von dem treffen, der uns sein „herrliches Evangelium" gegeben hat und uns durch seinen Apostel bezeugen und beschwören läßt, „bei den gesunden Worten" und bei der „Lehre der Gottseligkeit" zu bleiben, und das Gebot des „Glaubens, der Liebe und Hoffnung" untadelich und ohne Flecken zu halten. Die beste Widerlegung jener Anklage wird ein vermehrter Eifer sein, das Werk eines evangelischen Predigers mit reinem Gewissen zu treiben.

Ist uns doch die Predigt des Wortes noch frei und ungehindert geblieben, während jenes zweite hochwichtige Stück der Auferbauung der Gemeinden, die Zucht und Strafe ausgeübt durch das Presbyterium, bis auf die letzten Reste unter uns verschwunden ist. Die sittenrichtenden Organe unserer Gemeinden sind herabgesunken zu Behörden, denen wir wohl mit Freuden dankbar sind für die vielen kleinen Dienste, die sie übernehmen, liegen dieselben auch auf dem äußerlichsten Gebiete der Kirchenverwaltung, die aber in keiner Weise mehr das sind, was einst die Aeltesten in reformirten Gemeinden waren: Vorbilder treuen Kirchenbesuches, gottseligen Wandels, mit der Macht die Betrübten zu trösten, die Widerspenstigen zu strafen, die Kranken und Armen zu besuchen, die Heilighaltung der Predigt und der Sacramente zu überwachen. Wie viele Aergernisse in dieser Beziehung unter uns vorliegen, will ich nicht näher ausführen, nur eines sei erwähnt: man sollte mehr, wo die Neubildung jener Behörden nöthig wird, Aermere berücksichtigen, denen der Kirchenbesuch Bedürfniß ist, als das Tadelwort Jacobi auf sich ziehen (Jac. 2, 2 ff.). Und wenn auch jetzt unseren Gemeinden ein Joch heilsamer Liebe noch unbekannt und unerträglich ist, wäre es ganz unmöglich, sie an solches zu gewöhnen?

Wie freilich die Zustände in der Gegenwart, sind was würde daraus hervorgehen, wollte man unseren Gemeinden und ihren Organen — wohin die Agitation der Zeit strebt — eine Entscheidung über bedeutsame kirchliche Fragen, über biblische Lehren und über den Geist der Predigt verleihen. Bei der großen Unkenntniß der heil. Schrift, bei dem Mangel an persönlichen Erfahrungen auf geistigem Gebiete, wird man die teuschen Wahrheiten Jesu Christi im besten Falle nach den Einfällen eines moralisirenden Verstandes oder dem Geschmack eines weichlichen Gefühles beurtheilen oder sie in der offnen Feind= schaft des natürlichen Herzens zertrümmern. Oder wer ist nicht unter uns darüber betrübt, daß die Gemeinden so wenig die L e h r e ken= nen, schriftgemäße einfache Begriffe besitzen und einen Erkenntniß= grund ihres Glaubens haben.

Was die Ausübung der so nöthigen Zucht betrifft, so ist der Pastor allein auf den Beistand seines Gottes angewiesen und wagt er es nun auch einmal den Gottlosen von dem Tische des Herrn wegzu= weisen und gegen die Aergernisse, die die Taufe und die Predigt be= gleiten, zu protestiren, in wie vielen Fällen trägt er doch das demüthi= gende Gefühl von kirchlichen Handlungen mit fort, daß die Ehre Gottes durch den Unglauben und die Verachtung der Menschen ge= schändet sei und das Evangelium in seinem heiligen Rechte gekränkt und verletzt. Das macht tief elend und erfüllt mit Klagen, in denen wir das Mißfallen Gottes über uns und unsere Gemeinden fühlen, aber auch durch sein Wort gestärkt werden, daß die letzten Zeiten gräuliche Zeiten sein werden: voll von Lästerern, Ungehorsamen, Un= dankbaren und Ungeistlichen die die Wollust, der Welt mehr lieben denn Gott und sich Lehrer aufladen nach dem ihnen die Ohren jucken.

Mögen wir nun auch, meine Brüder, unter Trümmern wan= deln, wir wollen unter der gnädigen Bewahrung des Herrn nicht in dem Elende unserer Gemeinden erstarren und erkalten, gleichgültig und alt darinnen werden, sondern allezeit ihre Noth unsere Noth, ihr Elend unser Elend sein lassen, damit das Gebet nicht aufhöre, die Arbeit nicht laß werde und die Güte des Herrn unserem Volke mit sich stets verjüngender Kraft von uns gepriesen sei.

Beharren wir bei der unverfälschten Predigt d e r G n a d e und suchen wir das Herrliche unseres Berufes darin, gegenüber einer un= dankbaren Welt G o t t z u r e c h t f e r t i g e n, der mit lauterem Liebes= willen auf Grund einer geschehenen Erlösung wohl einladet aber ver= schmäht wird. Vergeblich suchen wir den großen Schaden der Kirche dadurch zu heilen, daß wir dem Unglauben halbe Zugeständnisse ma= chen, auf Menschenschmeichelei verfallen oder eine Liebe üben wollen, bei der wir die Wahrheit verlieren: e r f o l g l o s a b e r w a h r h a f= t i g sind wir unserm unsichtbaren Herrn lieber, als wenn wir mit Fälschung und Trügerei umgehen. Der Beifall der Welt richtet uns selbst: loben die Geringen und Stillen des Landes unsere Worte, erkennen die Schafe Jesu unsere Stimme, so sind wir treue Hirten nach dem Geiste Christi, „der in Schwachheit gekreuzigt ist aber in der Kraft Gottes lebt.“ Diese Freude bereite er einem jeden von uns: in dem kleinen gesammelten Kreise der Auserwählten, in dem

Kämmerlein einer Wittwe, an dem Bette eines Sterbenden es zu ver=
nehmen, daß Gottes Wort nicht lüge sondern jedem Glaubenden ewi=
ges Leben gebe.

Soll dem großen Kirchenkörper wieder eine Zeit der Erneuerung
kommen, so wird es nur nach schweren Heimsuchungen, nach Strafen
und Gerichten geschehen. Ganze Gemeinden, die sich dem Regimente
Jesu unterwerfen, werden aus Leiden und Noth geboren. Wenn der
hohen Eiche und Linde die vielen Blätter abgestoßen sind, dann wird
der übrig gebliebene Stamm ein „heiliger Same" sein (Jes. 6,
13.); wenn zwei Theile aus dem Lande, das sich nach dem Namen
des Herrn nennt, untergegangen sind, so wird der dritte Theil als
Gold ins Feuer geführt, geläutert und gefegt mit aufrichtigem Be=
kenntniß sagen: Herr, mein Gott, und die Antwort erhalten: es ist
mein Volk (Sacharja 13, 9).

Leiden waren es, welche die französischen Gläubigen reinigten
und heiligten, die vielen Schlacken von ihnen schieden und die Uebrig=
gebliebenen das Wort des Herrn höher achten ließen, als Vaterland,
Reichthum und Königsgunst (Ebräer 11, 25 — 27).

Ist die Geduld des Herrn auch groß über die Verächter sei=
nes Evangeliums, seine heilige Abrechnung bleibt nicht aus und was
dann seinen Plagen entrinnt, das wird sein Wort mit Freuden
aufnehmen (Jerem. 31, 1. 2.).

So harren wir denn, geliebte Brüder, auf den Herrn und sein
Thun, wie er war so ist er und so wird er auch kommen.

Noch eines möchte ich erwähnen, es ist ja in den Kämpfen
der Gegenwart so bedeutsam: ich meine unsere Stellung zur Union.
Es ist nun keine Frage, daß die Union in unserem Vaterlande
ein gegründetes Recht hat, welches in dem klar ausgesprochenen Wil=
len des Königs, in dem daraus hervorgegangenen unirten Kirchen=
regimente, in dem freien Beitritte vieler Gemeinden beruht. Es kann
also von einer reformirten Kirche unter uns nicht mehr geredet wer=
den, sondern nur noch von reformirten Gemeinden innerhalb der
unirten Kirche und unter unirtem Kirchenregimente. Sind auch manche
reformirte Gemeinden in der Provinz Sachsen durch die Union ganz
aufgehoben worden obwohl sie schon vorher meist verkümmert waren,
so hat man doch den noch bestehenden in dem Besitz des Heidelberger
Katechismus, in dem Gebrauch der alten Formulare, in der Einfach=
heit und Nüchternheit des Gottesdienstes, in einem besonderen Con=
sistorialrath so wenig ihre Eigenthümlichkeit zerstört, daß man vielmehr
bereitwillig für den Bestand derselben gesorgt hat. Muß uns nun
dies mit Vertrauen und Gehorsam gegen unsere kirchliche Oberbe=
hörde erfüllen, so werden wir uns auch zu wahren haben in kleinen
oder großen Kreisen, das Recht der Union abzubrechen und uns
gegen dieselbe unter die Aufrührerischen zu mischen, vielmehr werden

wir jeder Bestrebung brüderlicher Vereinigung und kirchlicher Gemein=
schaft mit denen, die den Namen des Herrn aus reinem Herzen an=
rufen, wenn sie in der Furcht Gottes und in der Weisheit des hei=
ligen Geistes geschieht, mit Eifer entgegenkommen.

Der Herr sei allezeit unsere Freude und unser Ruhm!

Nehmet, geehrte und liebe Brüder in Jesu Christo unserem Herrn,
meinen ehrerbietigen Gruß an und habt in Liebe und Nachsicht die
Worte Eures geringen Mitbruders angehört.

A. Zahn,
Prediger am Dom in Halle.

Vorrede.

Wie wir unsere Mittheilungen über die Geistlichen der evangelisch-reformirten Domgemeinde aus Anlaß der dreihundertjährigen Gedächtnißfeier des Heidelberger Katechismus zu veröffentlichen wagten, so hat uns jetzt das Todesgedächtniß Calvins bewogen, den zweiten Theil der Geschichte der reformirten Gemeinde in Halle, der das kirchliche Wesen der französischen Flüchtlinge umfaßt, als einen kleinen Gedenkstein für den von Gott seiner Kirche gesandten Reformator zu errichten.

Die französische Gemeinde in Halle trug, wie ihre übrigen Schwestern in der neuen brandenburgischen Heimath, den geistigen Stempel Calvin's, von ihm stammen ihre Einrichtungen, seine Gedanken beleben sie: so wird denn auch dies kleine Bild an den durch Gott und seinen Geist großen und treuen Arbeiter erinnern.

Eine geschichtliche Darstellung, welche in die kirchlichen Zustände der Franzosen in Preußen einführt, ist uns nicht bekannt, vielleicht gewährt die hier gegebene einen Blick in die immermehr verschwindenden einst so blühenden Gemeinden der zu uns geflohenen Gläubigen.

Um uns recht in die Mitte der Gemeinde zu versetzen, war es nöthig, die kirchlichen Handlungen und Formulare zu besprechen, und daß wir bei von letzteren eine Uebersetzung gegeben haben, wird uns der, denken wir, danken, der sich in aufrichtiger Gesinnung über reformirte Lehre unterrichten will.

Konfessionellem Hader soll das Buch nicht dienen: wir können in allen echten Schülern Luther's nur gut reformirte Brüder sehen. Wo Verachtung und Hohn des unvergänglichen Evangeliums unter der armen Menge in so schrecklicher Weise wie in der Gegenwart regieren, wo Rom siegesgewiß die Gemüther sich raubt, die zuletzt ermüdet von kahlem Unglauben nach seinem vergifteten Troste greifen, da werden die Getreuen des Herrn den kleinen Streit begraben und sich gemeinsam stärken.

Für Halle tritt in dem Folgenden ein bedeutsames Stück seiner alten Geschichte aus der Vergessenheit hervor. Wie sehr die Calvinisten unsere Wohlthäter und die Erbauer der einst in Armuth und Ruin verfallenen Stadt gewesen sind, dafür haben wir in etwas den Nachweis gegeben. Hier werden Kundige wohl noch manchen großen und kleinen Beitrag zu liefern wissen.

Wir selbst haben noch einige zu spät erfahrene Andeutungen über den Einfluß der Reformirten auf die Regelung der Armenpflege der Stadt entdeckt.

Schon bei ihrem Eintritte in Halle machten sie hierfür Vorschläge; am Ende des achtzehnten Jahrhunderts hat der Assessor Baffenge († im März 1809), aus einer alten französischen Flüchtlingsfamilie, ein Mann in seiner ganzen Arbeits- und Lebensweise ein Abbild französisch-protestantischer Charaktere, als Beisitzer des Almosen-Collegiums eine weitgehende musterhafte Reform dieser Anstalt herbeigeführt, durch welche er die hallesche Armenpflege zu einem Modell für andere Städte machen wollte. Leider zerstörte nachher der unglückliche Krieg sein mühevolles mit fleißigster Arbeit erbautes Unternehmen.

Noch andere ähnliche Erweiterungen werden die Forscher unserer Stadtgeschichte zu unserer Freude beifügen können und dadurch die Ehre des jetzt wenig unter uns bekannten Genfer Reformators mehren, der nicht nur auf die kirchliche Erscheinung seiner Zöglinge, sondern auch auf ihre bürgerliche Tüchtigkeit, ihre Treue und Rechtlichkeit den bedeutendsten Einfluß gehabt hat.

Die vorliegende Schrift ist in einigen ihrer Abschnitten aus oft langwierigem Quellenstudium entstanden, doch auch wo wir schon Behandeltes neu darstellten, suchten wir selbstständig zu bleiben. Gerne hätten wir ein auch für die Gemeinden lesbares Buch gegeben.

Halle, im April 1864.

Der Verfasser.

Die Zöglinge Calvin's.

Erstes Capitel.

Die Einladung und Ankunft der Franzosen in Halle.

Die Aufhebung des Edictes von Nantes, durch welche sich Ludwig XIV. an der Rechtsverletzung und den Leiden seiner treuesten Unterthanen den Ruhm eines Ketzerbekehrers erwerben wollte, war kaum am 8. October 1685 veröffentlicht, als schon am 29. desselben Monats Friedrich Wilhelm, der große Kurfürst, jene freundliche Einladung zur Einkehr in seine Lande an die Protestanten Frankreichs ergehen ließ, welche eine der glorreichsten Thaten seines gesegneten Lebens bleiben wird. Sie ging nicht nur aus Staatsklugheit hervor, welche auf Bevölkerung für das durch den dreißigjährigen Krieg entleerte Land sann, sondern war vielmehr die Eingebung einer für die nothleidenden Glaubensgenossen warmempfindenden und für große Opfer sich rüstenden Liebe. Friedrich Wilhelm hätte auch seine Jugendgeschichte, seine theure Gemahlin und seine ganze Bildung verläugnen müssen, wäre er nicht für die verfolgten Franzosen eingetreten.

Schon im Jahre 1666 wagte er es dem Stolze des französischen Königs mit Vorstellungen für die seiner Unterthanen zu nahen, welche anmaßlich genug der reformirten Religion angehören wollten, und hörte es in der Antwort, welcher er in bevorzugender Weise gewürdigt wurde, daß der König auf strenge Befolgung des Edictes von Nantes halten werde. Er sei hierzu nicht nur durch sein gegebenes königliches Wort, sondern auch durch Dankbarkeit verpflichtet, denn in den Unruhen seines Reiches hätten die protestantischen Unterthanen ganz vorzügliche Treue bewährt.

Im Beginn seines Aufrufes an die Protestanten Frankreichs erklärte der Kurfürst, daß er von gerechtem Mitgefühl für diejenigen ergriffen sei, welche für das Evangelium und die Reinheit des Glaubens unglücklich litten, welchen er mit ihnen bekenne, und er böte ihnen eine sichere und freie Zufluchtsstätte in allen seinen Landen an. Sie sollten, so heißt es weiter, vollkommene Freiheit haben, ihren Gottesdienst in ihrer Sprache ganz nach Verfassung und Sitte der französisch-reformirten Kirche einzurichten; an jedem Orte, wo eine hinreichende Zahl sich ansiedelte, um eine Gemeinde zu bilden, sollten auf Kosten des Kurfürsten Kirchen gebaut und Lehrer angestellt werden. Binnen einer Reihe von Jahren wären sie von allen Abgaben, die Consumtionssteuern ausgenommen, frei und genössen jede Unterstützung, deren sie zu ihrer Niederlassung und den anzufangenden Gewerben bedürfen könnten. Die Wahl der Provinzen und Orte, wo sie sich niederlassen wollten, stände in ihrer Hand. (Unter den Orten, welche ihnen vorgeschlagen wurden, ist auch Halle genannt). Die Gesandten und Agenten des Kurfürsten in Haag, Amsterdam, Cöln, Hamburg, Frankfurt a/M. seien angewiesen, die sich bei ihnen meldenden französischen Protestanten mit dem nöthigen Gelde und allem Anderen zu unterstützen, dessen sie zu der Reise nach den Brandenburgischen Landen bedürften, und in diesen seien die Behörden mit Instructionen versehen, um den Flüchtlingen fortzuhelfen. Sie sollten sofort nach ihrer Ankunft mit nöthiger Wohnung und nöthigem Unterhalte versorgt, demnächst unterstützt werden, das zu unternehmen, was ihrer bisherigen Lebensart und ihrer Geschäftstüchtigkeit angemessen sei. Es würde ihnen nicht an Land, Häusern und Materialien zum Bau fehlen. Den Adligen seien gleiche Rechte mit dem Landesadel zugestanden, alle Fabrikanten, Künstler, Handwerker sollten Privilegien und die reichste Förderung erhalten. Besondere Richter, aus der Mitte der Franzosen genommen, sollten ihre Streitigkeiten schlichten, und in jeder Beziehung die Auswandernden ungekränkt und unbeschädigt in Nationalität, Stand und Ehre in die neue Heimath versetzt werden.

Was die Aufhebung des Edictes von Nantes grausam zerstörte, suchte die kurfürstliche Einladung wieder aufzubauen, und wie sie für die Franzosen das Panier wurde, nach dem sie ihre

Flucht nahmen, so war sie auch allezeit der Gegenstand ihres verschwenderischen Lobes. Die Kunde von der That des Kurfürsten ging in alle Welt und wurde rühmend in Bild und Gedicht dargestellt.

Indem aber der Kurfürst seine Schätze öffnete, vermehrte er sie auch, wie der erste Geschichtschreiber der Niederlassung der Franzosen in Brandenburg, der Oberrichter Charles Ancillon, in seinem geistreichen Büchlein sagt, und er hat es wohl kaum anfangs geahnt, mit welcher Vergeltung seine Gutthat sich krönen werde, und wie überschwänglich die um der Flüchtlinge willen gemachten Ausgaben Zinsen tragen würden. Die aufgenommenen Franzosen sollten in vieler Beziehung die Erzieher seines noch ziemlich harten und rohen Volkes werden.

Als das Edict des Kurfürsten in Frankreich bekannt wurde, versuchte man es abzuschwächen und zu unterdrücken. Seine Wirkung konnte man nicht verhindern. Brandenburg und Berlin wurden die Wanderziele der Fliehenden, die in immer neuen Schaaren unter tausendfachen Gefahren, aber unermüdlich, klug und erfinderisch die bewachten Grenzen durchbrachen.

Die ergreifenden Scenen, welche dieser Auszug der Gläubigen darbietet, sind vielfach dargestellt worden. Von den Franzosen, die nach Halle kamen, weiß man noch in der Tradition der Familie Laborde, daß der Urahne bei seiner Flucht in einem Walde durch den Schlag eines Zweiges sein Auge einbüßte.

Schmerzlicher war das Schicksal des Pastor Augier, welcher 1701 zu Halle starb. Ludwig XIV. hatte durch seinen Befehl, daß alle Prediger der Reformirten in funfzehn Tagen Frankreich verlassen sollten, ihr Bleiben erzwingen wollen und so ihren Uebertritt herbeizuführen gesucht. Er täuschte sich aber. Auch in dieser kurzen Spanne Zeit eilten sie zu entfliehen. Da legte man ihnen Hindernisse in den Weg und ergreift zu Charleville Augier, Superville, Moutier und Cotin. Man giebt ihnen die Freiheit auszuwandern, aber ihre Familien müßten in Frankreich bleiben. Vor diese schreckliche Entscheidung gestellt, da die Zeit drängte, entschließen sich nach schwerem Kampfe die Genossen von Augier ihre Familien preiszugeben, Augier selbst unterliegt in der Wahl und behält um den Preis der Bekehrung seine Frau und seine

1 *

vier Kinder. Doch sein erzwungenes Gelübde konnte ihn nicht hindern alles Mögliche zu versuchen, um aus Frankreich zu entkommen. Es gelingt ihm, er erreicht Berlin und giebt dort Beweise einer aufrichtigen Buße. Die übrigen Pastoren blieben in ihrer Treue nicht unbelohnt. Der Frau von Superville erlaubt man mit ihrer Tochter den Gatten aufzusuchen. Auch Moutier empfängt die Seinige wieder obwohl nur mit dem einen Kinde, welches sie an der Brust hatte. Die beiden anderen bringt man nach Paris. Der unglückliche Cotin sah keines der Seinigen wieder. Dies sind Leidensbilder aus unserem kleinen hallischen Kreise genommen, so weit wir ihn kennen, aber wie unzählich viele ähnliche weist in noch dunkleren Farben jene Zeit der Angst und des Glaubens auf.

Es gab ein Gebet der Flüchtlinge, das lautet so: „Guter Gott, der du die Schmach siehst, der wir zu jeder Zeit ausgesetzt sind, gieb uns, sie zu ertragen und liebevoll zu verzeihen. Befestige unsere Herzen im Bekenntniß der Wahrheit; führe uns durch das Licht deines Geistes auf dem Pfade des Lebens, aber vor allem auf demjenigen deines Wortes.“

Bei vielen fand dieses Gebet auch seine zeitliche Erfüllung, sie erlangten Freiheit und Leben und konnten Gotte dienen nach Reinheit seines Wortes.

Die ersten französischen Flüchtlinge, welche Halle erreichten, stammten dem größten Theile nach aus den südlichen Provinzen Frankreichs, aus Languedoc, Guienne, Vivarais, Dauphiné, in welchen schon vor der Aufhebung des Religionsedictes die Dragoner gewüthet hatten, und aus denen gleich nach der Aufhebung die Protestanten massenweise aufbrachen. Diejenigen, welche von ihnen Brandenburg als Heimath wählten, nahmen den Weg über Frankfurt, wo sie der Gesandte des Kurfürsten Matthieu Merian empfing und mit dem Nöthigen versah. Sie gingen dann durch Hessen, nicht mehr betrachtet und aufgenommen als hilflose Flüchtlinge, sondern als die neuen Unterthanen eines mächtigen Fürsten.

Als erster Franzose soll nach Halle Simon Pierre Vincent aus Rochemaure in Vivarais, ein Wollkämmer, gekommen sein. Ihm folgten Pierre Seymardy, Laurent Lautier

aus Sauve in Languedoc, Jacques Horguelin aus Chalons
in der Champagne, ein Kaufmann, Jean Changuion, ein Per-
rückenmacher und Chirurg aus Vitry in der Champagne, Abra=
ham Valery, ein reicher Tuchfabrikant aus Bédarrieux in Languedoc. Unter der Protection dieses angesehenen Mannes stand
der erste französische Prediger Jean Vimielle, welcher mit ihm
kam, und von dem Valery sich nicht trennen wollte. Er schwankte
nämlich anfangs, ob er in Halle oder in Frankfurt seine Tuchfabrik anlegen sollte. Der Kurfürst überließ ihm in einem besonderen Schreiben die Wahl des Ortes und versprach Jean Vimielle
nur dort anstellen zu wollen, auch eine Kirche und einen Lecteur
zu gewähren, wohin die Entscheidung des Fabrikherrn falle. Valery blieb in Halle, und wir werden später noch über seine wohlthätige Wirksamkeit zu berichten haben. Es folgten auf die genannten Franzosen Samuel du Thuillay, ein Uhrenfabrikant
aus Gien an der Loire, Gaspard le Clerc, ein Fabrikant von
Sammet und Spitzen, Philippe Meunier, ein Kaufmann aus
Paris, Pierre L'huillier, Gabriel Bernard, ein Groß-
händler aus Paris, Pierre Carreiron, ein Handschuhmacher
aus Lunel in Languedoc, Jacques Allât aus Sauve in Languedoc, ein Schlosser, Daniel Philippe, ein Fabrikant aus
Bédarrieux, Jaques Prevòt, ein Fabrikant, Jean Roussel
aus Vitry in der Champagne, ein Sammetfabrikant, Abel Ar-
balétriér aus Beaufort in der Dauphiné, ein Tuchmacher, David Hurlin, ein Tabackspflanzer, Jean Batiér aus Mi-
foin in der Dauphiné, Daniel Valescure, François
Baudouin aus Clermont-Lodève in Languedoc, Antoine
Coste, ein Fabrikant. Später kam zu diesen ersten Einzüglern
besonders aus dem unglücklichen Metz noch ein bedeutender Zu-
wachs.

Die Stadt Metz, eine Hauptfeste des französischen Protestantismus, wurde durch geschickt getroffene Maßregeln an demselben
Tage als Paris mit der Widerrufung des Edictes von Nantes
überrascht. Schon am 24. October wurde die reformirte Kirche
geschlossen und am folgenden Tage begann ihre Zerstörung. Die
Pastoren Ancillon, de Combles, Joly und Bancelin beriefen sich vergeblich auf die im westphälischen Frieden festgesetzten

Privilegien dieser einst deutschen Stadt. Louvois rief in roher Härte aus: „sie haben nur einen Schritt zu thun, um das Königreich zu verlassen und sie sind noch nicht draußen!" Dieser Bescheid ließ die Reformirten nach Brandenburg aufbrechen. Eine grausame Verfolgung plagte die Zurückgebliebenen und mehrte die Flüchtlinge. Zwei bis dreitausend sollen Metz verlassen haben. Viele Weinbauer und Gärtner kamen von dort nach Brandenburg und besonders die Vorstädte Berlins schmückten sich in unbekannter Weise durch ihre fleißige Hand.

Wir haben jetzt schon kurz in den verschiedenen Berufsarten der Franzosen angedeutet, von welcher Bedeutung sie für unsere Stadt werden sollten, die durch sie nach den Schäden des dreißigjährigen Krieges und den Aufräumungen der Pest wieder eine frische Lebensfarbe gewann. Wir wollen dies später näher ausführen.

Schon im Anfange des November 1685, noch ehe ein französischer Flüchtling Halle erreicht hatte, war bei den Rathmannen, Meistern der Innungen und Gemeinheiten der Stadt durch den Kurfürsten angefragt worden, wieviel unbewohnte Häuser sich bei ihnen befänden, was bei etwaiger Schadhaftigkeit ihre Reparatur kosten möchte, wie viele Familien gegen einen billigen Zins sich zur Aufnahme der Flüchtlinge bereit finden würden, und in welcher Kirche diese ihren Gottesdienst halten könnten. So suchte der Kurfürst vor der Ankunft der Franzosen ihnen ihre Stätte in Halle zu bereiten. In dem Präsidenten der Regierung Gottfried von Jena hatte er einen warmen Freund der Reformirten, auch ein Kommercienrath Krause wird als besonderer kurfürstlicher Kommissar genannt, um den Ankommenden die Wege zu bahnen. Und es bedurfte der Fürsorge des Kurfürsten, denn die Hallenser empfingen die Franzosen mißgünstig und feindlich. Ihre Prediger verdächtigten ihnen die „Ketzer;" die Wohlthaten des Kurfürsten, die Geschäftsgewandtheit der neuen gleichberechtigten, ja fast bevorzugten Bürger erregte Neid und Widerwillen. Man begegnete ihnen „mit allerlei schimpflichen Worten und Bedrohungen, legte auch wohl die Hand an sie und fügte ihnen allerhand Verdruß und Hinderung an ihrer Nahrung zu." Ernste Befehle des Kurfürsten geboten den Franzosen „Freundschaft, Liebes und Gutes zu erweisen, nichts zu unterlassen, was den betrübten Leuten in ihrem Unglück zum Trost gereiche, und insonderheit ihnen zur Fortsetzung der unternommenen Manufacturen behilflich zu sein."

Die in dem erwähnten kurfürstlichen Edicte verheißenen Privilegien wurden später durch das Naturalisations-Edict Friedrichs I. vom 13. Mai 1709 und durch die Bestimmungen Friedrich Wilhelm I. vom 29. Februar 1720 weiter bestätigt und erläutert. Zunächst ist für die Besoldung der Prediger und Schulbeamten ein Fond von 15000 Thaler für alle Zeit gewährt. Dann wird den Emigranten von der Zeit ihrer Niederlassung eine funfzehnjährige Exemtion von allen Lasten, nur nicht von der Consumtionsaccise zugestanden. Wer sich vorher als Meister eines Handwerks ausweisen kann, wird ohne Eintrittsgeld und Meisterstück in die Innungen aufgenommen. Wer sein Handwerk wechseln und ein anderes erwählen will, kann dies während der Freijahre ungehindert thun. Denen, die Fabriken anlegen oder ihre Kapitalien sicher unterbringen wollen, soll aller Vorschub geschehen. Unbebaute Aecker sollen denen angewiesen werden, die sich mit Ackerbau beschäftigen. Die Franzosen haben allezeit reichliche Unterstützung durch wohlthätige Anstalten zu erwarten, ihren Gerichten sind gleiche Rechte wie den deutschen zugetheilt. Sie können Grundeigenthum erwerben und sollen bei größerem Besitzstande die nöthigen Titel empfangen. Guter Rath wird stets denen zu Theil werden, welche sich in Berlin bei dem französischen Conseil schriftlich melden.

Zweites Capitel.

Die französischen Richter und Aerzte.

Die Erlaubniß und Einrichtung einer besonderen Gerichtsbarkeit für die Franzosen war keine der geringsten Gaben des Kurfürsten. Ein Richter aus ihrem Volke konnte ihnen allein Vertrauen und Unterwerfung für die Rechtsentscheidungen geben. In der Zeit des Streites und des Mißtrauens mit den alten Einwohnern Brandenburgs war eine Exemtion von den deutschen Gerichten vor allem nöthig. Wie die eigenthümliche Kirchenverfassung die Hallesche Kolonie bis an ihre Sterbezeit aus dem deutschen Volke sonderte und zusammen hielt, so hat auch die eigene Gerichtsbarkeit wesentlich ihre unterschiedliche Existenz ihr erhalten.

Anfangs hatte die Kolonie in Halle nur einen Richter, der das Gerichtsprotokoll selbst führte und bei wichtigen Angelegenheiten einige Familienhäupter als Zeugen zuzog. Gerade unter den Emigranten, welche nach Brandenburg kamen, waren viele frühere Richter, hohe und niedrige, adlige und bürgerliche. Es fehlte daher nicht an den nöthigen Persönlichkeiten zur Verwaltung der Rechtspflege. Am 14. April 1699 ward eine aus dem Code Louis ausgezogene und auf den hiesigen Zustand eingerichtete Proceß-Ordnung vorgeschrieben. Mancherlei Streitigkeiten mit den deutschen-Gerichten veranlaßten ein Reglement unter dem 3. Januar 1702, welches am 8. Juni 1719 erweitert wurde. Aus letzterer Ausgabe, welche den Titel trägt: Neu-verfaßte Verordnung, wie es der Jurisdiction halber, zwischen den Deutschen und Französischen Gerichten gehalten werden soll; worinnen das Reglement vom 3. Januar 1702 bestätiget und durch Neue Verfassungen, allergnädigste Versehung geschiehet. De dato Berlin, den 8. Juni 1719, — heben wir über das Rechtsverhältniß zwischen Deutschen und Franzosen folgendes heraus. Was die onera publica betraf, so waren den Franzosen funfzehn Freijahre zugestanden; die an von ihnen gekauften Häusern haftenden Lasten sollten sie aber bei vorangegangener Anzeige des Verkäufers sogleich mit übernehmen. Ueber die Häuser der Franzosen führt der französische Richter die Verwaltung der etwaigen Hypotheken. Er darf allein Auctionen über die Güter der Franzosen halten. In der Arrestierung von Mobilien ist nach dem Satze zu verfahren: Actor sequitur forum Rei. Die deutschen Gerichte sollten sich hüten, unter dem Vorwande der Polizeijustiz in die Civiljustiz der Franzosen einzugreifen. Der Inquisitionsproceß lag in Halle allein dem französischen Richter ob, doch wurde das französische Verfahren derogiert, daß der Inquisit vor der Responsion ad articulos mit einem Eide belegt werde, und daß ihm freie Verantwortung gegen die Zeugen und ungehinderte Vertheidigung untersagt war. Die deutschen Gerichte müssen den französischen mit ihren Rathsdienern und Gefängnissen zu Rathe gehen. In Polizeisachen traten der Magistrat und der französische Richter zusammen. Im Jahre 1718 wurden dem einen Richter noch ein Gerichtsassessor, später zwei und ein Gerichtsschreiber (Greffier) und ein Gerichtsdiener (Huissier) beigegeben. Appellationen gingen an das französische Obergericht zu Berlin und als dritte Instanz an die Revisionskammer. Die Rechtsverwaltung geschah umsonst, die Richter erhielten 200 Thaler Besoldung, mußten aber von jedem Thaler 18 Pfennige (le sol pour livre) an die Berliner Pensionskasse zurückzahlen.

Wir geben hier gleich einige Nachrichten über die französischen Richter in Halle. Ihre Reihenfolge ist diese:

1. Paul Lugandi ist wahrscheinlich ein Sohn des Rechtsgelehrten und eifrigen Aeltesten an der Kirche zu Montauban, welcher nach der Aufhebung des Edictes von Nantes trotz seines achtzigsten Lebensjahres nach Berlin auswanderte, wo er 1695 starb. Von Paul Lugandi ist wahrscheinlich Charles Lugandi, Pastor in Halle, ein Sohn. Paul Lugandi ging 1687 als Richter nach Magdeburg und wurde von dort als Obergerichtsrath nach Berlin versetzt.

2. Alexandre du Clos ist wohl ein Nachkomme von Samuel du Clos, welcher 1650 zu Metz stirbt. Er war in Metz Parlamentsadvokat gewesen und hatte bei Hofe schon im Jahre

1662 gegen die angedrohte Niederreißung einer protestantischen
Kirche in Metz Protest eingelegt. Er starb 1690 zu Halle.

3. **Paul Goffin** ward 1692 Obergerichtsrath in Berlin.

4. **Benjamin d'Ingenheim** war am 14. October 1664
seinem Vater Jean d'Ingenheim zu Metz geboren, einem Parla-
mentsadvokaten, welcher aus altem Elsässischen Adel stammte. Er
flüchtete mit seiner Mutter und den Geschwistern nach Berlin,
studierte zu Frankfurt die Rechte, ward in Halle Richter und be-
kleidete später eben dieses Amt nach einer zeitweisen Uebergabe
desselben an Sperlette und nach einer Berliner Thätigkeit an dem
Hôtel de Refuge. Schon 1700 war er Königlicher Rath geworden und Director der Hallischen Kolonie. Er starb den 12. December 1745.

5. **Jean Sperlette de Montguyon.** Am 29. November
1661 zu Mouzon in der Champagne geboren erhielt er seine Bildung zu Sedan und Rheims und lebte dann, obwohl reformirt,
3 Jahre in der Abtei St. Arnulph zu Metz unter den gelehrten
Benedictinern, um Kirchengeschichte zu studieren. 1686 floh er
nach Holland; Spanheim und Trigland empfahlen ihn an den
seinen und gewandten kurfürstlichen Beamten Ezechiel v. Spanheim, welcher ihn nach Berlin sandte, dem Kurfürsten insinuirte
und so zunächst seine Anstellung an dem französischen Gymnasium
als Director bewirkte. 1695 ward er Professor ph. ord. zu Halle
und 1705 königlicher Rath und Director der französischen Kolonie.
Er starb den 6. Februar 1725. Sein ältester Sohn, der ordent-
licher Professor der Rechte in Halle ward, mußte wegen seiner
schlechten Aufführung die Kassation erleiden und Halle verlassen.

6. **Jean Adam Michel.**

7. **Pierre Lainé.**

8. **Pierre Louis Finiel.**

9. **Gottwald Hirsch.**

Die Namen der ersten Assessoren und niedern Gerichtsbeam-
ten hat v. Dreyhaupt II. 534 bewahrt.

Die Arzneiwissenschaft war in Frankreich durch die Arbeiten des Ambroise Paré, durch die Universität von Montpellier
und die Akademie der Wissenschaften zu Paris in hohe Blüthe gebracht. Der Kurfürst richtete daher seine besondere Fürsorge auch

auf die Aerzte, um dieselben seinem Lande zu erhalten. Er selbst hatte Jacques de Gaultier sich zum Leibarzt erwählt, welcher in seiner Stiftung der „Marmite" armen Kranken, Greisen und schwangeren Frauen ein Haus unentgeldlicher Wohlthat öffnete. Der Einfluß der französischen Aerzte auf die Entwicklung ihrer Kunst in Brandenburg war bedeutend; neben ihnen waren die gewandten Chirurgen und geschickten französischen Hebammen gesucht. Jede Kolonie erhielt ihren besonderen französischen Arzt. Aus Halle sind uns die Namen Duborn aus Bruniquel in Guienne, Duclos (wohl derselbe, welcher später nach Berlin ging und berühmt wurde durch sein fiebervertreibendes Mittel le poudre de Duclos), Gédéon Allon aus Metz († 1743) bekannt geworden.

Es waren nicht geringe Gaben, welche die reiche Güte des Kurfürsten, den Heimatlosen entgegenbrachte. Sie vergalten dieselbe durch das kirchliche Vorbild, welches sie den Brandenburgern gaben, und durch die sociale Wohlthat, welche sie der neuen Heimat durch Mittheilung ihrer höheren Kulturentwickelung erwiesen.

Wir fassen die ganze Gemeindegeschichte der Franzosen, mit der wir uns zunächst beschäftigen wollen, als ein kirchliches Vorbild auf, und das ist sie auch in Wahrheit nicht nur mit Rücksicht auf jene Zeiten, sondern fast noch mehr für die unsrigen.

Was sich übrigens in der Halleschen französischen Gemeinde characteristisch zeigte, das gilt im gesteigerten oder verringerten Maße für fast sämmtliche französische Flüchtlingsgemeinden. Es ist merkwürdig, wie man fast alle durchwandert hat, hat man diese eine kennen gelernt; so gleichmäßig, so in ruhigem, ebenen Flusse geht dasselbe Leben in Zucht und Lehre durch alle hindurch. Wir wissen es und werden es noch näher kennen lernen, wessen Stempel dieses Leben trägt: Calvins des Genfer Reformators.

Drittes Capitel.

Die ersten kirchlichen Acte.

Zu der Moritzburg in Halle, welche als ein Baudenkmal
alter Zeit sich bis in unsere Tage gefristet hat, gehörten früher eine
Anzahl von Gebäuden, unter denen eines als das Jägerhaus
(Jagdhaus) bekannt war. Hier hatten sich am 14. November 1686
als an einem Sonntage zum erstenmal die französischen Flüchtlinge
um ihren Prediger Jean Vimielle versammelt, um die Bildung einer
Gemeinde zu besprechen. Es werden uns von ihnen besonders
namhaft gemacht: Luganti, Richter der französischen Kolonie, Marquis de Vignolles, Kornet im Dienste des Kurfürsten, de Maxuel,
Lieutenant der Kavallerie, de Gravelotte, Lieutenant der Infanterie;
Valery, Aurillon, Basset, Vilaret, Baudouin, Journet, Kaufleute; Cavallier, Küster; Descasals, Chirurg; Piélat, Faretes, Lunet, Rouvière,
Fabrikanten; Nicolas, Galafrès, Tarnon, Durpa, Guy, Peux,
Peyré, Wollkämmer; Gandit, Färber; Lepan, Tuchmacher; May-
nadie, Trinquie, Töpfer; Angels, Gallio, Hutmacher.

Nachdem Vimielle ein Gebet gesprochen hatte, in dem er
Gott pries, daß sie alle glücklich der Verfolgung in Frankreich ent-
ronnen wären, und daß er sie in ein Land geführt habe, wo sie
ihm nach seinem Evangelium und in Freiheit des Gewissens unter
dem Schutze eines glorreichen Fürsten dienen könnten, forderte er
die Versammlung auf, gemäß der Disciplin der französisch-reformirten Kirchen, deren freie Handhabung der Kurfürst gestattet,
zunächst zur Wahl eines leitenden Konsistoriums zu schreiten. Die
Stimmen vereinigen sich darauf zur Wahl von Luganti, Valery,
Aurillon und Ponton zu Aeltesten der Gemeinde. Vimielle hält
ihnen ihre Pflichten vor, sie versprechen mit der Gnade Gottes
ihnen nachzuleben und nach einem Dankgebete trennt sich diese erste
französisch-reformirte Gemeindeversammlung.

Am Nachmittag deffelben Tages vollzieht fich in dem kleinen Kreife des Konfistoriums die Wahl eines Schatzmeisters der Armen (trésorier des pauvres), wozu Ponton, eines Secretairs, wozu Valery, und eines Syndicus (Director), wozu Lugandi bestimmt wird. Jetzt kann ein vollständig gegliedertes Konfistorium der Gemeinde zugeführt werden, und diese kommt noch am Abend zusammen, um die erste Predigt im Jägerhaufe anzuhören.

Vimielle besteigt die Kanzel und verliest die Worte: „Nach diesen Geschichten verfuchte Gott Abraham und sprach zu ihm: Abraham! Und er antwortete: Hier bin ich. Und er sprach: Nimm Ifaak, Deinen einigen Sohn, den Du lieb hast und gehe in das Land Moriha und opfere ihn dafelbst zum Brandopfer auf einem Berge, den ich Dir fagen werde." Ist es nöthig, den Gedankengang der Predigt und die Anwendung des Textes zu bezeichnen? Das geliebte Vaterland war der zu opfernde Sohn.

Am 26. December 1686, an einem Sonntage, war in der frühesten Morgenstunde Vimielle von Berlin, wohin er in Angelegenheiten der Gemeinde reifen mußte, nach Halle zurückgekehrt. Er berief sogleich das Konfistorium und theilte ihm mit, daß an diesem Tage alle französischen Flüchtlingsgemeinden die Feier des Abendmahles begingen. Man folle sich ihnen anschließen, zwei Aeltefte die Zurüftung desselben beforgen, und die Gemeinde durch Boten davon in Kenntniß gesetzt werden. So geschah denn die erste Abendmahlsfeier an diesem Tage, zu der sich auch Gäfte aus Leipzig und Jena trotz des kalten Winters eingefunden hatten, um „diefen Troft zu empfangen."

Dies find die ersten kirchlichen Acte der französisch-reformirten Gemeinde zu Halle.

Wir geben in dem folgenden nun zunächst ein Gefamtbild der Geftalt der Gemeinde in der Zeit von 1686—1713: ihres Wachsthums, ihrer Liebe, ihres Bekenntnisses, ihrer Disciplin und ihrer Gottesdienste.

Viertes Capitel.

Das Wachsthum der Gemeinde und ihre gegenseitige Liebe.

Die Gemeinde vermehrte sich in diesen Jahren durch starken Zufluß aus Frankreich. Viele von den neuen Ankömmlingen hatten in der Noth und Schwere der Verfolgung den reformirten Glauben abgeschworen und waren zum Zeichen ihres Uebertrittes zur Messe gegangen. Ihre innere Betrübniß über die Verleugnung ließ sie nicht in Frankreich, und sie wußten ihre Flucht zu bewerkstelligen. Als erster Apostat erschien im Konsistorium Henry Dumosnier aus der Normandie, bereute seine That und bat um Aufnahme. Nach einer einbringlichen Ermahnung vor dem Konsistorium und vor der versammelten Gemeinde durch Bimielle und nach einem von ihm gesprochenen feierlichen Gelöbniß, in dem reformirten Glauben zu leben und zu sterben, fand seine Aufnahme in den Frieden der Kirche statt. Ihm folgten viele andere, die in gleicher Lage waren. So Philipp Meusnier von Paris, Charles Basset aus Bédarrieux, François Guillat aus Annonçay ꝛc. Dazwischen finden wir aber auch bemerkt: es stellte sich im Konsistorium eine zahlreiche Familie von Bekennern.

Daniel Marion, Vorsteher der Kaufmannschaft in Metz und Herr „des schwarzen Hauses", hatte schon in Frankreich durch die Vermittlung eines Predigers, der unter dem Kreuze predigte, (préchant sous la croix) seinen Uebertritt gut gemacht, doch aus Frankreich geflohen genügte ihm jenes Bekenntniß nicht, und er verlangte in Halle eine zweite Aufnahme nach vorangegangener Demüthigung. Als das Konsistorium bei dieser Gelegenheit erfuhr, das Marion beabsichtige nach Metz zu gehen, um seine Familie in das Land der Freiheit zu führen, hielt dasselbe es für nöthig, ihm vor der Zulassung zum Abendmahle das Gefährliche jener Absicht ernst vorzustellen. Er solle sich vor dem heiligen Mahle prüfen, ob er Willens sei, alle Güter der Welt dem Heil seiner Seele und der

Ehre Gottes zu opfern; ob er nicht durch seinen Weg nach Frankreich Gott versuche, und ob er gewappnet sei, für seinen Glauben
alles Leid auf sich zu nehmen. Er könne nicht, weder in offenem
noch halbem Zugeständniß an irgend einem römischen Kulte theilnehmen und müsse Rechenschaft von seinem Glauben denen gegenüber ablegen, die ihn danach mit gesetzlicher Autorität fragten.
Marion erklärte unter Thränen diesen Vorstellungen unter dem Bei-
stande der Gnade nachzukommen. Er gehe nur nach Frankreich,
um seine Familie herauszuführen, und er wolle in dem Bekenntniß
des reformirten Glaubens leben und sterben. Einige dieser Abgefallenen waren durch die Gesandtschaftsprediger des Kurfürsten zu
Paris auf ihr Verbrechen aufmerksam gemacht worden und hatten
ihnen ihre Reue bezeugt. In solche Verbindung war zu Jacob
Merchier, dem zweiten deutsch-reformirten Prediger zu Halle, He-
lene Louise Chergeau, die später nach Halle entflohen, getreten.

Bekanntlich ließ Ludwig XIV. eine Wache vor das Haus
des Gesandten während des Gottesdienstes stellen, um so die her-
zuströmenden Reformirten mit Gewalt abzuhalten. Der Kurfürst
vergalt durch ein ähnliches Verfahren gegen den französischen Gesandten in Berlin.

Wie Marion nach Frankreich zurückkehrte, um seine Familie
mit sich zu führen, hatte schon früher der erste Küster und Lecteur
der Gemeinde, Pierre Cavallier, dieselbe verlassen, um alles zu versuchen (fortement travailler), sich seine Familie wieder zu gewinnen.
Er schied unter den Segenswünschen des Konsistoriums, doch scheint
er nicht wieder zurückgekehrt zu sein, da von ihm hernach nicht mehr
die Rede ist, und ein anderer in seine nur zeitweise aufgegebene
Stelle trat.

Noch in anderer Weise verlor die sonst wachsende Gemeinde
Mitglieder. Es verließen einige Halle, weil sie darbten und an
einem anderen Orte die Mittel ihrer Existenz besser zu gewinnen
hofften. So schieden gleich nach Entstehen der Gemeinde die Aeltesten
Ponton und Aurillon, später auch der Arzt Duborn unter der weh-
müthigen Theilnahme der ganzen Gemeinde, welche seiner vielen
Liebesdienste gedachte. Es geschah auch öfters, daß in der katholischen Kirche geborene und erzogene Franzosen ihre Heimat da-
rangaben, um außerhalb derselben reformirt zu werden. So der

Schneider Germain Baintot aus Paris, der Sammetwirker François du Bois aus Amiens in der Picardie und andere. Nach
ihrem Unterrichte mußten sie in Mitten der Gemeinde laut den
römischen Irrlehren absagen, besonders der Untrüglichkeit der Kirche,
der Transsubstantiation, der Anbetung des Meßopfers u. s. w. und
die Artikel der französisch = reformirten Konfession bekennen. Es
fehlte auch nicht an Fällen, daß Lutheraner zur französischen
Gemeinde übertraten. Gewöhnlich erklärten sie diesen Schritt dadurch, daß sie bei den Reformirten den Gottesdienst entièrement
pur fänden. Was die Vollzahl der Gemeindemitglieder am Ende
unseres Abschnittes belangt, so wird sie nicht über 400 gestiegen
sein.

Hoffnung in ihr Vaterland zurückzukehren, glühte in den
Herzen fast aller der Vertriebenen fort. Doch waren die Aussich-
ten nicht darnach. 1698 erklärte die französische Regierung den
Generalstaaten, daß nur dann die Reformirten zurückkehren dürften,
wenn sie ihre Religion abschwören würden. Mit dieser Erklärung
machte das Konsistorium die Hallesche Gemeinde bekannt, sie wurde
an die Kirchthüre der Moritzburgkapelle angeschlagen, und mit tiefer
Trauer lasen die armen Exulanten ihre ewige Verbannung. Die Prediger aber ermahnten sie in dem Exil zu beharren, (persévérer
dans le refuge), niemals an eine Rückkehr zu denken, mit Geduld
und heiliger Resignation dem Willen Gottes sich zu ergeben und
dankbar die Wohlthaten und die Gunst des Brandenburgischen Fürsten anzunehmen.

Das Gedächtniß an ihre in Frankreich zurückgelassenen Glaubensgenossen wurde unter ihnen wach gehalten durch die vier Bußtage des Jahres, an denen sie sich in besonderer Weise vor dem
Herrn demüthigten, um seinen Schutz und seine Barmherzigkeit für
die Verfolgten herabzuflehen. Diese Bußtage begannen am ersten
Mittwoch des Februar 1687. Noch in anderer Weise betheiligten
sie ihre Liebe, nämlich durch die reichen Collecten, die sie für die
Galeerensclaven in Marseille sammelten. Sie brachten für diese,
gemeinsam mit einigen Leipzigern, 210 Thaler auf und vermittelten
dieselben durch den Kaufmann Le Clerc in Leipzig an das Geschäft
der Gallatin in Genf, welche dann die Summe nach Marseille
weiterbeförderten. Im April 1696 wurde die Dankantwort der un-

glücklichen Sclaven im Konsistorium verlesen. Welchen Inhaltes diese Bittschreiben der Gefangenen waren, welche damals das Interesse des ganzen protestantischen Europas erweckten, kann man aus einem Briefe aus Marseille vom 12. Juni 1699 sehen, der wie nach Berlin, so wahrscheinlich auch nach Halle gekommen ist. „Ihr müsset euch vorstellen, was arme angekettete Menschen leiden, denen das Haupt kahl rasirt ist, der Leib unbekleidet, die Füße und Beine nackt, die an ein entsetzlich langes und schweres Ruder gebunden sind, gebraten von der Gluth der Sonne, und so lange ohne Aufhören von vier oder fünf wüthenden Menschen geschlagen werden, bis diese nicht mehr können. Verschmachtend vor Durst gibt man ihnen nur eine Tasse Wein oder zwei Tassen Wasser Abends und Morgens. Endlich endet ein grausamer und langwieriger Tod ihre Leiden. Glücklich sind diejenigen, welche einen Sol besitzen, um eine halbe Portion Wein oder Wasser zu kaufen, um ihre brennende Zunge zu kühlen.“

Schon früher, im Jahre 1688, war eine Collecte auf einen Brief aus Algier gesammelt, welcher von einigen reformirten Brüdern kam, die bei ihrer Galeerenfahrt aus Frankreich in die Gefangenschaft der algierischen Piraten gekommen waren und um Hilfe baten. Wie viel die Collecte im Jahre 1699 in Halle einbrachte, wissen wir nicht, in Berlin betrug sie 1000 Thaler, welche durch den Professor Calendrier in Genf, der die vermittelnde Hand für die Liebesgaben war und daraus sich ein besonderes Amt machte, glücklich in die Hände der Fernen gelangten.

Diese Collecten, die gewöhnlich eine sehr reiche Beisteuer erhielten, führen uns zu einer der anziehendsten Eigenthümlichkeit der Réfugiés, durch welche sie als Sterne im Dunkeln schienen, ich meine zu ihrer außerordentlichen Freigebigkeit gegen die eigenen Armen und andere Nothleidende.

Man bedenke, daß es Flüchtlinge und aus ihrem Väterbesitz Vertriebene sind, welche 1693 für die nach Halle kommenden Pfälzer 156 Thaler, 1699 für die vertriebenen Schweizer 349 Thaler, ja 60 Thaler von ihren eigenen Begräbnißgeldern an eben diese auszahlten. Die Gemeinde wurde so anhaltend von Collecten heimgesucht, daß, als einst Beausobre von Berlin kam, um für die französische Kirche die in der Friedrichsstadt gebaut werden sollte, zu sammeln, das

Konsistorium das Besuchen der Häuser für diesen Zweck nicht wünschte, die Gemeinde wäre zu ausgesogen. Beausobre setzte es dennoch durch und bekam noch 30 Thaler. Geben war ihnen Freude und die Ermahnung der Prediger, welche sich stets in dieselben Worte kleidete, kehrte nie fruchtlos wieder. War Jemand abgehalten, die Kirche an einem Sonntage zu besuchen, so brachte er den nächsten Sonntag eine doppelte Gabe. Für ihre eigenen Armen sorgten sie musterhaft, und nie brauchte ein Franzose bettelnd die Thüren zu besuchen. Die jährliche Einnahme an der Kirchthür gesammelt ist gewöhnlich 400 Thaler, welche der Schatzmeister der Armen verwaltet, ohne je mehr als 300 zu gebrauchen. Im Winter werden Decken und Matratzen gekauft, wir lesen sogar von einer besonderen Berathung des Konsistoriums, um einem Armen eine warme Jacke anzuschaffen; kleine Geldposten werden ausgeliehen, und Ausgabe und Einnahme sorgfältig abgeschätzt. Sterbende vermachten gewöhnlich ein Legat für die Armen, und aus der Ferne sandte dieser oder jener Franzose, der einst in Halle gewesen war, einen Beitrag. Aus Leipzig, Breslau und auch aus London werden solche Beiträge geschickt. So zahlen (1707) Thomas Hollis u. Comp. aus London 100 Pfund Sterling an die Gemeinde. Mit großer Geschäftsgewandtheit und Sauberkeit wird das Geld verwaltet, und wie in der ganzen Disciplin, so zeigen sich auch in diesem Punkte die Franzosen als geübte Jünger einer wohlgeschulten Kirche.

Fünftes Capitel.

Das kirchliche Vorbild der Gemeinde in Bekenntniß, Disciplin und Gottesdienst.

Eine Kirche ist eine reine Kirche, wenn sie in dem Bekenntnisse als ihrer Krone die Herrlichkeit der allgenugsamen Gnade und das Elend des tiefgefallenen Menschen verkündet, in der Disciplin mit dem Schurz heilsamer und erziehender Zucht sich umgürtet, in dem Gottesdienste aus der Predigt des Evangeliums mit dem Gewand der Gerechtigkeit und des Heiles Jesu Christi bekleidet wird und solche Predigt lobpreisend- und dankbar mit Gesang und Psalm den Glöcklein an ihres Kleides Saum beantwortet.

Eine Kirche ist eine reine, wenn volltönend und lauter das ungeschmälerte Lob Gottes des Erlösers durch alle ihre Ordnungen hindurchgeht.

Das Bekenntniß.

Es war in den Maitagen des Jahres 1559 als sich die erste Synode der reformirten Gläubigen Frankreichs unter dem Vorsitz von Franz Morel, Herrn von Collonges, damaligem Pastor der Kirche von Paris inmitten der gefahrbrohenden Hauptstadt den gewissen Tod verachtend versammelte. Die Abgesandten der elf Kirchen, die sich in der Vorstadt St. Germain „dem kleinen Genf" zusammenfanden, genehmigten ein aus 40 Artikeln bestehendes Glaubensbekenntniß (confession de foi, confessio fidei gallicana). Das Bekenntniß ist so ganz aus dem Geiste und der Lehre Calvins geschöpft, erinnert auch in den Worten so lebhaft an denselben, daß man gewichtige Gründe für die Autorschaft des Reformators geltend gemacht hat, obwohl man gewöhnlich Anton de la Roche-Chandieu, einen jugendlichen Pastor der Pariser Gemeinde als Verfasser nennt, einen getreuen Schüler Calvins,

2 *

von abligem Geschlecht, ausgezeichnet durch Bildung und Beredtsamkeit. Bei dem Religionsgespräch zu Poissy legte es Beza dem
Könige und den Großen des Reiches vor und die National-Synode
der Reformirten zu la Rochelle im Jahre 1571 bestätigte schließlich
die confession de foi als den für alle Zeit gültigen Glaubensaus-
druck der französisch-reformirten Gemeinden.

Die Flüchtlinge nahmen dieses Bekenntniß nicht als ihr ge-
ringstes Gut in ihr neues Vaterland mit. Eine Verordnung des
Berliner Oberconsistoriums vom 31. Mai 1716 bekräftigt ausdrücklich seine Bedeutung und noch jetzt ist es das Symbol der französisch-reformirten Gemeinden Preußens. Möge der herrliche Lehr-
strom, der es durchfluthet, nicht nur in die Predigten, die vor jenen
Gemeinden gehalten werden, ausmünden, sondern alle reformirten
Gemeinden in der Gegenwart fruchtbar bewässern. Gehen wir auf
seine nähere Betrachtung ein. Ist doch zur Kenntniß der französischen Gemeinde, die Prüfung ihres, Predigt und allen Lehrunter-
richt, bestimmenden Bekenntnisses eines der wichtigsten Stücke.

Das französische Glaubensbekenntniß nimmt unter den reformirten Bekenntnißschriften eine sehr bedeutende Stellung ein.

Die klare Bestimmtheit seiner Lehrentwicklung, die einfache
gedankenrichtige Folge seiner Artikel, die ehrfurchtsvolle Verherrlichung Gottes wie die tiefe Demüthigung des ganz gefallenen und
verderbten Menschen, das Bemühen einen wahrhaftigen nicht vergänglichen Seelentrost zu geben, hinterlassen den Eindruck, daß
hier nicht nur ein klarer gewisser Geist redet, sondern einer der es
in ernster Schule gelernt hat, sich selbst aufzugeben und zu verlieren, um sich in der freimächtigen Gnade Gottes wieder zu gewinnen und unverlierbar bewahrt zu sehen. Sollte auch die Abfassung
durch Calvin zweifelhaft sein, so ist das Glaubensbekenntniß doch
eine so getreue man möchte fast sagen sorgfältig copirte Wiedergabe
seiner Lehrform, daß Anton von Chandieu den Meister bis in
seine kleinsten Ausdrücke studirt haben muß.

Wenn Artikel 1. die Eigenschaften des einigen Gottes aufzählt, so erwähnt er von ihnen zuletzt seine vollkommene
Gerechtigkeit und vollkommene Barmherzigkeit; gewiß mit Absicht,
denn aus ihnen entspringt der ewige Rathschluß, von dem Artikel 12.
handelt und in dessen Erfüllung die ganze Weltgeschichte ausläuft.

Artikel 2. bezeichnet die heilige Schrift als eine zweite und hellere Erkenntnißquelle Gottes neben der ersteren, welche in der Schöpfung und ihrer Erhaltung dem Menschen sich öffnet. Artikel 3. giebt eine specielle Anführung der einzelnen Schrift-bücher zur untrüglichen Belehrung der Gemeinde, welche Bücher allein kanonisch seien. Diese Bücher sind — so fährt Artikel 4. fort — die „ganz sichere Regel unseres Glaubens nicht sowohl durch die allgemeine Anerkennung und Zustimmung der Kirche, als durch das Zeugniß und die innere Versicherung des heiligen Geistes." Sind die apokryphischen Bücher auch „nützlich," so soll man doch auf sie keinen Glaubensartikel bauen. Dies wird wohl für alle Zeit die einfachste und beste Unterscheidung zwischen den kanonischen und apokryphischen Büchern bleiben. Ar-tikel 5. sagt, daß wie das Schriftwort von Gott ausgegangen sei, so leite es auch von ihm allein sein Ansehen her. „Und weil es der Inbegriff der gesammten Wahrheit ist und Alles ent-hält, was zum Dienste Gottes und zu unserem Heile nöthig ist, so ist es dem Menschen nicht erlaubt, selbst nicht den Engeln, et-was hinzuzufügen, abzunehmen oder zu ändern." Man darf also dieser Schrift nicht das entgegensetzen, was bei den Menschen An-sehen hat, auch nicht „Wunder und Erscheinungen," vielmehr muß Alles nach ihr geprüft werden.

Da die drei Symbole, das apostolische, nicänische und atha-nasianische mit dem Worte Gottes übereinstimmen, sind sie in ihrer Autorität anzuerkennen. Calvin hatte sich einst im Kampfe gegen Caroli hinreißen lassen, die Unterschrift der drei altkirchlichen Symbole zu verweigern, doch er hat nachher diesen Fehler voll-kommen verbessert. Artikel 6. giebt die Trinitätslehre nach diesen Symbolen und spricht in voller Anerkennung von den hei-ligen Lehrern, dem heiligen Hilarius, Athanasius, Ambrosius und Cyrillus. Mit ihnen verdammt das Bekenntniß alle anders-lehrenden Secten und Ketzereien. Man sieht hieraus, wie bereit-willig die reformirte Kirche die Lehrfürsten des Alterthums hochachtet, dienten sie der göttlichen Wahrheit.

In Artikel 7. in dem die Schöpfung der sichtbaren Dinge und der unsichtbaren Geisterwelt durch Gott gelehrt wird, ist es bemerkenswerth, daß wenn gleich die Scheidung der Geister in solche die sich ins Verderben stürzten und andere die bei ihrem Gehorsame beharrten hinzugefügt ist, von letzteren gesagt wird, daß sie allein „durch die Gnade Gottes bewahrt geblieben sind."

So herrscht also auch in der Geisterwelt die frei wählende Gnade, die es allein verhinderte, daß der Engelabfall nicht ein allgemeiner war.

Artikel 8. umfaßt das Geheimniß und den Trost der Weltregierung Gottes, welcher so wenig der Urheber des Bösen ist, daß „sein Wille vielmehr die höchste und unfehlbare Richtschnur aller Gerechtigkeit und Billigkeit ist," allein ihm stehen so bewundernswürdige Mittel zu Gebote, vermöge deren dennoch nichts ohne seine Vorsehung geschieht. Beten wir auch in Demuth diese Geheimnisse an, und forschen nicht weiter als uns vergönnt ist, so wenden wir sie doch zu unserem Besten an, um ruhig und sicher zu leben, denn Gott hält den Satan und alle unsere Feinde so gefesselt, daß sie uns ohne seine Erlaubniß keinen Schaden zufügen können.

In diesem kurzen Artikel ist treffend zusammengefaßt, was das Resultat aller eingehenden Untersuchung Calvins über die Vorsehung Gottes ist, mit denen er dieses Lehrstück für immer zu einem reich bebauten Gebiete der reformirten Dogmatik gemacht hat. Wie in der Prädestinationslehre so auch in seinem staunenden anbetungsvollen Betrachten der Vorsehung Gottes ging der lebensernste nüchterne Mann so wenig von einem Gelüste seines sinnenden Verstandes aus, als vielmehr von dem Verlangen nach wahrhaftiger Gottesruhe in den Kämpfen des schwachen sündigen Herzens. Es ist ein Zeichen der oberflächlichen Kenntniß seiner heiligen Gottesfurcht und seiner großen Lebensnoth, macht man ihn zu einem abstracten Denker, der seiner Spekulation einen befriedigenden Abschluß gewinnen will; nein, für seinen Glauben und sein Vertrauen suchte er einen unerschütterlichen ewigen Grund. Der zaghafte innerlich und äußerlich bestürmte Streiter konnte nur in dem unwandelbaren Rath der Erwählung und in der weisheitsvollen Alles beherrschenden Vorsehung Gottes den Frieden seiner Seele finden.

Ganz der Schrift entsprechend setzt Artikel 9. das Eben-
bild Gottes in dem ersten Menschen nicht in eine Anlage zur
Vollkommenheit, sondern in den Besitz derselben, also nicht in
eine werdende sondern wirkliche Gottgleiche, aus welcher der Mensch
durch eigene Schuld gefallen ist; „sich so von Gott, dem Quell
der Gerechtigkeit und alles Guten entfernt hat, daß seine Natur
gänzlich verdorben ist und er blind am Verstande, verdorben am
Herzen, seine ganze Vollkommenheit bis auf den letzten Rest verloren hat." Ist ihm auch noch eine Art von sittlicher Unterscheidung geblieben, so „verwandelt sich doch alles Licht, das er besitzt, in Finsterniß, wenn es darauf ankommt, Gott zu suchen,
so daß er durch seine eigene Einsicht und Vernunft sich ihm nicht
nähern kann." Und obgleich sein Wille in einer Wahl zwischen
That und That schwankt, kann ihm Gott allein nur die Freiheit
zum Guten geben. Auch hier haben wir wieder ganz die Lehrweise
Calvins, welcher z. B. von dem Ebenbilde Gottes sagt, daß von
ihm in uns nichts „als ein verworrenes, verstümmeltes und be-
flecktes Wesen übrig geblieben sei." Die Erkenntniß Gottes ist der
Kern des Ebenbildes und daß der Mensch diese vollkommen verloren habe, hat Niemand schärfer und schneidender ausgesprochen
als der Herr selbst inmitten des Gotteifrigen Judenvolkes.

Artikel 10. handelt von der Vererbung der Sünde
Adams, „in dessen Person wir aller Güter beraubt sind und ganz
und gar in Mangel und Fluch gestürzt." Dieses Naturgebrechen
ist nach Artikel 11. hinreichend, das ganze Menschengeschlecht zu
verdammen bis auf die kleinen Kinder von Mutterleibe an und obgleich den Kindern Gottes nach der freien Gnade Gottes nicht zu-
gerechnet, bleibt es auch nach der Taufe eine uns anklagende Ver-
derbtheit, „welche immer Früchte der Bosheit und des Aufruhrs
hervorbringt, so daß selbst die Gesundesten, obgleich sie widerstehen,
doch von Schwachheiten und Fehlern angesteckt bleiben, so lange sie
auf dieser Welt wohnen."

Der Artikel 12. enthält das Aergerniß der reformirten Kirchenlehre, den ewigen unveränderlichen Rathschluß,
nach welchem Gott in Jesu Christo einen Theil der Menschheit ohne
Rücksicht auf ihre Werke erwählt hat, um ihn aus der allgemeinen Verderbniß und Verdammniß herauszureißen und an ihm den

Reichthum seiner Güte und Barmherzigkeit zu offenbaren, den anderen aber in seiner Verdammniß läßt, um an ihm seine Gerechtigkeit zu beweisen. Die Erwählten sind nicht besser als die Anderen und hätte sie Gott nicht von den übrigen geschieden, so wäre
Niemand zu dem Glücke der Erlösung gekommen, „denn von Natur haben wir weder eine gute Regung, noch eine Empfindung
oder einen guten Gedanken bis uns Gott zuvorkommt, und uns
dazu in den Stand setzt." Man hat gemeint, es wäre in dem
Ausdrucke, daß Gott die Nichterwählten in ihrer Verdammniß lasse,
eine feine mildernde Differenz zwischen dem Bekenntniß und der
Lehre Calvins, dem ist aber nicht so, da das Bekenntniß ausdrücklich sagt, daß Gott nach seinem unveränderlichen Rathschluß
die Menschen scheide und die Verworfenen ihrer Strafe anheimfallen,
um zum Beweise seiner Gerechtigkeit zu dienen.

Artikel 13. redet von Jesu Christo, als dem, der alles
in sich trägt, was zu unserem Heile nöthig ist und mit dessen Verachtung man „auf die Barmherzigkeit Gottes verzichtet." Die kurze
Fassung manches Artikels zeigt, daß das Bekenntniß nicht eine ent-
wickelte Doctrin geben will, sondern leicht zu behaltende Kernsprüche.
Artikel 14. verwirft bei der Lehre von der in der einen Person
Christi vereinigten Gottheit und Menschheit, welche letztere durch
die Kraft des heiligen Geistes im Leibe der seligen Jungfrau (bea-
tae virginis nur in der lateinischen Uebersetzung) empfangen wurde,
ausführlich die teuflischen Einbildungen Servets. Man sieht daraus, welche verderbliche Bedeutung dieser Mann für die gesammte
französisch-reformirte Kirche gehabt hat. Auch in unserer Zeit fehlt
es ihm nicht an Nachfolgern, welche dem Herrn eine phantastische
Gottheit beilegen und ihn etwa zu einem ewigen mit der Fülle der
Gottheit begabten Menschen umdichten.

In Artikel 15. über die Rechte der göttlichen und
menschlichen Natur im Herrn, ist auch nach der Vereinigung
die göttliche als „unerschaffen, unendlich und alle Dinge erfüllend"
geblieben, und die menschliche behält ebenso ihre Gestalt, ihr Maaß
und ihre Eigenthümlichkeit, „obgleich Jesus Christus bei seiner
Auferstehung seinem Leibe die Unsterblichkeit gegeben hat. „So betrachten wir ihn in seiner Gottheit, ohne ihn seiner Menschheit zu

berauben." Damit hat das Bekenntniß sich gegen die Vergöttlichung der menschlichen Natur erklärt.

Artikel 16. ist wieder ein kurzes Lob der unermeßlichen Güte und Liebe Gottes gegen uns, der seinen Sohn für uns sterben und auferstehen ließ, „um alle Gerechtigkeit zu erfüllen und uns das himmlische Leben zu erwerben."

Damit ist das Thema gestellt, nach dem in Artikel 17. von dem einigen Opfer Jesu Christi die Rede ist, durch welches wir von Gott „als gerecht angesehen werden und gelten" und welches das einzige Mittel unserer Befreiung von Missethaten ist; und in Artikel 18., daß unsere ganze Gerechtigkeit sich gründe auf Vergebung unserer Sünden und „glauben in der That, daß wenn wir auch noch so wenig von diesem Grunde abweichen, wir nirgend sonst Ruhe finden können, sondern immer voll Unruhe sein werden, weil wir niemals Frieden hätten mit Gott, bis wir die Versicherung empfingen, daß wir geliebt seien in Jesu Christo, da wir an uns selbst des Hasses würdig sind." Auch hier in der Rechtfertigungslehre das Bemühen wahren Trost und gewissen Halt der Seele zu geben. Artikel 19. läßt das Kindesrecht der offenen Bitte an den versöhnten Vater folgen. Artikel 20. spricht vom Glauben, als durch den allein wir der Gerechtigkeit theilhaftig werden, welcher nicht zweifelt an dem, „was uns der Mund Gottes zugesagt hat." Der Glaube selbst ist nach Artikel 21. eine Wirkung des heiligen Geistes und ein besonderes Gnadengeschenk, „welches Gott zutheilt, welchem er will, so daß die Gläubigen keine Ursache haben, sich zu rühmen, sondern vielmehr zwiefach verpflichtet sind dafür, daß sie Anderen vorgezogen werden." Wem aber dieser Glaube gegeben ist, dem ist er für immer gegeben, „um auf dem guten Wege bis an das Ziel zu beharren. Denn so wie Gott den Anfang giebt, so giebt er auch die Vollendung." Hier schließt sich die Lehre von der ewigen Wahl in der Lehre von der Beharrung zu. Durch den Glauben wiedergeboren, so fährt Artikel 22. fort, „wird der Eifer gut und heilig zu leben nicht geschwächt, sondern vielmehr durch den heiligen Geist in uns erzeugt und erweckt, in dem er nothwendiger Weise gute Werke hervorbringt." Freilich sind diese Werke nicht der Grund, daß uns Gott als seine Kinder betrachtet, „weil wir sonst immerfort in Zweifel und Ungewißheit schweben würden, wenn unser Gewissen sich nicht der Genugthuung tröstete, durch welche Christus uns erlöset hat."

Das gesegnete Verständniß und der weitgehende Gebrauch des Alten Testamentes, aus dessen Zucht und Ernst die reformirte Kirche Frankreichs hervorgewachsen ist, nicht als wie aus einem unerlaubten Boden, sondern als aus heiligem Lande, liegt in treffender Formulirung in Artikel 23. vor, in dem es heißt, daß obgleich die Ceremonien nicht mehr im Gebrauch sind, sondern alle Vorbilder des Gesetzes ihr Ende in Jesu Christo gefunden, so wird ihr Wesen und ihre Wahrheit doch für uns aufrecht gehalten durch die Person dessen, auf dem die Erfüllung des Gesetzes ruht. Ueberdies müssen wir das Gesetz und die Propheten gebrauchen, sowohl um unser Leben darnach einzurichten, als um darin eine Bestätigung der Verheißungen des Evangeliums zu finden." Immer wieder erneuert man gegen Calvin und seine Schüler den Vorwurf einer allzu alttestamentlichen Charactereigenthümlichkeit, und alle seine getadelten Mißgriffe leitet man meist aus dieser Beschaffenheit ab, man übersieht aber dabei, daß der Herr selbst sein inneres Leben! lediglich aus den Schriften Moses und der Propheten nährte und in seiner ganzen Handlungsweise uns einen makellosen Israeliten zeigt, der seinen für das Haus Gottes brennenden Eifer nicht nur in dem verzehrenden Fluche über die Schriftgelehrten ausgesprochen hat, sondern auch die Geißel geflochten, um den Seelenschacher hinauszustoßen. Auch übergiebt der Apostel Paulus an seinen echten Glaubenssohn Timotheus das Alte Testament als die von Gott eingegebene Schrift, die nützlich ist auch zur Zucht, zur Besserung, zur Erziehung in der Gerechtigkeit. Der Streit, ob Calvin und seine Schüler von dem Alten Testament einen schädlichen Gebrauch gemacht haben, ist gewiß nicht dadurch geschlichtet, daß man sich hinter einer unklaren evangelischen Freiheit verbirgt, sondern in der Erziehung eines Volkes und einzelner Gemeinden zu einem Volke des Herrn und in dem drängend nahen Verhältnisse der Kirche zum Staate wird man von selbst zum Alten Testament getrieben, um in ihm Belehrung und Rath zu suchen. Wir leugnen nicht, daß besonders in den unglücklichen Bürgerkriegen Frankreichs die Calvinisten oft ihren Fanatismus durch alttestamentliche Stellen unentschuldbar aufgestachelt haben, doch sollte uns die vollkommene

Zuchtlosigkeit der Kirche der Gegenwart, welche die Stimme des Gesetzes Gottes hinter ihrem matten Protestantismus überhört, jenen Königen der Scheiterhaufen gegenüber Schweigen auferlegen.

Artikel 24. bringt die Verwerfung der päbstlichen Irrlehren, welche die Ehre des alleinigen Fürsprechers vernichten und es führte der vorige Artikel von der Aufhebung der alttestamentlichen Ceremonien von selbst zu den eitlen Ceremonien, mit denen man in der Kirche des Pabstes „den Gewissen ein Joch auflegt."

Bricht dieser Artikel die falschen Kirchenordnungen ab, so erbaut der folgende (25.) die Ordnung der Kirche, die in dem Namen Christi gestiftet ist, als heilig und unverletzlich. In dieser Kirche leitet uns Gott durch das Amt und die Zügel der Pastoren, welche man hochachten und mit Ehrfurcht anhören muß, wenn sie rechtmäßig berufen sind und ihre Pflicht thun. „Daher verabscheuen wir alle Schwärmer, die so viel an ihnen ist, das Predigtamt, die Verkündigung des göttlichen Wortes und der Sakrämente abschaffen möchten." Wie hoch die reformirte Kirchenlehre das Lehramt inmitten der Gemeinde stellt, das zeigt nicht nur dieser und andere Aussprüche der Bekenntnisse, sondern am besten die Praxis in der die reformirten Pastoren Frankreichs eine Hochachtung und Verehrung bei ihrem Volke genossen wie sie nirgends wieder hervorgetreten ist. Die Pastoren waren die Räthe in fast allen Dingen, wie Engel nahm man sie auf und die Gemeinden konnten, nach dem spöttischen Worte von Catharina von Medicis, nur im Anhören der Predigt Sättigung finden. Calvin selbst hatte eine wahrhaft majestätische Anschauung von seinem Amte und hat mit Fürsten und Herrn stets als der Gesandte Gottes geredet. Unter den französischen Pastoren Halles finden sich manche aus hohem Geschlechte und sie waren in ihrer Gemeinde in ganz anderer Weise geehrt als die Prediger in den übrigen Stadtkirchen. Das Gefühl der Liebe und Unterwürfigkeit gegen die Pastoren war geweckter und frischer und die Gemeinde redete von „ihren Pastoren" mit Freude und Stolz.

Der folgende Artikel 26. faßt wieder in treffender Kürze das zusammen, was die wiederkehrende Ermahnung Calvins an die französischen Protestanten war, daß „Niemand sich zurückziehen und mit ſich ſelbſt zufrieden ſein dürfe (die lateiniſche Ueberſetzung hat in se ipso acquiescere) ſondern daß ſich alle gemeinſchaftlich um die Einheit der Kirche bemühen müſſen."

Die gemeinſame Verſammlung iſt daher überall Pflicht, wo eine wahre Kirchenordnung errichtet iſt, geſchehe es auch gegen den Willen der Obrigkeit. Nur dadurch, daß Calvin in ſeinem Verkehr mit den Gläubigen Frankreichs in unermüdetem Eifer darauf drang, daß ſich jeder zu ſeinem Brüderhäuſlein ſammeln und hinzuthun müſſe, führte er die Bildung von wirklichen Gemeinden herbei, welche ſich als eine zuſammenhaltende Heerde gegen die Gefahr des Abfalles wehren konnten. Tief und unvertilgbar ward ſo in die Herzen der reformirten Franzoſen der Drang nach brüderlicher Gemeinſchaft, nach gemeinſamer Anhörung des göttlichen Wortes und gemeinſamer Feier des Abendmahles eingepflanzt und ihre Geſchichte iſt voll von erhebenden Beiſpielen, wie ſie unter tauſendfachen Gefahren ſich um einen Prediger des Evangeliums verſammelten. War es im Vaterlande die drohende Gefahr der römiſchen Kirche, welche die Gläubigen vereinte, ſo hat in Brandenburg das Exil die Liebe geſchärft und die franzöſiſchen Gemeinden waren vielfach Vorbilder treuen Zuſammenſchluſſes und zarter gegenſeitiger Anhänglichkeit.

Der Artikel 27. beſtimmt das Weſen der wahren Kirche dahin, daß ſie die Gemeinſchaft der Gläubigen iſt, die ſich vereinigen um dem Worte Gottes zu folgen, dabei zu beharren und in der Furcht Gottes zuzunehmen und zu wachſen. Giebt es auch unter den Gläubigen Heuchler und Verwerfliche, ſo kann ihre Bosheit den Namen der Kirche nicht vernichten. Gehorſam unter Gottes Wort iſt alſo ein weſentliches Kennzeichen der wahren Kirche. Iſt die Mehrzahl der Kirchgenoſſen dieſem Gehorſam entfremdet, ſo kann von einer Kirche in eigentlicher Redeweiſe nicht mehr geſprochen werden. Dies führt Artikel 21. näher aus, welcher dem Pabſtthum den Character der wahren Kirche abſpricht. Alle die an ſeinen Verſammlungen Theil nehmen, reißen ſich von dem Leibe Jeſu Chriſti los. Eine ſchwache Spur von Kirche iſt freilich noch im Pabſtthum erhalten, da das Weſen der Taufe übrig geblieben, deren Kraft nicht von dem abhängt, der ſie verrichtet.

Eine zweite Taufe ist daher für die, die in ihm getauft sind, nicht nöthig, doch soll man sich jetzt hüten Kinder von römischen Priestern taufen zu lassen. Dieser Artikel legt den Schluß nahe, daß nach der Lehre des Bekenntnisses die Predigt des Evangeliums und die rechte Verwaltung der Sakramente noch nicht hinreichende Kennzeichen der wahren Kirche sind, da dieselben auch dort verwaltet werden können, wo durch sie noch kein Gehorsam unter das Wort gewirkt worden ist. Die wahre Kirche hat die Predigt des Evangeliums und den reinen Gebrauch der Sakramente, aber wo sich dies beides findet, da braucht sich noch nicht die wahre Kirche, das ist die Gemeinschaft der Heiligen, zu finden, es sind nur die Verheißung und die Mittel ihrer Schöpfung vorhanden, und das lebendige Haupt kann nur einen lebendigen Leib sein eigen nennen.

Die wahre Kirche wird nach Artikel 30. nach einer von unserem Herrn Jesu festgesetzten Ordnung durch die Pastoren, Vorsteher und Diakonen regiert, die über der Reinheit der Lehre, Vernichtung der Laster und den Schutz der Armen und Angefochtenen zu wachen haben. Die Pastoren haben dasselbe Ansehen und die gleiche Macht unter dem alleinigen obersten Bischofe Jesu Christo und darf sich keine Gemeinde über die andere eine Herrschaft anmaßen. Jeder Gemeindevorsteher (Artikel 31.) muß in seiner rechtmäßigen Wahl ein Zeugniß seines Berufes haben, doch kann Gott auch zuweilen in traurigen Zeiten, wo der geregelte Fortbestand der Kirche unterbrochen war, auf außerordentlichem Wege Reformatoren erwecken. Die verschiedenen Vorsteher haben die für die Regierung des ganzen Kirchenkörpers nöthigen Mittel ins Auge zu fassen. Eine gewisse Variation der kirchlichen Einrichtungen nach örtlichen Bedingungen ist erlaubt. Doch muß stets das (Artikel 33.) ihr alleiniger Zweck sein, die Eintracht und den Gehorsam der Gemeindegenossen zu befördern. Eines der wirksamsten Mittel hierzu ist der Bann, „von dem wir behaupten und bekennen, daß er nothwendig sei mit Allem, was dazu gehört."

Die nun folgenden Artikel (34—38.) entwickeln die Lehre von den Sakramenten. Die Sakramente sind das Wort begleitende Unterpfänder der göttlichen Gnade und unterstützen die Schwachheit unseres Glaubens. Sie sind so wenig leere Zeichen,

daß vielmehr Gott in der Kraft seines Geistes durch sie wirkt.
Doch haben sie das Wesen und die Wahrheit nicht in sich selbst
sondern in Jesu Christo und trennt man sie von demselben, so sind
sie nichts als Schatten und Rauch. Es giebt nur zwei Sakramente. Das erste, die Taufe, ist uns ein Zeugniß, daß wir dem
Leibe Christi angehören, von unseren Sünden gewaschen sind und
durch den heiligen Geist zu einem neuen Leben erneuert werden.
Der uns in der einmal geschehenen Taufe zugesicherte Gewinn
bleibt uns im Leben und im Tode, „so daß wir eine dauernde
Versicherung haben, Jesus Christus werde zu aller Zeit unsere Gerechtigkeit und Heiligung sein." Mit den Gläubigen sind auch
ihre Kinder angenommen und daher zu taufen.

Wird nun etwa in dieser Erklärung der volle Trost der Taufe
geschmälert?

Das andere Sakrament, das Abendmahl, ist ein Zeug=
niß unserer Gemeinschaft mit Jesu Christo, der nicht nur für uns
gestorben und auferweckt ist, sondern der uns auch wahrhaft mit
seinem Fleisch und Blute weidet und nährt, mit sich verbindet und
sein Leben uns mittheilt. Er bleibt freilich im Himmel bis zu
seiner Wiederkunft, aber die geheime und unbegreifliche Kraft seines Geistes nährt uns dennoch mit der Substanz seines Leibes
und Blutes. Unsere Vereinigung mit ihm ist eine geistige, darum
aber nicht eingebildete, sondern nur unbegreifliche, „weil dieses
Geheimniß in seiner Erhabenheit das Maaß unserer Einsicht und
die ganze Ordnung der Natur weit übersteigt."

Das Geheimniß des Abendmahles beruht also nach dem Bekenntniß welches hier wieder wörtlich die Sprache Calvins redet,
nicht in einer räthselhaften Consubstantialität, sondern in der schweren Frage, wie zwischen dem zur Rechten des Vaters thronenden
Herrn und uns eine Gemeinschaft möglich sei, wie wir geistige
Güter empfangen können, oder im weitesten Sinne, wie die himm=
lische unsichtbare Welt mit der vergänglich körperlichen in Verbindung treten kann. Die Glaubensgemeinschaft mit dem Herrn, von
der uns die Elemente des Abendmahles unterpfändliche lehrhafte
Zeichen sind, ist eine gewisse und wahrhaftige, aber doch geheim=
nißvolle.

Diese gewisse Mittheilung aller in dem Herrn für uns ruhen=
den Güter hebt noch Artikel 37. besonders hervor und bei der fort=
gehenden Befeindung der reformirten Sakraments=Lehre geben wir
denselben ganz: „Wir glauben, wie schon vorhin gesagt ist, daß
Gott uns im Abendmahl, wie in der Taufe w a h r h a f t u n d
w i r k s a m d a s g i e b t (réalement et par effet, vere et efficaciter),
was darin abgebildet wird und daher verbinden wir mit den Zei=
chen den wahren Besitz und Genuß dessen, was uns dargeboten
wird. Folglich empfangen die, welche zu dem geheiligten Tische
Christi einen reinen Glauben wie ein Gefäß mitbringen, wahrhaft
dasjenige, was die Zeichen bezeugen und der Leib und das Blut
Jesu Christi ist nicht weniger Speise und Trank der Seele, als
das Brod und· der Wein es für den Körper ist.“   So gewiß
also die bildliche Belehrung und Glaubensstärkung durch äußere
Zeichen in den Sakramenten ist, so gewiß ist auch der innere
Empfang der geistigen Gaben für den Glauben, und die Zeichen
werden eben dadurch Unterpfänder und Siegel.   „Daher verwer=
fen wir die Schwärmer und Sakramentirer, welche solche Zeichen
nicht annehmen wollen, denn Jesus spricht, d a s i s t m e i n L e i b
u n d d i e s e r K e l c h i s t m e i n B l u t.“   Damit schließt sich die Abend=
mahlslehre des Bekenntnisses eng an den Heidelberger Katechismus
an, die Einheit der französischen und deutschen Calvinisten be=
zeugend.

Das Bekenntniß giebt die Vollendung der reformirten Abend=
mahlslehre, wie sie Calvin herbeiführte, und es ist daher vor=
nehmlich die Gemeinschaft mit dem Herrn hervorgehoben, aber wir
wollen über diesem Abschluß keineswegs die von Zwingli in einer
mehr des Lobes als des Tadels werthen Weise hervorgehobene
bildliche Predigt des Abendmahles von dem Tode des Herrn, von
seinem für uns gebrochenen Leibe und seinem für uns vergossenen
Blute hintenansetzen.   Der Herr verbindet sich mit uns im Abend=
mahle als der für uns Geopferte und wir leben von dem
Fleisch und Blute dieses Opfers.

Die beiden letzten Artikel des Bekenntnisses schärfen die Hoch=
achtung gegen die Obrigkeit ein, welche das Schwert nicht nur
gegen die Sünden wider die zweite, sondern a u c h w i d e r d i e
e r s t e T a f e l zu führen hat.   Auch der ungläubigen Obrigkeit ist

zu gehorsamen, „wenn nur das unabhängige Reich Gottes un-
verletzt bleibt.“

Sehen wir nach diesem Artikel auf den Gehorsam und die
Hochachtung gegen die Obrigkeit unter den Franzosen in Brandenburg, so ist ein Bittschreiben derselben an ihre Regenten ein Mu-
sterstück seiner ritterlicher Unterwürfigkeit. So war ihr ganzes öffentliches Leben und die Kurfürsten und Könige selbst sind die besten
Lobredner dieser treuen Unterthanen.

Die Geschichte Frankreichs im sechszehnten Jahrhundert sah
die Reformirten vielfach auf Seiten derer, die gegen Thron und
König stritten, aber bei der zähverwachsenen Gemeinschaft zwischen
Papismus und Krone sind jene heißen schweren Kämpfe nicht nach
den modernen Schablonen „conservativ und demokratisch“ zuzu-
schneiden, noch vielweniger als die ersten Vorläufer der ganzen
demokratischen Bewegung anzusehen. So gewiß es einen Demokratismus giebt, welcher alle heiligen Lebensordnungen zerstört und
dem hohlen Gedanken seiner leeren erdachten Staatszukunft ent-
gegeneilt, so giebt es auch einen Konservatismus, welcher lediglich
Christum und seine Wahrheit benutzt und nur so weit benutzt und
achtet, als er dabei des Kaisers Freund bleiben kann. Es kann
aber Zeiten schwerer Noth und Gewissensklemme geben, wo uns
der Aufrührer Jesus von dem Kaiser trennt und wo seine Anbetung den Zorn desselben weckt.

Dem päbstlich mittelalterlichen Staatsleben haben allerdings
die Reformirten Frankreichs in ihrem Kampfe einen todesgefähr-
lichen Stoß gegeben, will man uns durch einen Konservatismus
an Rom verkaufen, so kann uns die Noth unseres Gewissens ihnen ähnlich machen, wenn nicht der Herr ein Zoar, ein Brandenburg für seine Gemeinde zeigt.

Die Disciplin.

Mit richtigem Blicke erkannten die Vertreter der französisch-
reformirten Gemeinden, welche sich im Mai 1559 in Paris versammelt hatten, daß die zerstreuten Häuflein derer die sich um die
auferstandene Predigt des Evangeliums in freiwilliger Liebe zu
schaaren begannen, nur dann zusammengehalten, erzogen und wei-
tergefördert werden könnten, wenn sich zuerst die einzelne Gemeinde

einer gewissen unwandelbaren Zucht und Ordnung unterwerfe und
dann mit den übrigen in gleicher Weise geordneten Gemeinden in
einen engen Verband trete, aus dem die regierenden Oberbehörden
der gesammten Kirche hervorgingen. Als ein heilsames Mittel der
Erziehung und Auferbauung der evangelischen Gemeinden, als ein
Band der Eintracht und Gemeinschaft, als eine Wehr und Waffe
gegen die Angriffe Roms entwarf die Pariser Synode die Grund-
züge der kirchlichen Verfassung und nannte sie nach ihrer Bestimmung eine Disciplin. (Discipline ecclesiastique).

Auf jenem damals gelegten Fundamente hat sich in der Entwicklung der französisch = reformirten Kirche ein bis in die kleinsten
Specialitäten ausgeführtes kirchliches Gebäude erhoben, welches
für alle Zeit ein Muster gesunder dem Worte Gottes gemäßer Kirchenordnung bleiben wird und dessen Studium daher die reichste
Belehrung für die verschiedenen Fragen in diesem Gebiete bringt.

Es ist bekannt, daß die Lebensarbeit Calvins neben der Vertheidigung der Schriftwahrheit vor allem in der Gründung von
kirchlichen Ordnungen bestand und wenn die Gemeindeverfassung
der Evangelischen in Frankreich durch ihr ganz anderes Verhältniß
zum Staate und durch ihre bis in die letzten Spitzen erweiterte
Vollständigkeit eine von der Genfer sehr verschiedene ist, so liegt
diese Differenz so wenig in einer auseinandergehenden Anschauungs-
weise des Reformators und der französischen Gemeinden, daß vielmehr die Gemeindeverfassung der Letzteren der eigentliche rechte
Ausdruck der Gedanken Calvins über das kirchliche Leben ist. Ihn
brachte seine Stellung zu der Obrigkeit Genfs zur Bildung eines Konsistoriums als regierender kirchlicher Behörde, welches
seine Senioren aus dem großen und kleinen Rath nahm und
sich nicht allein hierin, sondern in seinem ganzen Regimente
als ein staatlich = kirchliches Institut erwies. Die feindliche Stellung des Staates in Frankreich that den evangelischen Gemeinden
den guten Dienst, sich in vollkommener Unabhängigkeit von ihm als
ein eigenes geistliches Reich gestalten zu können, dessen Unterthanen
also von dem Worte und Geiste Jesu Christi als ihrem einzigen
unsichtbaren Könige regiert werden, daß sie den aus ihrer Mitte

genommenen und von ihnen selbst aufgestellten Amtsträgern in Gehorsam sich unterwerfen.

Ist auch die Presbyterialverfassung der französischen Gläubigen weder von ihnen noch von Calvin zuerst entworfen, so hat
doch letzterer auf ihren Ausbau den entschiedensten Einfluß ausgeübt, und dieselbe trägt besonders in ihrem Detail so ganz den
Stempel Calvins, daß auch in ihren kirchlichen Ordnungen die
Reformirten Frankreichs die Zöglinge des Genfer sind.

Die vorbildlichen Anfänge der Regierung der Kirche durch
Aelteste liegen schon in den patriarchalisch-aristokratischen Einrichtungen zur Zeit Moses, welcher aus den Familienhäuptern 70
Aelteste erwählte und sie über das Volk setzte; weiter dann in den
Einrichtungen der jüdischen Synagogen, welche Aelteste zu Vor-
stehern hatte, die zu gleicher Zeit Magistrats- und Gerichtspersonen
waren. Von diesen Synagogenältesten entlehnten die apostolischen
Gemeinden nur den Namen und ein rein äußerliches Muster, wenn
sie in der erziehenden Belehrung des heiligen Geistes unter sich
ein Regiment von Aeltesten und Diakonen aufstellten, zu deren
Wahl das Recht nicht so ausdrücklich in der Hand der Gemeinden
lag, daß sich dieselben nicht bereitwillig den von den Aposteln und
ihren Schülern erwählten Aeltesten und Diakonen unterworfen
hätten. Die Jerusalemische Gemeinde sieht sich nach den zum Dia-
konenamte tüchtigen Männern in ihrer Mitte um und die Apostel
führen dieselben ein; die Antiochenische Gemeinde wählt und ent-
sendet durch den Trieb des heiligen Geistes Barnabas und Saulus
als Lehrer der Heiden, welche dann wieder in den von ihnen gestifteten
Gemeinden Aelteste anordnen oder hiermit ihre Schüler betrauen.
Erhielten nun auch die Gemeinden von den Aposteln und ihren
Sendlingen ihre Aeltesten, so ging deren Einsetzung doch in ge-
meinsamer Berathung vor sich und in Bewahrung der Rechte der Gemeinde, nach welchen diese sich unter dem Worte und Geiste des
Herrn selbst auferbauen soll, die Aeltesten und Diakonen nicht mehr
als die Gehülfen ihres Wachsthums und ihrer Freude sind,
die verhärteten Sünder vor ihre Entscheidung sich zu stellen haben, sie die entstandenen Streitigkeiten durch sich selbst richten
soll und ein Aergerniß wie es eine Betrübniß Aller ist, so auch
von Allen ausgestoßen werden muß.

Ein Rath von mehreren Mitgliedern hat die Apostolischen Gemeinden geleitet. In dieser Vorsteherschaft wurde nun zwischen geistlichen und weltlichen Gliedern nicht geschieden, denn eine solche Unterscheidung sollte das in dem Herrn geheiligte, priesterliche Volk nicht kennen und konnten auch die Lehrer zugleich die Geschäfte der Zucht und Regierung verwalten und die Regierenden lehren, so wieß doch die verschiedene Gabe des Geistes einem Jeden sein Gebiet der Thätigkeit an und Diener am Worte, Vorsteher und Armenpfleger hatten ihre besondere Stellung.

Die Disciplin der französisch-reformirten Kirche macht nun auch zwischen Pastoren und Aeltesten keinen solchen Unterschied, wie die Ausdrücke „Geistliche und Laien" bezeichnen, vielmehr sind es wesentlich geistliche Werke, die den Aeltesten obliegen. Sie haben dafür zu sorgen, daß das Volk sich fleißig zum Gottesdienst und zum Abendmahl einfinde, bedürfen also der Gabe der Ermahnung und Bitte; sie haben die Vergehungen und Sünden zu richten, sind also Seelsorger; der Wandel und die Predigt des Pastors wird von ihnen censirt, ausnahmsweise können sie auch in den Häusern katechisiren und in der Abwesenheit des Pastors in der Kirche die öffentlichen Gebete halten. Es ist also nur die Auslegung und Anwendung des göttlichen Wortes in öffentlicher Predigt, welche dem dazu gebildeten und berufenen Pastor oblag und durch welche er nicht einen eigenthümlichen geistlichen Character erhielt, wohl aber als der Träger und Bote des Evangeliums mit Ehrfurcht aufgenommen werden sollte.

Man hat diese Gemeindeverfassung eine demokratische genannt, weil bei der Entstehung einer neuen Gemeinde die Wahl des Konsistoriums durch alle Familienhäupter geschah, weil die Provinzial- und Nationalsynode eine Anzahl von Aeltesten in sich schloß und weil sie überhaupt die Autorität des Pastorenamtes beschränke. Zunächst ist es höchst verwirrend und schädlich, wenn man die heiligen Ordnungen der Gemeinden Jesu Christi mit bürgerlich-weltlichen Einrichtungen vergleicht und gleichartig bezeichnet. Man zerstört damit die Weihe der Schöpfungen des Geistes, welche doch nur eine Scheinähnlichkeit mit den politischen Verfassungen haben. Will man sie einmal mit diesen vergleichen, so könnte man richtiger sagen, sie wäre eine aristokratische, denn das Konsistorium ergänzt sich durch Kooptation, die Wahl der Pastoren geschieht von dem Colloque (Kreissynode), und die Gemeinden haben nur das Recht des Protestes u. s. w.

Die Disciplin sagt in den Bestimmungen über die Behandlung der Kirchenzucht, man möge sich hüten, in derselben polizeiliche, richterliche Ausdrücke und Weisen zu gebrauchen; dadurch daß man die Presbyterialverfassung immer in Einklang mit den weltlich-demokratischen Instituten gebracht hat, hat man selbst das Gelüsten der Agitatoren der Menge nach ihr hervorgerufen, unter deren verwüstenden Händen freilich dieselbe zu einem Zerrbilde dessen wird, was sie nach dem Willen Gottes sein soll.

Wir wollen jetzt nicht näher auf eine ausführliche Darstellung der Disciplin eingehen, sondern dieselbe nur beschreiben, wie sie in der halleschen Gemeinde und in Preußen sich Geltung verschafft hat.

Ehe für alle französischen Gemeinden dieselbe Disciplin giltig war, war noch ein Kampf mit der einen französischen Gemeinde nöthig, welche in Berlin schon vor der Aufhebung des Edictes von Nantes sich gebildet und in Manchem von der Disciplin der französisch-reformirten Kirche sich entfernt hatte. Ein Edict vom 7. December 1689 unterwarf alle Kirchen der gleichen Disciplin.

Wir sahen in dem Bericht über die ersten kirchlichen Acte der Franzosen in Halle, wie die Wahl des Konsistoriums durch alle Familienhäupter geschah und dies war ganz nach den Bestimmungen der Disciplin, nach welcher bei der Bildung einer Gemeinde das Konsistorium von allen Familienhäuptern gewählt werden soll. In Zukunft aber ergänzt sich dieses Konsistorium beim Austritt von Aeltesten, welche drei Jahre auch länger im Amte bleiben können, durch Kooptation. Die neuen im Konsistorium gewählten Aeltesten werden an drei auseinander folgenden Sonntagen der Gemeinde genannt, geschieht keine Einsprache, so führt sie der Präsident, des Konsistoriums der Gemeinde vor und vollzieht ihre feierliche Einsetzung. Der Präsident des Konsistoriums ist der Pastor. Da in Halle drei Pastoren in der ersten Zeit der Gemeinde waren, wechselten sie in dem Präsidium. Der jedesmalige

Präsident hieß modérateur und hatte das Recht ein Konsistorialmit- glied, welches nicht in geziemender Weise redete oder schwieg, fortzu- schicken. Die Geschäftsvertheilung unter den Aeltesten zeigten im dritten Capitel die mitgetheilten Namen, der Schatzmeister der Armen (auch receveur des deniers des paurres genannt) war in bevor- zugter Weise der Ancien Diacre oder der Diakon, dem der Be- such der Armen, Gefangenen und Kranken oblag, obwohl er darin auch von den übrigen Aeltesten unterstützt wurde. Die Aeltesten gaben selbstverständlich der Gemeinde ein Vorbild regelmäßigen Kirchenbesuches. Wäre es nicht geschehen, so würde es von der ganzen Gemeinde gestraft worden sein. Die Verhandlungen des Kon- sistoriums beginnen mit Gebet (après l'invocation du nom de Dieu) und schließen mit einer Danksagung (graces ayant esté rendues).

Alle Angelegenheiten der Gemeinde werden durch das Kon- sistorium verwaltet. In seiner Mitte müssen sich die Armen stellen und ihre Noth wird geprüft; sind die Armengelder von dem Ancien Diacre ein Jahr verwaltet, so werden die Einnahmen und Ausga- ben desselben sorgfältig von zwei Aeltesten durchgesehen und dem Konsistorium vorgelegt. Bei der Feier des Abendmahles theilt ein Aeltester die méreaux aus, dies waren Bleimarken, welche mit einem Palmbilde die für die Gemeinde sinnige Inschrift trugen: Curvata resurgo; ein anderer sammelt sie wieder ein, zwei sorgen für Brod und Wein und helfen bei der Zurüstung und Be- dienung der Tische. Viermal des Jahres wurde das Abendmahl gefeiert und von dieser Ordnung weicht man nur dann ab, wenn aus weiter Ferne französische Brüder gekommen sind und nach dem „Trost des heiligen Mahles". verlangen. Es werden aber dann, um die Communion zu vermehren, noch einige von der Gemeinde zur Mitfeier aufgefordert. Vor jeder Abendmahls- handlung vollzieht das Consistorium unter sich die brüderliche Vermahnung und Bestrafung (Censures fraternelles). Von dem Abendmahl werden aus der Gemeinde alle die ausgeschlossen, die durch ihren Wandel dazu veranlassen. Die Zahl der Theilnehmen- den belief sich bei jeder vierteljährigen Feier meistens auf 400, un- ter welchen Gäste aus Leipzig und Magdeburg waren. Es pflegte also die ganze Gemeinde zu gehen.

Haben die Aeltesten ein Vergehen in Erfahrung gebracht, welches bedeutend genug ist um unter die Zucht des Konsistoriums gestellt zu werden, so fordern sie den Thäter in ihre Mitte, und ermahnen ihn vor Gott die Wahrheit zu sagen. Halten sie es für nöthig, daß er von dem Abendmahle ausgeschlossen werde, so muß er von diesem zurücktreten, doch wird die Gemeinde bei keinem öffentlichen Aergernisse weder von der Ausschließung noch von der später erfolgten Wiederannahme benachrichtigt. Es bleibt dieses strafende Verfahren in dem kleinen Kreise des Konsistoriums. Es ist gewiß gut, hier zu erwähnen, daß auch solche, die in Gewohnheit und im Leichtsinn den Namen Gottes mißbrauchten, wenn sie nicht davon abstanden, vom Abendmahl ausgeschlossen wurden. Ist das Vergehen ein öffentliches Aergerniß geworden, ist der Sünder ein Ketzer, ein Verächter Gottes, ein Verräther seiner Kirche, so wird sein Name von der Kanzel genannt und dadurch seine Ausschließung vom Abendmahl eine allgemein bekannte, — für ihn zur demüthigenden Strafe, für die Gemeinde zur heilsamen Furcht. Bis zum Jahre 1709 (denn nur aus dem Zeitabschnitte von 1686—1713 haben wir allerlei Belege in die Darstellung der Disciplin eingeflochten), sind uns etwa 4 bis 5 Fälle vorgekommen, wo der Ausschluß wegen Hurerei geschah, häufiger sind gemachte Schulden der Anlaß gewesen, in welche die Verarmten bald gerathen konnten. Die Zeit der Ausschließung vom Abendmahl wurde nach der Gesinnung des ihr Verfallenen verlängert oder verkürzt. Im Jahre 1706 waren aus der französischen Gemeinde satyrische Schriftchen verbreitet, man bemühte sich eifrigst die Schuldigen zu entdecken, welche die Liebe in so gefährlicher Weise verletzten (qui blessent dangereusement la charité). Das letzte Mittel der kirchlichen Zucht, nachdem der Name des Verbrechers drei Sonntage nacheinander der Gemeinde genannt war und ihre Fürbitte und Mithülfe zur Heilung des Schadens erfleht war, war die Abtrennung vom Leibe Jesu Christi, die Exkommunikation, in erschütternd ernster Weise vollzogen mit Verfluchung dessen, der den Herrn Jesum nicht liebt. Da in den Kirchacten kein bestimmter Fall vorliegt, übergehen wir die Beschreibung dieser Eiferthat des strafenden Geistes Gottes, bei welcher man ein ergreifendes Formular gebrauchte.

Das Hurenwesen, welches damals so viele Klagen der Prediger in Halle weckte, hatte auch seine giftige Ansteckung auf die Franzosen geworfen. Das Konsistorium ließ eine ernste Vorstellung von der Kanzel verlesen, daß doch die Flüchtlinge nicht in so schändlicher Weise den Ruhm ihrer Leiden vernichten sollten und die Glieder Christi zu Hurengliedern machen. Sie möchten nicht die Züchtigung Gottes vergessen und nicht seinen Zorn zu härterer Strafe erwecken. Eifrig wurde die Gemeinde zur Sonntagsheiligung ermahnt, um das Volk zu erbauen, „zu dem wir uns geflüchtet haben" (parmi lesquels nous nous sommes réfugiés).

Im Juli 1700 erkundeten Binielle und zwei Aelteste eine eigene Uebertretung der kirchlichen Disciplin.

In Glaucha hatte der französische Candidat Feletier aus Montbeillard, ein Lutheraner, Versammlungen angestellt, welche auch von Franzosen besucht wurden. Er predigte ihnen am Sonntage um 6 Uhr in ihrer Sprache. Auch der Lehrer der französischen Gemeinde Baile, der Sohn eines getreuen reformirten Pastors, that sich zu ihm und führte ihn in die Gemeinde ein. Aergerlich und gefährlich wurde das Wirken des Candidaten, als er dem Tischler Etienne Vergalier, welcher mit einer anrüchigen Person zusammenlebte und der kirchlichen Strafe verfallen war, aus der Schrift vorlas und Trost spendete. Das Konsistorium klagte nach sorgfältiger Untersuchung der Angelegenheit beim Grafen Dohna in Berlin und drohte den Besuchern der Versammlungen mit der Anwendung der ganzen Schärfe ihrer Disciplin. Gegen ihr Verfahren gingen von Halle falsche Berichte nach Berlin, Baile ließ sich von einer Frau Charbonnet, die reformirt gewesen und lutherisch geworden war und nun einen steten Krieg gegen ihre alten Pastoren führte, einen Protest aufsetzen, welchen er anmaßlich für die ganze Pietisten-Versammlung unterschrieb. Auch einen andern Franzosen Jean Beauvais forderte er dazu auf, dieser las das Schreiben nicht, hatte auch die Versammlungen nicht besucht, setzte jedoch seinen Namen darunter, mit der guten Absicht, also die Privaterbauung zu fördern. Das Schreiben ging an den Kurfürsten, Jablonski interessirte sich dafür, Francke erklärte sich gegen die Franzosen, und es kam zu langen Verhandlungen. Baile verfie

der kirchlichen Zucht, der Kinderunterricht ward ihm eine Zeit lang
untersagt, und er aufgefordert, sich nach dem Vorbilde seines theuren Vaters von der Reinheit und Vollkommenheit der reformirten
Lehre zu überzeugen, den Katechismus, das Glaubensbekenntniß
und die Disciplin zu studiren. Aelteste der Gemeinde hatten in
den Versammlungen die verderbliche Lehre von der Sündlosigkeit
der Wiedergeborenen gehört, und der darüber verhörte Baile erwiderte, Johannes sage, der aus Gott geboren ist, sündige nicht.
Die Pastoren belehrten ihn, es wäre nach dem Briefe Johannes
zu unterscheiden, zwischen einer Sünde zum Tode und einer Sünde
nicht zum Tode. Erstere thäte der Wiedergeborene nicht, der, wenn
er auch alle Tage sündige und in großer Schwachheit wandele,
ja stets mit den Aposteln die 5. Bitte im Vaterunser beten müsse,
doch nie sich in seinen Uebertretungen verhärte, sondern tägliche
Buße thue. Diese Erklärung genügte Baile nicht, er blieb bei seiner Behauptung und wollte auch nicht von den Versammlungen
lassen. Man verbot ihm an dem heiligen Abendmahl Theil zu
nehmen, bis er sich erweiche und der kirchlichen Zucht unterwerfe.
Ausdrücklich versicherten noch die Pastoren, sie selbst ermahnten ihr
Volk zur Privaterbauung, doch untergrübe es ihre Gemeinschaft,
wenn ein Candidat ohne Berufung und nur der Augsburgischen
Confession ergeben, die Reformirten zu sich zöge. In den Briefen
Frankes an Spener findet sich eine Bemerkung über dieses Begeg-
niß, welche zeigt, wie leicht sich Franke aus Liebe zu den Sepa-
ratvereinen in seinem Urtheile beirren ließ. Die interessante Stelle
lautet so: „Gegen die französischen Prediger sind die Franzosen
auch einkommen und nimmt sich Herr Jablonski der Sache an und
haben jene groß Unrecht, schiebens aber subdole auf einen Lutheraner von Montbellard, da sie doch ihre sonntägliche Erbauung bei
einem Reformirten M. Bail gehabt, der ein gar frommer und
stiller Mensch ist, von ihnen aber sehr hart tractiret worden. Finden die Prediger keinen Schutz, so sehe ich eine schöne Thür
bei dieser Nation offen, so man billig zu foviren."
Wenn irgend eine Hallesche Gemeinde, so hatte die französische
das Recht des Protestes gegen die Separatvereine der Pietisten.
Sie übte Zucht und hatte ein gewecktes Gemeindeleben, während
in den übrigen verwilderten Gemeinden der Pietismus dem Ver-

langen nach besserer Speise Rechnung trug. Franke verkannte wie die reformirte Kirche überhaupt, so auch diese französische Gemeinde. Es erklärt sich dies aus der damaligen Unkenntniß der reformirten Geschichte und Lehre und dem Banne, der von Wittenberg ausging.

Weitere Bestimmungen der Disciplin werden noch in der Folge uns näher bekannt werden, wir wollen jetzt den Ausbau der Konsistorien zu Kreis=, Provincial= und Nationalsynoden in Preußen verfolgen.

Weiß in seiner Aufzählung der vielen Wohlthaten, welche die Flüchtlinge Frankreichs von dem Kurfürsten erhielten, fährt in gutem Glauben nachdem er gesagt hat, sie hatten ihre Konsistorien fort „und ihre Synoden." Dem war aber nicht so, sondern die kirchliche Verfassung der französisch Reformirten erhielt in Preußen ein consistorial=episkopales Element beigemischt und verlor ihre nothwendigen Organe die Provinzial= und Nationalsynode. War auch in dem Edicte des Kurfürsten nicht von diesen beiden letzteren Behörden die Rede, so haben doch die Franzosen seine Zugeständnisse, einer freien Uebung ihrer Disciplin nicht nur für die Einzelgemeinde verstanden, sondern auch für die in ihr verlangten weiteren kirchlichen Ordnungen. Es konnte ihnen keinen Ersatz für deren Aufhebung bieten, daß der Landesherr reformirten Glaubens war, vielmehr haben sie nur mit Schmerz sich dem Willen Friedrich III. unterworfen, nach dem man sich von den Urtheilen der Konsistorien an die zu bestellenden französischen Commissarien unter der Direction des kurfürstlich reformirten Staatsministers und des Landesherrn selbst berufen sollte. Eine bis dahin freie sich selbst regierende Kirche trat unter die Protectorschaft von Fürsten, die die Kirche ihres Landes mit bischöflicher Autorität regiert hatten, sie konnte es nicht thun ohne ihre Freiheit zu verlieren und ihre Selbstverwaltung dranzugeben. So waren denn die französischen Gemeinden, die sich leicht zu kleineren und größeren Synoden hätten zusammenschließen können, dieser ihrer Kronen beraubt und ihr Kirchenkörper verstümmelt. Denn ein vom Könige abhängiges Oberkonsistorium ist für die reformirte Kirchenverfassung eine unmögliche letzte Behörde. Ehe dieses Oberkonsistorium eingesetzt wurde, ging ihm eine Kirchenkommission voran, bestehend

aus zwei geistlichen und zwei weltlichen Mitgliedern, welche dann
(1701) zu einem Oberkonsistorium sich umgestaltete, das das geist=
liche Tribunal der französischen Gemeinden wurde
(Tribunal Ecclésiastique et Consistorial sur les Colonies Françoises). Die über dem Oberkonsistorium stehende letzte Instanz war
der König, welcher in wichtigen Glaubensstreitigkeiten und schwie=
rigen Fällen mit seiner Entscheidung eingriff. Dieses Oberkonsisto=
rium trat an die Stelle der Synoden, und bald durch dieses bald
unmittelbar traf der König kirchliche Anordnungen, welchen das
Glaubensbekenntniß und die Disciplin als Norm galt.

Da das Oberkonsistorium natürlich nicht die entfernteren Kir=
chen und Schulen ordentlich beaufsichtigen konnte, wurden In=
spectoren bestellt, das heißt in jeder Provinz sollte ein Pastor,
ohne sich einen Vorrang anzumaßen, die Aufrechthaltung der Dis=
ciplin in den ihm untergebenen Gemeinden überwachen. Befiehlt
das hierüber bestimmende Edict auch in eingehendster Weise, daß
der Inspector keine Herrschaft über die Consistorien ausübe, so war
doch die ganze Einrichtung gegen den Geist der Disciplin, welche
sogar verbot, daß von der Synode Pastoren als Revisoren gesandt
würden, da ohne dieselben die Verfassung Kraft genug besäße den
Uebelständen abzuhelfen.

Die Wahl der Prediger geschah in Preußen theilweise
allein durch den König oder die Gemeinden wählten aus einer ihnen
vorgeschlagenen größeren Anzahl von Bewerbern. Hiergegen legten
wohl die Réfugiés Verwahrung ein, aber ohne Erfolg. Und wäh=
rend der König ihnen ihre natürlichen Freiheiten beschränkte durch die
Beseitigung der Synoden, gab er ihnen solche gegen die sie protesti=
ren mußten, denn das Colloque, welches wenigstens 7 Pastoren in
sich zählen mußte, wählt die Pastoren, die man jedoch der Ma=
jorität der Gemeinde nicht aufdrang. Die Berliner französischen
Gemeinden besaßen eine eigenthümliche Generalversammlung, auf
die wir nicht näher eingehen wollen. Hatte schon die kirchliche
Verfassung der Franzosen durch die Entfernung der Synoden eine
wesentliche Schwächung erhalten, so sollte dies noch mehr geschehen
durch Zeitereignisse, deren Darstellung uns später obliegen wird.

Die Kirche der Gegenwart sucht die Synodalverfassung zu
erneuern. Es war ein lebendiger Körper an dem diese Glieder her=

vorgewachsen waren; Gemeinden durch Noth gebildet, im Glauben erfahren, bereit sich strafen und ermahnen zu lassen, unterwarfen sich diesen heilsamen Ordnungen. Es ist gewiß eine ernste Frage, ob man nicht mit Einführung solcher Verfassung in unsere beklagenswerthen Gemeindezustände die Macht der Gottlosen zum vollkommenen Ruin der Kirche stärkt. —

Der Gottesdienst.

Ihre Versammlungen hielt die Gemeinde anfänglich in dem genannten Jägerhause. Dann läßt ihr der Kurfürst eine kleine über dem Thor im Thurme auf der Moritzburg befindliche Capelle einräumen, in welcher am 3. Juni 1687 der erste Predigt- und am 9. October der erste Abendmahlsgottesdienst gehalten wurde. Die Uebernahme der Kapelle gab Vimielle Anlaß seinen vollen Dank gegen den unermüdlichen Wohlthäter, den Kurfürsten, in Predigt und Gebet auszusprechen. Das angewiesene Lokal war indessen für die sich schnell mehrende Gemeinde zu klein und der Kurfürst befahl die Restauration der großen Burgkapelle für die Franzosen. Ehe diese beendigt war, eröffnete ihnen ein Rescript vom 29. Mai 1688 den Dom, welchen sie mit den Deutschreformirten und Lutheranern theilten und Morgens von 7—9 und Nachmittags von 4—6 ihren Gottesdienst in demselben hielten. Inzwischen schritt die Renovation der alten Kapelle St. Mariä-Magdalenä, welche einst vom Erzbischof Ernst erbaut war und so oft den glänzenden Hofprunk der römischen Bischöfe und ihre todte bunte Kultusherrlichkeit in sich gesehen hatte, rüstig fort, um am 26. October 1690 zum erstenmal in würdiger Einfachheit die reformirte Gemeinde um die Predigt des lebendigen Wortes Gottes in sich zu vereinen. Das beigegebene Bild zeigt die Trümmer der Moritzburg, von denen sich ein schöner Blick über die Stadt und die Domkirche eröffnet. Drei Predigten feierten den Tag der Einweihung; Augier redete um 9 Uhr, Vimielle um 10 und Coullez Nachmittags um 2 Uhr. Der Kanzler von Jena und das gesammte Regierungscollegium ehrten den Tag durch ihren Kirchenbesuch. Das Baugeld war durch eine Landescollecte aufgebracht, welche 800 Thaler ergab. von Jena berichtet darüber an den Kurfürsten, daß die Feier vollzogen sei mit dreien auf die Sache wohleingerichteten gelehrten Predigten, Singen, Beten und Danken,

auch publice affigirten gedruckten, zu Eurer Kurfürstlichen Durch-
laucht Ruhme gereichenden carminibus und dignis Elogiis bei volk-
reicher Versammlung sollemniter und öffentlich."

Später begann nun regelmäßig der Gottesdienst um 9 Uhr
und Nachmittags um 2 Uhr. Im Dome hatte man noch jeden
Donnerstag um 9 Uhr eine Betstunde, eine zweite Betstunde wurde
am Dienstag um 2 Uhr in der Burgkapelle gehalten. Außer den
gewöhnlichen Sonntagen feierte man die Hauptfeste, das neue Jahr
und die 4 Bußtage.

Wir wollen jetzt näher den Verlauf der sonntäglichen Feier
an uns vorübergehen lassen, um deren Würdigkeit zu erkennen und
um sie mehr bekannt zu machen, da selbst Alt in seinem Buche
über den kirchlichen Gottesdienst nur den freilich ähnlichen Gottesdienst der Frankfurter Wallonen-Gemeinde beschreibt und überhaupt
die Sonntagsfeier der Reformirten die spärlichste Darstellung findet.

Der Lecteur — dies war nach dem Fortgange von Pierre
Cavallier Jean Frédéric — beginnt mit der Verlesung des Ka-
pitels der heiligen Schrift, aus dem der Text der Predigt genommen ist, damit nicht die Lectio neben der Predigt einhergehe und
die Predigt nicht neben jener, sondern gleich beim Beginn die Gedanken der Gemeinde sich auf den Gegenstand der Predigt sammelen.
Es wird dann ein Psalm gesungen, welcher in der ersten Zeit
aus der alten Uebersetzung von Clément Marot, später aus der
neuen Berliner von Lenfent und Beausobre genommen wurde. Dem
Gesange folgte die Verlesung der Abkündigungen und die der zehn
Gebote. Denn so gut wie das apostolische Symbolum, welches
der Tradition angehört, hat das Gesetz, welches einen wesentlichen
Bestandtheil des Wortes Gottes bildet, das Recht, sonntäglich
wiederholt zu werden, da dasselbe wie unser steter Ankläger so auch
in Jesu Christo das stete Leben und die Freude unserer Seele ist.
Die Hochachtung des Gesetzes wie sie die ganze Lehre Calvins durch-
zieht, hat auch im Gottesdienste ihren Ausdruck gefunden und es
liegt in der Verlesung desselben eine wunderbar strafende aber auch
aufrichtende Macht. Erst jetzt geht der Prediger auf die Kanzel,
anfangs im schwarzen Rocke und mit bedecktem Haupte, später im
Anschluß an die Landessitte im Talare und entblößtem Haupte und
beginnt: „Unsere Hülfe sei im Namen des Herrn, der Himmel

und Erde gemacht hat." Darauf fordert er die Gemeinde mit folgenden Worten zum Sündenbekenntniß auf:

„Liebe Brüder, ein jeglicher von Euch stelle sich vor das
Angesicht des Herrn, um seine Sünden und Uebertretungen zu bekennen und folge von Herzen meinen Worten."

Er hat sein Haupt entblößt, sein Knie gebeugt, die Gemeinde ist ihm darin gefolgt und er spricht:

„Herr Gott, ewiger und allmächtiger Vater, wir bekennen
und erkennen vor Deiner heiligen Majestät, daß wir arme Sünder
sind, empfangen und geboren in Ungerechtigkeit und Verderbniß,
geneigt zu allem Bösen, unfähig zu irgend einem Guten; die wir
ohne Aufhören durch unsere Vergehungen Deine heiligen Gebote übertreten. Das macht, daß wir uns durch Dein gerechtes
Gericht ein gänzliches Verderben bereiten. Aber Herr, wir tragen
herzlich Leid darüber, Dich beleidigt zu haben und wir verdammen
uns selbst und unsere Sünden in ernster Buße und verlangen in-
niglich, daß Deine Gnade unserem Elende zu Hülfe komme. Er-
barme Dich daher unser allgütiger Gott und allbarmherziger Vater
im Namen Deines Sohnes Jesu Christi unseres Herrn und vergieb
uns unsere Sünden. Gewähre uns auch und erhalte uns beständ-
dig die Gaben Deines heiligen Geistes, damit wir unsere Unge-
gerechtigkeit von ganzem Herzen erkennen und von aufrichtiger Buße
bewegt sind, damit wir durch ihn der Sünde sterben und er in
uns Früchte der Gerechtigkeit und Heiligkeit hervorbringe, welche
Dir angenehm sind durch Jesum Christum unseren Herrn. Amen."

Dieses Gebet hat die reformirte Kirche von Theodor von
Beza empfangen, aus dessen Munde es auch einst auf die hohe
Versammlung zu Poissy einen tiefen Eindruck machte, als er mit
dem verachteten Häuflein seiner Amtsbrüder „den Genfer Hunden"
vor den Großen niederkniete und es betete.

Nach dem Sündenbekenntnisse wird ein Psalm gesungen,
der Pastor fleht dann in einem freien Gebete den Beistand des heiligen Geistes an, damit sein Wort zur Ehre des Namens Gottes
und zur Erbauung seiner Gemeinde treu erklärt und mit Demuth
und Glauben aufgenommen werde. Er verliest den Text und
hält die Predigt. Nach der Predigt folgt das Kirchen-Gebet
um Förderung des Reiches Gottes und für alle Stände, welches

je nach den verschiedenen Zeitumständen eine Aenderung erhält. Wir geben einige Sätze aus demselben. Von den Königen und Fürsten heißt es: „Vermehre alle Tage Deine Gaben und Gnaden in ihnen, damit sie mit wahrem Glauben erkennen, daß Jesus Christus Dein Sohn, unser Herr, der König der Könige ist und der Herr der Herren, wie Du ihm in Wahrheit alle Macht im Himmel und auf Erden gegeben hast, auf daß sie suchen ihm zu dienen und sein Reich in ihrer Herrschaft auszubreiten."

Von den Pastoren heißt es unter anderem: „Trage Sorge, daß alle Deine Gemeinden aus dem Maule der reißenden Wölfe und lohndienerischen Geister befreit sein, welche nur an ihren eigenen Vortheil oder an ihren Ehrgeiz denken, statt allein die Ehre Deines Namens und das Heil Deines Volkes zu suchen." In dem Gebete für alle Menschen finden sich die Worte: „daß Du erkannt sein möchtest als Heiland der ganzen Welt." Die Fürbitte für die Elenden und Angefochtenen schließt so: „Wir empfehlen Dir insonderheit alle unsere armen Brüder, welche unter der Tyrannei des Antichrist zerstreut sind, beraubt der Speise des Lebens und der Freiheit, Deinen heiligen Namen öffentlich anzurufen; die in Gefängnissen schmachten oder sonst durch die Feinde Deines Evangeliums verfolgt werden. Laß es Dir wohlgefallen, o Vater der Gnade, sie durch die Macht Deines Geistes zu kräftigen, daß sie niemals ihren Glauben verleugnen, sondern fest in Deiner heiligen Berufung beharren. Stütze sie und stehe ihnen bei, da Du weißt, daß sie es bedürfen, tröste sie in ihren Anfechtungen, nimm sie in Deine Bewahrung gegen die Wuth der Wölfe, vermehre in ihnen, o Herr, die Gaben Deines heiligen Geistes, damit sie Dich im Leben und im Tode verherrlichen."

Dieses allgemeine Kirchengebet schließt zuletzt mit dem Unservater. Es wird jetzt das apostolische Glaubensbekenntniß verlesen, ein Psalmvers — den Gesang leitete der Vorsänger, an einer Orgel fehlte es in der ersten Zeit — gesungen und die Gemeinde mit der Ertheilung des Segens entlassen. — Ganz ähnlich verläuft mit einiger Abkürzung die nachmittägige Sonntagsfeier.

Die Abendmahlsfeier hatte vier bestimmte Zeiten im Jahre, in welchen zwei Kommunionen an zwei aufeinanderfolgen-

ben Sonntagen stattfanden. Es sind der Ostersonntag und Qua-
simodogeniti, der Pfingstsonntag und Trinitatis, die beiden ersten
Sonntage im September und der Sonntag vor und gleich nach
Weihnachten. Am Sonnabend um 2 Uhr geschah die Vorberei-
tungspredigt. Die Abendmahlsfeier beginnt nach der Predigt
in der Weise, daß das allgemeine Kirchengebet in die Worte über-
geht: „Und wie Jesus Christus nicht nur einmal seinen Leib und
sein Blut am Kreuze zur Vergebung unserer Sünden geopfert hat,
sondern uns auch Beides mittheilen will und uns zum ewigen Leben damit speisen, so sei uns gnädig, o Gott, daß wir eine so
große Wohlthat mit aufrichtigem Herzen und mit warmer Inbrunst
von ihm empfangen; damit wir in gewissem Glauben uns seines
Leibes und Blutes erfreuen, ja sein selbst ganz und gar, der
als wahrhaftiger Gott und wahrhaftiger Mensch auch wahrhaftig das
heilige himmlische Brod ist um uns am Leben zu erhalten, auf
daß wir nicht mehr in uns selbst leben noch nach unserer Natur,
welche ganz verderbt ist und voll Laster, sondern daß er es sei,
welcher in uns lebt, um uns zu dem heiligen und glückseligen Leben zu führen, welches ewig währt. Schaffe es daher, o Herr,
daß wir wahrhaftig an dem neuen und ewigen Testamente dem
Bund der Gnade Theil haben, gewiß davon überzeugt seien, daß
Du nach Deinem Wohlgefallen ewig unser versöhnter Vater sein
willst, uns niemals unsere Sünde anrechnest, uns mit aller Noth-
durft wie Deine Kinder und theuren Erben für Leib und Seele
versorgen willst, auf daß wir nicht aufhören Dich zu segnen, Dir
zu danken und Deinen Namen durch unsere Werke und Worte zu
verherrlichen. Laß uns, o himmlischer Vater, heute in dieser
Weise das gesegnete Andenken Deines theuren Sohnes feiern,
uns darin üben und das Verdienst seines Todes verkündigen,
damit unser Glaube neue Stärkung und neue Kraft empfange,
und wir Dich mit noch mehr Vertrauen als unseren Vater anrufen und uns Deiner rühmen. Amen." Jetzt rüsten die Aeltesten
den Tisch zu, es wird das Glaubensbekenntniß verlesen „um
dem Volke zu bezeugen, daß wir in dieser Lehre leben und sterben wollen," und darauf mit diesen Worten des Abendmahl-
formulares fortgefahren: „Meine Brüder, höret an, wie Jesus
Christus das heilige Mahl eingesetzt hat, wie Paulus berichtet

im 11. Cap. des ersten Briefes an die Korinther." Nach der bekannten Stelle heißt es weiter so: „Wir haben gehört, meine
Brüder, in welcher Weise unser Herr mit seinen Jüngern das
Mahl gehalten hat, wodurch er uns zeigt, daß die welche draußen
sind und nicht zur Gemeinschaft der Gläubigen gehören, nicht zu
demselben zugelassen werden dürfen. So schließe ich denn hiernach
im Namen und in der Macht unseres Herrn Jesu Christi alle Ab-
göttischen aus, alle Spötter, Gottlosen, Ungläubigen, Ketzer und
alle die die Einheit der Kirche sectirerisch zerreißen, die Meineidigen,
die den Eltern und ihren Vorgesetzten Ungehorsamen, alle Aufrührerischen, Friedestörer, Todtschläger, Balger, Verleumder, Ehe-
brecher, Verschwender, Diebe, Habsüchtige, Wucherer, Trunken-
bolde, Schlemmer, alle die, welche ein ärgerliches Leben führen,
und ich verkündige ihnen, daß sie in sich schlagen mögen oder sich
von diesem heiligen Tische entfernen, damit sie die heiligen Speisen nicht beschmutzen und entheiligen, die unser Herr Jesus Christus nur seinen Hausgenossen und seinen Gläubigen giebt. Ein
Jeder prüfe nun nach der Ermahnung des heiligen Paulus sein
Gewissen, ob er seine Fehler wahrhaft bereue, ob er sich selbst
mißfalle, und ob er begehre in der Folge heilig und nach Gott zu
leben; dann auch ob er sich auf die Barmherzigkeit Gottes verlasse,
ob er allein sein Heil in Jesu Christo suche und ob er allem Haß
und aller Leidenschaft entsage und gewillt ist in Frieden und brüderlicher Liebe mit seinen Nächsten zu leben. Giebt uns nun unser
Gewissen dieses Zeugniß vor Gott, so sollen wir ganz gewiß sein,
daß er uns als seine Kinder ansehe und unser Herr Jesus Christus
auch an uns seine Einladung gerichtet habe, uns an seiner Tafel
empfangen will, und uns dort dieses heilige Sakrament darbietet,
wie er es seinen Jüngern dargeboten hat. Und wenn wir auch in
uns viel Hinfälligkeit und Schwachheit bemerken, wie daß wir keinen vollkommenen Glauben haben, sondern zu Unglauben und
Mißtrauen geneigt sind, uns auch nicht mit der schuldigen Liebe
und Eifer dem Dienste Gottes widmen, vielmehr alle Tage mit
den Begierden unseres Fleisches zu kämpfen haben, so sollen wir
dessen ungeachtet versichert sein, weil unser Herr uns gnädiglich sein
Evangelium in unser Herz gedrückt hat, um dadurch aller Art
von Unglauben zu widerstehen, und in uns das Verlangen und

den Trieb geweckt hat, unserem eigenen Willen entgegen zu sein, um seiner Gerechtigkeit und seinen heiligen Geboten zu folgen: daß keineswegs die Fehler und Mängel, welche in uns noch übrig sind, es verhindern werden, daß er uns nicht bei seiner heiligen Tafel annehmen sollte und uns die Gnade schenken, daran Theil zu haben Denn wir kommen nicht hierher um zu bezeugen, daß wir vollkommen und gerecht in uns selbst sind, sondern im Gegentheil suchen wir unser Leben außer uns in Jesu Christo und bekennen daß wir im Tode sind. Gewiß ist, daß dieses Sakrament ein Heilmittel für die armen geistigen Kranken ist und daß die ganze Würdigkeit, welche unser Herr verlangt darin besteht, uns selbst recht zu erkennen, unsere Sünden zu beklagen und nirgends unsere Freude, Lust und Zufriedenheit zu finden denn allein in ihm."

Zuerst lasset uns nun den Verheißungen glauben, welche Jesus Christus, der die Wahrheit selbst ist, aus seinem Munde uns verkündet hat, nämlich daß er uns wahrhaftig seines Leibes und Blutes theilhaftig machen will, auf daß wir ihn ganz besitzen, so daß er in uns lebt und wir in ihm. Sehen wir auch nur Brod und Wein, so sollen wir doch nicht zweifeln, daß unser Herr uns alles das geistig mittheile, was er uns äußerlich mit den sichtbaren Zeichen darstellt, nämlich, daß er das wesentliche Brod sei, um uns zu ernähren und ewig leben zu machen. Daher wollen wir nicht undankbar sein gegen die unermeßliche Güte unseres Herrn, der alle seine Güter und Reichthümer auf diese Tafel ausschüttet, um sie uns auszutheilen und da er sich darin selbst uns giebt, so bezeugt er deutlich genug was er uns Alles ist. Empfangen wir daher dieses Sakrament als ein Unterpfand, welches uns bekräftigt, daß die Kraft seines Todes und seines Leidens uns zur Gerechtigkeit gerechnet ist und hüten wir uns wohl, haben wir einen Mangel in uns selbst, uns von Jesu Christo abzuwenden, welcher uns durch sein Wort so freundlich einladet. Doch stellen wir uns in Anerkennung der Größe dieser theuren Gabe, die von ihm uns kömmt, mit brennender Liebe vor ihn, damit er uns fähig mache, sie zu empfangen. Darum lasset uns unsere Gemüther und Herzen nach Oben erheben, wo Jesus Christus in der Herrlichkeit seines Vaters thront und vonwo wir ihn zu unserer Erlösung erwarten. Haften wir nicht an diesen irdischen und vergänglichen Elementen, die

wir vor unseren Augen sehen und die wir mit unseren Händen be=
rühren, um es dort zu suchen, gleich als wäre es in dem Brode
und in dem Weine. Denn dann werden unsere Seelen in der
rechten Stimmung sein genährt und belebt zu werden mit dem We=
sen Jesu Christi (de la substance de Jesus Christ), wenn sie
über alle Erdendinge erhoben dem Himmel nahen und in das Reich
Gottes eingehen, wo unser Herr wohnt. Wir wollen nun zufrie=
den sein, Brod und Wein als Zeichen und Zeugnisse von dem zu
haben was wir glauben und geistig die Wirklichkeit dort suchen, wo
das Wort Gottes uns verheißt, daß wir sie finden werden." Jetzt
theilen die Pastoren zunächst sich, dann dem Volke, welches sich
anfangs an den Tischen niedersetzte, später aber in einem reihen=
weisen Wandeln blieb, Brod und Wein aus, mit den bekannten
Worten 1 Corinth. 10, 16. Es werden Psalmen gesungen und
Bibelabschnitte verlesen, und nachdem Alle communicirt schließt ein
Dankgebet und der Gesang Simeons die Feier. Der Segen entläßt
die Gemeinde.

So verlief die Abendmahlshandlung und die Ermahnungen
der Prediger, sie in Ehrfurcht und Ordnung zu begehen, waren
nicht vergeblich. Eine Abendmahlsversammlung der Franzosen bot
einen ernsten tief feierlichen Anblick, zumal in jenen Zeiten, wo
man sich von allen Seiten geängstigt zusammenstahl, um die Güte
des Herrn zu schmecken.

Nach der Disciplin konnte der Pastor auch andere Worte der
Austheilung gebrauchen. Dieselbe findet auch die viermalige Feier des
Abendmahls im Jahre zu wenig, weil es sehr nützlich wäre, daß das
Volk durch den häufigen Gebrauch des Sakraments im Glauben
sich übe und wachse. Doch wollte sie nicht an der feststehenden
Sitte der Kirche ändern. Wir wollen hier noch einige Anord=
nungen der Disciplin in Bezug auf das Abendmahl nicht übergehen.
„Wo keine Gemeinde gebildet ist, ist es nicht erlaubt das Abend=
mahl des Herrn zu feiern," damit ist dem Abendmahle der Cha=
racter der Communion gewahrt und die Feier mit einem Einzelnen
verboten. „Die Gläubigen, welche das Wort Gottes in einer Ge=
meinde hören und die Sakramente in e i n e r a n d e r e n empfangen,
sollen gestraft werden und sich mit der nächsten und bestgelegensten
Kirche nach der Anweisung der Kreissynode verbinden."

Es ist eine Verletzung der Liebe gegen die Prediger und eine Verachtung der Gemeinschaft der Brüder, wenn man wohl das Abendmahl bei ihnen empfangen will, aber nicht zu ihren Predigten kömmt. Und doch geschieht dies sehr oft unter uns und wie in vielen anderen Fällen der Zucht, steht der Prediger meist machtlos da, indem er durch eigene Schwäche gebunden ist oder widersprechende Gleichgültigkeit findet.

Die Verachtung des Sakraments der Taufe, welche in unserer Zeit so allgemein ist, daß die Eltern durch eine verderbliche Sitte und kalten Unglauben sich abhalten lassen, ihre Kinder in die Kirche zu begleiten, während sie dann wieder aus der menschlichen Einrichtung der Konfirmation ein meist weltliches Gepränge machen und das zerbrechliche Gelübde des Menschen höher achten als den treuen Bund Gottes — dieser Verachtung war durch die guten Anordnungen der Disciplin in den französischen Gemeinden gesteuert.

Eine Haustaufe war nur erlaubt, wenn sich in den Zeiten schwerer Verfolgung noch gar keine Gemeinde gebildet hatte, bestand aber eine solche, so hatten die Eltern die Verpflichtung ihre Kinder in die Versammlung der Gläubigen zu bringen. Die Gemeinde wurde dann ermahnt mit Hochachtung der Verwaltung der Taufe beizuwohnen und um das Fortgehen derselben abzuschneiden, vollzog man die Taufe vor der Ertheilung des Segens. So stand die Taufe in gleicher Ehre wie das Abendmahl und gegen beide Stiftungen des Herrn befahl die Disciplin dieselbe heilige Ehrfurcht. Obwohl die Sitte von Pathen keine in der Schrift befohlene ist, hielt doch die Disciplin auf dieser alten Weise, damit die Taufzeugen von ihrem eigenen Glauben Bekenntniß ablegten, der Taufe des Kindes von ihnen beigestimmt werde, und die Gemeinschaft der Gläubigen gepflegt, Bande der Freundschaft geknüpft würden. Die Pathen mußten ein hinreichendes Alter haben, schon zum Tische des Herrn gegangen sein und eine frevelhafte Spielerei mit Kindern als Pathen war natürlich unmöglich. Wer vom Abendmahl ausgeschlossen war, konnte während der Zeit seiner Strafe nicht Pathe sein. Gläubige unterrichtete Leute sollte man zu solchem Werke laden, auch nicht allzu fernstehende, sondern aus der Familie und Bekanntschaft, damit das Kind für den Fall der Noth

4*

nahe Hülfe habe. Die Konsistorien behielten die geborenen Kinder im Auge, daß sie nicht zu lange Zeit ohne die Taufe blieben. Was den Namen des Kindes betraf, so verbot die Disciplin solche Namen zu wählen, die an das heidnische und römische abgöttische Wesen erinnerten, solche die in der Schrift Gotte beigelegt würden, wie Emanuel. Sie empfahl biblische Namen, doch ohne Strenge und Zwang und wir begegnen so in den Registern der Kirche auffallend oft auch solchen biblischen Namen, die man unter uns gewöhnlich nur bei Judenkindern findet, wie Abraham, Moyse, Isaac ꝛc. Die Bestimmungen der Disciplin über die Taufe von Kindern aus gemischten Ehen, über die von Juden- und Heidenkindern übergehen wir hier, weil davon in den Acten der Gemeinde kein Fall vorliegt. Die Formulare über die Taufe von Erwachsenen sind ernst, ohne jegliche fleischliche Rücksicht und beginnen meist mit der Frage: „Erkennest du an, daß du von Natur ein Kind des Zornes bist, würdig des Todes und der ewigen Verdammniß?" Auch hier hält uns der Mangel an solchen Fällen in der halleschen Gemeinde von einer näheren Darstellung ab.

Die Taufe der Kinder der Gläubigen beging man in folgender Weise.

Der Prediger fragt die, welche das Kind in die Kirche bringen: „Bringt ihr dieses Kind zur Taufe?" Nachdem solches bejaht ist, verließt er ein Formular dieses Inhaltes:

„Unser Herr offenbart uns, in welchem Gleube wir geboren sind, wenn er uns sagt, daß wir von Neuem geboren werden müssen. Denn ist es wahr, daß unsere Natur eine Erneuerung bedarf, ehe wir in das Reich Gottes eingehen können, so ist dies ein gewisses Anzeichen, daß sie ganz verderbt sei. So giebt es uns denn Gott hierdurch zu verstehen, daß wir uns demüthigen, an uns selbst Mißfallen haben und seine Gnade suchen sollen, damit durch die Wiedergeburt das ganze Verderben und der ganze Fluch unserer ersten Natur getilgt sei. Denn wir sind unfähig diese Gnade zu empfangen, wenn wir nicht alles Vertrauen auf unsere Tugend, Weisheit und Gerechtigkeit ablegen und alles was an uns ist verdammen. Stellt uns nun so unser Herr unsere unglückliche Lage vor Augen, so tröstet er uns doch wiederum zugleich durch seine Barmherzigkeit, indem er uns verheißt, uns durch seinen heiligen

Geist wiederzugebären und in uns ein neues Leben zu schaffen, welches der Eintritt in sein Reich ist. Diese Wiedergeburt besteht in zwei Stücken, zuerst, daß wir uns selbst aufgeben und nicht mehr unserer Vernunft und unserem Willen gehorchen sondern unsere Empfindungen und Herzen der Weisheit und Gerechtigkeit Gottes unterwerfen und überhaupt alles das tödten, was von uns und unserem Fleische ist; sodann, daß wir dem Lichte Gottes folgen, seinem Wohlgefallen alles anheimstellen und überlassen, wie er uns dazu durch sein Wort ermahnt und durch seinen Geist antreibt. Die Erfüllung der beiden Stücke ist allein in Jesu Christo, dessen Tod und Leiden solche Kraft auf die, die daran Theil haben, ausüben, daß wir mit ihm wie begraben sind und die Begierden unseres Fleisches gleichsam ausgelöscht, dann auch, daß wir durch die Kraft seiner Auferstehung zu dem neuen Leben auferstehen, welches von Gott ist. Denn sein Geist leitet und regiert uns, um in uns die Werke zu schaffen, die ihm angenehm sind. Die Hauptsache unseres Heiles bleibt jedoch stets die, daß er uns durch seine Barmherzigkeit alle unsere Sünden vergiebt, und sie uns in seinem Gericht nicht anrechnet. Alle diese Gnaden sind uns geschenkt, wenn es ihm wohlgefällt uns seiner Gemeinde durch die Taufe einzuverleiben, denn in diesem Sakramente versichert er uns der Vergebung unserer Sünden. Hierzu hat unser Herr das Zeichen des Wassers eingesetzt, um uns durch dasselbe abzubilden, daß gleich wie der Schmutz des Leibes durch dieses Element entfernt wird, er auch unsere Seelen waschen und reinigen wolle, damit an ihnen kein Flecken erscheine. Dann stellt er uns auch dadurch unsere Erneuerung vor, das ist die Tödtung unseres Fleisches und das geistige Leben, welches der Herr in uns hervorbringt.

So empfangen wir denn in der Taufe eine doppelte Wohlthat von unserem Gotte, wenn wir nicht etwa die Kraft dieses Sakramentes durch unseren Unglauben vernichten. Zuerst haben wir in ihr ein gewisses Zeugniß, daß Gott unser Vater sein wolle und uns alle unsere Sünden und Missethaten vergeben, sodann, daß er uns durch seinen heiligen Geist beisteht, daß wir gegen den Teufel, die Sünde und die Begierden unseres Fleisches streiten können und den Sieg davon tragen, um in der Freiheit seines Reiches zu leben, welches ein Reich der Gerechtigkeit ist. Da es nun aber die Gnade Jesu Christi ist, welche diese beiden Stücke in uns erfüllt, so ist gewiß, daß das Wesen und die Kraft der Taufe er selbst ist. Giebt es ja für uns keine Reinigung als in seinem Blute, auch keine Erneuerung als in seinem Tode und seiner Auferstehung. Dieser Reichthümer und Segnungen macht uns Gott wie durch sein Wort so auch durch seine Sakramente theilhaftig.

Unser Gott ist aber nicht damit zufrieden, uns zu seinen Kindern angenommen und in die Gemeinschaft seiner Kirche eingeführt zu haben, er will auch in Zukunft seine Güte über uns ausbreiten und verheißt, daß er unser Gott und der Gott unserer Nachkommen bis ins tausendste Glied sein wolle. Sind nun auch die Kinder der Gläubigen von der verderbten Art Adams, so hindert ihn das nicht in Kraft seines Bundes sich zu ihnen als den seinigen zu bekennen. Darum bestimmte er im Beginn der Kirche, daß die Kinder das Zeichen der Beschneidung empfingen, durch welches er damals das abbildete, was uns heute die Taufe bezeugt. Und wie Gott den Befehl gab, daß die Kinder beschnitten würden, so erkannte er sie auch als seine Kinder an und verhieß ihr Gott zu sein, wie er der Gott ihrer Väter war. Da nun Jesus Christus zur Erde herabgestiegen ist, nicht um die Gnade Gottes seines Vaters zu verkürzen, sondern um den Bund seines Heiles, der damals auf die Juden beschränkt war, über die ganze Welt auszubreiten, so sollen wir nicht zweifeln, daß auch unsere Kinder die Erben des Lebens sind, welches er uns verheißt. Daher sagt Paulus, daß die Kinder der Gläubigen heilig sind und unterschieden von denen der Heiden und Ungläubigen. Daher nahm auch einst unser Herr Jesus Christus die Kinder an, die man ihm brachte, wie wir im 19. Cap. des heiligen Matthäus lesen. (Es kommen jetzt die bekannten Worte).

Weil nun Jesus Christus erklärt hat, daß das Himmelreich den kleinen Kindern gehört, er ihnen auch die Hände aufgelegt hat und sie Gotte seinem Vater empfohlen hat, so belehrt er uns hinreichend, daß wir sie nicht von seiner Kirche ausschließen sollen.

Nach diesem Gebot nehmen wir daher dieses hier gegenwärtige Kind in die Kirche Gottes auf, damit es an den Gütern theilhabe, welche der Herr seinen Gläubigen verheißt. Zuvor wollen

wir es ihm in unſerem Gebete darbringen, indem wir demüthigen
Herzens alſo ſprechen:

Herr unſer Gott, ewiger und allmächtiger Vater, da es Dir
nach Deiner unendlichen Güte gefallen hat, uns zu verheißen, daß
Du unſer Gott ſein wolleſt und der Gott unſerer Kinder, ſo bitten wir Dich, daß Du dieſe Gnade an dem Kinde, welches hier
gegenwärtig iſt und von Eltern geboren, die Du in Deine Kirche
berufen haſt, bekräftigen wolleſt. Da wir es Dir darbringen und
weihen, ſo möge es Dir gefallen es in Deinen heiligen Schutz
aufzunehmen, Dich als ſeinen Gott und Heiland zu erklären, ihm
ſeine Erbſünde zu erlaſſen, an der alle Nachkommen Adams Theil
haben und es durch Deinen Geiſt zu heiligen, damit wenn
es zum Alter des Verſtandes gekommen ſein wird, Dich als ſeinen
alleinigen Gott erkenne und anbete, Dich auf allen Wegen ſeines
Lebens verherrliche und ſo immerdar von Dir die Vergebung ſeiner
Sünden erhalte. Und damit es dieſe Gnaden empfange, verbinde
es mit der Gemeinſchaft unſeres Herrn Jeſu, auf daß es an allen
ſeinen Gütern als ein Glied ſeines Leibes Theil habe. Erhöre uns
Vater der Barmherzigkeit damit die Taufe, die wir an ihm nach
Deinem Befehle verwalten, ihre Frucht und Kraft erweiſe, wie Du
es uns in Deinem Evangelium verheißen haſt." Das Gebet
ſchließt mit dem Unſervater.

Darauf werden die Taufzeugen gefragt, ob ſie das Verſprechen geben, daß das Kind in der Lehre, welche das Volk Gottes
angenommen und die in dem allgemeinen Glaubensbekenntniß ihren
kurzen Inhalt hätte, auferzogen werden ſollte. Dies Glaubensbekenntniß wird verleſen, ſeine Lehre als die des Wortes Gottes erklärt, welches gewiß iſt und vom Himmel gekommen und in
der Ermahnung der Taufzeugen fortgefahren, ob ſie das Kind an-
halten wollten, nach dem Geſetze Gottes und den Geboten der
Apoſtel zu leben, auf daß das Kind ſich ſelbſt und ſeinen Begierden entſage, der Verherrlichung des Namens Gottes und Jeſu
Chriſti und der Erbauung ſeiner Nächſten ſich weihe. Haben die
Taufzeugen ihr Verſprechen gegeben, ſo geſchieht die Taufe ſelbſt
ohne jegliche Zuthat mit einfacher Beſprengung und den bekannten
Stiftungsworten. Das Formular mußte mit lauter Stimme verleſen werden, damit das ganze Volk erbaut werde. Alle weiteren

Ceremonien blieben als verderbliche Keime abgöttischer Gedanken ferne.

Es bleibt uns noch ein wichtiger kirchlicher Act: die Bestätigung des Eheversprechens vor der christlichen Gemeinde oder die Trauung.

Die Bestimmungen der Disciplin über die Eheeinleitung sind besonders sorgfältig, scharf und klar. Der Censur im Konsistorium verfallen alle die, die im minderjährigen oder volljährigen Alter ein Eheversprechen ohne die Bewilligung und den Beifall der Eltern gegeben haben. Die Eltern sollen alles aufbieten, um ihre Kinder von einer Verheirathung mit Römischen abzuhalten. Das Recht einer gemischten Ehe erkennt die Kirche nicht an und will der abgöttische und abergläubische Anhänger des römischen Wesens seinen Wahnglauben nicht öffentlich vor der Gemeinde abschwören, so wird die Ehe nicht bestätigt und der Pastor, der solches wagen sollte, gestraft und seines Amtes entsetzt. Eheversprechen in lang vergangener Zeit gethan, können freilich nicht ohne ernste Gründe gelöst werden, sind aber nicht so bindend, als die, an welche sich gleich die Heirath anschließt. Haben sich die Verlobten vor der Heirath fleischlich vereinigt, so entschuldigt sie ihre Unkenntniß der kirchlichen Ordnung oder der Mangel einer errichteten reformirten Kirche; gehörten sie aber zu solcher, so war je nach den Umständen eine öffentliche Buße vor der Gemeinde oder eine geheime im Konsistorium nöthig. Keine Stellung im Leben, kein Standesunterschied konnte dem entziehen. Entdeckte einer der Theile die sich verlobt hatten die Schuld der Hurerei — möge es vor oder nach dem Verlöbniß geschehen sein — bei dem anderen Theile, so stand ihm die Freiheit der Trennung zu. Als wünschenswerth wird es angesehen, daß nicht mehr als sechs Wochen zwischen Verlöbniß und Heirath vergehen, denn eine Verlobung ohne die gewisse nahe Aussicht der Heirath hielt man für ungeziemend. Man verlobte sich kurz vor der Heirath, nicht um sich in einem jahrelangen Verhältnisse zu ermüden. Die Verwandtschaftsgrade, welche bei der Verheirathung zu beobachten, sind durch die obrigkeitlichen Gesetze bestimmt; ihnen haben sich wie in allen ihren eherechtlichen Anordnungen die Gläubigen zu unterwerfen, doch segnet die Kirche keine Ehe ein, die gegen ein Gebot der Schrift verstößt. So darf man nicht die Tante seines verstorbenen Weibes heirathen, erlaube es auch die Obrigkeit. Alle Verheirathungen mit nahen Verwandten der verstorbenen Frau (Schwester, Nichte, Nichte im zweiten Gliede, Wittwe des Bruders) sind anstößig. Der Verlobte kann nicht die Mutter seiner verstorbenen Verlobten heirathen. Eine Person, mit der man bei Lebzeit der Frau Hurerei getrieben, nach ihrem Absterben zu heirathen ist nicht gestattet, doch wird hier die Kirche in etwas den Bestimmungen des Magistrates nachgeben. Ist Jemand excommunicirt, so weigert sich der Pastor seine Ehe zu bestätigen. Nach eingehender Prüfung der Zeugnisse im Konsistorium und dreimaliger Verkündigung vor der Gemeinde, folgt die Trauhandlung selbst vor der versammelten Gemeinde: öffentlich und für alle erbaulich. An Tagen der Abendmahlsfeier, an Buſztagen suchte man Trauungen zu verhüten. Ist die Frau gestorben, und will man zu einer neuen Heirath schreiten, so soll man als das geringste Maaſz sieben und einen halben Monat warten. Es giebt nur einen rechtmäßigen Grund der Scheidung: Ehebruch, derselbe erfordert eine Auflösung der Ehe jedoch keineswegs, vielmehr sind die Gläubigen zu bitten, auch in diesem Falle bei einander zu beharren, obwohl Gottes Wort die Freiheit der Scheidung giebt. Wer ein Kirchenamt bekleidet, soll das ehebrecherische Weib um seiner Achtung willen nicht wieder annehmen. Nur nach ernster und schmerzlicher Berathung wird man sich in drängenden Fällen zu einer Ehescheidung entschließen.

Das Formular der Eheschließung ist einfach, nüchtern und eine Aufeinanderfolge der Schriftstellen: 1. Buch Mos. 1, 28; 2, 21 ff.; 1. Corinth. 7, 2 ff. Es wird die Verpflichtung für Jeden, der die Gabe der Enthaltsamkeit nicht habe, ausgesprochen, nach dem Befehl des Herrn sich zu verheirathen, damit sein Leib ein Tempel Gottes bleibe.

Die Brautleute werden gefragt, ob sie ihre Ehe vor der heiligen Versammlung bestätigen lassen wollen, sie werden dann zusammengesprochen, die Worte des Herrn aus Matth. 19. werden verlesen, eine kurze Ermahnung daran geknüpft, das Unservater gebetet und mit diesem Gebete der Act geschlossen:

„Allmächtiger, allgütiger und allweiser Gott, der Du von Anbeginn vorausgesehen hast, daß es nicht gut sei, daß der Mensch allein sei, derhalben Du ihm auch eine Gehülfin erschaffen, die ihm gleich sei und verordnet hast, daß die Zwei eines sein sollen, wir bitten Dich in rechter Demuth, da es Dir wohlgefallen diese Personen zum heiligen Stand der Ehe durch Deine Gnade und Güte zu berufen, Du wollest ihnen Deinen heiligen Geist geben, damit sie in aufrichtigem und festem Glauben nach Deinem Willen heiliglich, leben, alle bösen Begierden ihres Fleisches überwinden und sich gegenseitig in aller Ehrbarkeit und Keuschheit auferbauen. Gieb ihnen Deinen Segen, wie Abraham, Isaak und Jacob, Deinen treuen Dienern und thust Du ihnen die Gnade, heilige Kinder zu erhalten, schaffe es, daß sie dieselben unterrichten und zur Furcht Deines heiligen Namens und zur Erbauung des Nächsten auferziehen: Dich zu loben und Dir zu dienen und immermehr zur Mehrung Deines Ruhmes und zur Ausbreitung Deines heiligen Evangeliums beizutragen.

Erhöre uns Vater der Barmherzigkeit, durch unseren Herrn Jesum Christum, Deinen theuren Sohn. Amen.

Unser Herr erfülle Euch mit aller Gnade und allem Guten und gebe Euch lange und heilig mit einander zu leben. Amen."

Zu diesem allgemeinen Wesen der Gottesdienste fügen wir noch dieses hinzu. Die Amtshandlungen in einer Woche übernahm unter den Pastoren der jedesmalige Moderateur. Die Betstunden der Woche verlaufen unter Schriftverlesung, Psalmengesang und freiem oder feststehendem Gebete des Pastors. Krankenbesuche waren unumstößliche Sitte und oft treibt man des Nachts die Prediger von ihren Lagern. Dem Gebrauch eine Grabrede zu halten, bequemte man sich anfänglich an, obwohl die größte Einfachheit befohlen war, später gab man es wieder auf: es brachte Mißbräuche mit sich. Eine Einsegnung der Leichen hielt man für abergläubisch, die Anwünschung einer Grabesruhe an Verstorbene für gedankenlos und nichtssagend.

Noch einige Kleinigkeiten wollen wir nicht hier vergessen, sie haben etwas Liebliches.

Die zur Abendmahlsfeier nöthigen Tücher und Gefäße kamen als Geschenke aus der Gemeinde. Mit eigenthümlichen Bestimmungen war die Gabe von einer silbernen Schüssel und 3 Kelchen im Werth von 66 Thaler begleitet. Es opferte sie der Kaufmann

Jacques Horguelin, wollte sie aber nur für so lange der franzö=
sischen Kirche zu Halle zugestanden wissen, bis in Chalons in der
Champagne, seiner Heimatstadt, die reformirte Kirche wieder auf=
gerichtet würde. Geschähe dies nimmer, so verbliebe das Geschenk
der französischen Gemeinde zu Halle, und käme eine Zeit, wo hier
die Franzosen „reine Deutsche" (purs Allemans) geworden wären, so
sollte die Deutsch = reformirte Gemeinde Besitzerin der Schüssel und
Kelche werden. So sprach sich auch in dieser Weise die unver-
tilgbare Hoffnung aus, einst in der lieben Heimat den Glauben
in Freiheit üben zu können.

Die Bänke in der Kirche waren für alle gemeinsam, die
in der Nähe des Parquets jedoch reservirt; Personen, welche der
Hof ehren wollte, erhielten nur durch seinen Befehl besondere Sitze.
Solche waren für die Mitglieder der Regierung bestimmt, für die
Professoren der Universität, unter ihnen wird in dieser Beziehung
Sperlette eigens hervorgehoben. Es stand aber frei, sich einen
Stuhl in die Kirche tragen zu lassen, wenn man alt oder kränklich
war, sonst aber war alle Bevorzugung im Tempel verboten.

Am 23. September 1687 wurde das erste Kind getauft, ein
Knabe mit Namen Abraham. Es war der Sohn von André Dou-
nier aus Gordes in der Provence und von Magdelaine Perrete
aus Neufchatel. Am 21. October 1687 wurden Jacques Delarche,
ein Tischler, und Gloriande Guirand als erstes Paar getraut.
Am 16. December 1687 wurde Etienne Lunet aus Bédarrieux als
der erste Verstorbene der Gemeinde auf dem Neumarktskirchhofe
begraben. -

Sechstes Capitel.

Die Predigt, die Psalmen, der Katechismus.

„Um über die beste Lehrform für den Volksunterricht zu reden, schreibt Calvin in jenem Briefe an den Herzog von Sommerset, welcher wohl als der bedeutendste aus seiner Feder geflossen ist, so muß das Volk in ergreifender und frischer Weise angefaßt werden, auf daß es jenes Wort des Apostels verstehen lerne, daß das Wort des Herrn ein zweischneidiges Schwert sei, welches Gedanken und Empfindungen, ja das innerste Mark und Bein durchbohrt. Das Evangelium muß nicht in todter Form, sondern mit lebendiger Zunge wirksam, lehrhaft, züchtigend gepredigt werden, dann wird der Ungläubige, der die Versammlung der Gläubigen besucht, so von dem Gehör des göttlichen Wortes getroffen werden, daß er Gott die Ehre giebt. Es ist Ihnen auch bekannt, was derselbe Apostel über die Kraft lehrt, welche in den geordneten und rechtschaffenen Pastoren leben soll und die so wenig der schauspielerischen Redemittel und des rhetorischen Gepränges bedarf, daß vielmehr ihre allein von der Macht des heiligen Geistes getragene Rede am kräftigsten in den Herzen der Zuhörer wirkt. Das freie Schaffen dieses Geistes verhindert man durch falsche rednerische Vorsichtsmittel .... Frei und ungehindert bleibe die Predigt des Evangeliums. Für letztere sind tüchtige stimmvolle Posaunen anzustellen, deren Klang bis in das innerste Herz der Gemeinde bringt. Unterläßt man dies, geht nicht das gepredigte Wort mit Macht in die Welt aus, so fürchte ich, daß die Frucht der so glücklich begonnenen Reformation eine geringe sein wird. Nicht umsonst steht von Christo geschrieben, daß er die Erde mit dem Scepter seines Mundes und den Gottlosen mit dem Hauch seiner Lippen schlagen werde. Ja in Wahrheit durch sein kräftiges Wort bändigt er uns und vernichtet alles das, was seiner Ehre Abbruch thut. Darum heißt auch das Evangelium das Reich Gottes. Haben auch Erlasse und Anordnungen der Fürsten für die Verbreitung der christlichen Wahrheit eine große Bedeutung, seine besondere Wirkung hat Gott in das geistliche Schwert der Pastoren gelegt."

Aus diesen Gedanken sind auch die Bestimmungen der Dis= ciplin über die Predigt des göttlichen Wortes geschöpft. Man solle sich an die Einfachheit der Schreibweise des Geistes Gottes gewöhnen, nichts in die Predigt mischen, was nicht zur Erbauung dienen könne, alle gelehrten prunkenden Zuthaten vermeiden, keine fremden Wörter gebrauchen, sondern streng und knapp sich an den Text anschließen, ihn gründlich auslegen, ihn practisch anwenden. Wohl möge man Acht haben, daß auch nicht das Geringste einfließe, was die Ach= tung und die Ehre der heiligen Schrift abbreche.

Die Predigten aus der älteren Zeit sind diesen Vorschriften gemäß. Daher vorwiegend lehrhaft, unterrichtend, den Text aus= führlich erklärend; das Ohr wird nicht gekitzelt, der Zuhörer nicht überrascht und gereizt, man vertraut der Wahrheit des Wortes und ihrer Wirkung. Die sich an die Erklärung anschließende Anwendung (application) ist meist sehr dringend, voll treibender Liebe.

Aus dieser nüchternen Einfachheit, an der sich jedoch die gebil= detsten Mitglieder der Gemeinden wie ein Colligny, die Königin von Navarra 2c. ebenso erbauten, wie die welche eine weltliche Bezeich= nung ungebildet nennt, wurden die französischen Prediger durch das verführerische Beispiel der berühmten römischen Kanzelredner heraus= gelockt, welche die Predigt in berauschender Weise zur Unterhaltung des Hofes machten. Unter ihrem Einflusse stehen der gepriesene Jacques Saurin, der Prediger in Haag und die vielgenannten Ber= liner Pastoren Beausobre, Lenfant und Abbadie. Beausobre war der Liebling des Hofes, der ihn um keinen Preis missen wollte. Frie= drich II. nannte ihn die beste Feder von Berlin und das schönste Talent, das die Verfolgung aus Frankreich vertrieben hätte. Seine Bildung der Sprache und Feinheit des Wesens umgab ihn mit Bewunderern. Aber man muß sagen, daß solche Predigtweise den Ernst des Wortes schwächt und aus einem einfachen Zeugniß der geglaubten und erfahrenen Wahrheit eine menschliche Ueberredungs= kunst macht, welche doch nur zeitliche Erfolge haben kann. Die Redeweise von Lenfant, welche nach unserem Urtheil der von Beau= sobre vorzuziehen ist, beschreibt Rambach als lehrreich, annehmlich und beweglich, Mosheim spricht von ihrer Anmuth und Einfachheit. Von ihm kann man nicht sagen, daß der Text zum bloßen Motto für den Inhalt der Predigt gedient habe, er giebt stets eine gründliche Texterklärung, dessen Anwendung freilich sich zu einer so genauen psychologisch-moralischen Betrachtung erweitert, daß hier lediglich eine sittliche und doch unmögliche Uebung und Erziehung des Menschen bezweckt wird.

Aus letzterem erklärt sich die Theilnahme der pietistischen Schule für die Predigten der Franzosen, welche jedoch die besten Erzeugnisse derselben durch ihre größere Formgewandtheit, ihren rednerischen Tact und die Entfernung der ermüdenden kleinen logischen Eintheilungen übertreffen. Die allgemeinen Schriftwahrheiten bleiben bei Beausobre, Lenfant und anderen unangefochten, in ihrer vollen Autorität. In der moralischen Anwendung bildete man sich nach der Zeit, ließ sich aber nicht den biblischen Glauben nehmen und wir haben so bei den französisch Reformirten die später noch näher zu besprechende Eigenthümlichkeit, daß sie in Manchem der ganzen theologischen Zeitbildung ähnlich, darin sich wesentlich von ihr unterscheiden, daß sie das Schriftzeugniß in seinen Grundzügen unangetastet stehen lassen. Es war die bindende Macht ihres Glaubensbekenntnisses, auf welches die Prediger so wie auf die Disciplin verpflichtet wurden, es war die gute Tradition, welche diese Bewahrung ausübte.

Den Text der Predigt nahm man aus der Genfer Bibel, welche ursprünglich von dem Vetter Calvin's Olivetan nach einer Uebersetzung von Le Fèvre verfaßt war, dann aber durch die Genfer Geistlichkeit revidirt wurde und später in den verschiedensten Recensionen erschien. Man gebrauchte in der halleschen Gemeinde die Recension von David Martin (Utrecht, Neues Testament 1696, Bibel 1707), später die Uebersetzung von Beausobre und Lenfant, welche mit Anmerkungen unter dem Texte sowie historischen Einleitungen versehen war. Sie wurde zuerst 1718 zu Amsterdam in Quart gedruckt. Nach Frankreich drang sie nicht durch. Reuß sagt, sie wäre mit Sorgfalt ausgearbeitet, was den Stil betrifft. Sie stand in großem Ansehen, obwohl man auch ihr veraltete Ausdrücke vorwarf und zu große Abhängigkeit von vorangegangenen Uebersetzungen. Beausobre hat übrigens nur die Episteln St. Pauli übersetzt.

Man predigte über ganze biblische Bücher, ausgewählte Texte, im freien Gebrauch des Reichthums der Schrift.

Es fehlt uns an gedruckten Predigten von den hallefschen französischen Pastoren, um über ihre Lehrart ein eingehendes Urtheil zu fällen, nur von O'Bern sind uns einige zugekommen, über welche wir später berichten.

Als Gesangbuch der Gemeinde diente in der ersten Zeit ihres Exils die Uebersetzung der Psalmen von Clément Marot und Théodor de Bèze.

Clément Marot aus Cahors, der erste unter den französischen Dichtern im 16. Jahrhundert, hatte eine seltene Gabe reizvolle liebliche lyrische Gedichte, kosende anmuthige Verse voll Scherz und Süßigkeit zu schaffen. Zuweilen schrieb er auch empfindungsvolle ernste Lieder an den Dienst und die Ehre Gottes erinnernd. Das „Kind ohne Sorge“ konnte sich einer nachdenklichen weichen Stimmung hingeben. Meist lebte er am Hofe des musengünstigen Franz I., der seinen naiven in Lob und Lied schmeichelnden Kammerdiener gerne sah. Bilder von ihm zeigen eine markige Stirn, deren ernster Character durch schöne sehnsüchtige Augen, weiche Lippen und ein zartes Kinn eigenthümlich gemildert wird. Der Reformation war er mit halbem Herzen zugeneigt und obwohl als Ketzer verfolgt, war er doch keiner, sondern seine verletzte Geliebte klagte ihn als solchen an und seine Psalmenübersetzung, zu der ihn sein Talent trieb, brachte ihm die Verdammniß der Sorbonne. Die Strenge Genfs scheute er und entzog sich ihr, das höfische leichtfertige Leben war sein Element. „Er ist in einer schlechten Schule erzogen,“ sagte Beza. Der Reformation hat er einen unbezahlbaren Dienst in seinen fünfzig französischen Psalmen gethan. Der gelehrte Vatablus unterstützte ihn dabei, Carl V. bei seinem Aufenthalt zu Paris im Januar 1540 empfing eine Probe von der Uebersetzung und lobte das Unternehmen mit freundlichen Worten und einem Geschenk von 200 Dublonen. Im Jahr 1541 erschienen dreißig Psalmen mit einer Uebersetzung des Gebetes des Herrn, des Englischen Grußes, des Glaubensbekenntnisses und des Dekalogs in Versen. Die Aufnahme der neuen geistlichen Gedichte war eine glänzende, eine allgemeine. Bald hatte man zu ihnen Melodien erfunden und alle bewunderten sie und sangen sie.

Am Hofe und in den Schlöffern der Vornehmen wie in den ärm=
ften Hütten hörte man fie. Der Pfalmengefang wurde Mode und
erfchallte aus frommem und gottlofem Munde. Heinrich II. fang
auf der Jagd: Wie der Hirfch fchreiet nach frifchem Waffer. Erft
die ernften Melodien, die ihnen Calvin gab, befchränkten fie fpäter
auf die proteftantifchen Gemeinden und ihr Singen brachte Todes=
gefahr. Ueber ganz Frankreich verbreitete fich die Arbeit des Dich=
ters und in die weiteften Kreife leuchtete aus ihr die unbekannte
Lieblichkeit des göttlichen Wortes in die unwiffenden Gemüther.
Wie viele Gefangene haben die kleinen Pfalmbücher in ihren Höh=
len und Löchern getröftet, aus wie manchem Scheiterhaufen ertön=
ten noch ihre Worte, wie nahm man fo oft aus ihnen fchlagende
Antworten gegen die Widerfacher des Glaubens.

Die Pfalmen erfuhren eine wunderbare Erneuerung. Was fie
fagten, erlebte man und in taufendfachen Beziehungen fühlten fich die
Reformirten durch fie getroffen und geftärkt. Das Beziehungsreiche
des Liedes ift feine Kraft und der erfte Vers des 21. Pfalm, der
zufällig und doch göttlich in das Herz Heinrichs von Navarra fiel,
foll zu feinem Uebertritte beigetragen haben.

Die Ueberfetzung des Dekaloges, befonders des zweiten
Gebotes:

Tailler ne te feras image
De quelque chose que ce soit;
Si honneur luy fais et hommage
Ton Dieu jalousie en reçoit —

foll den Zorn der Sorbonne über Marot gereizt haben. Sie ftrafte
feinen Gehorfam gegen den König, der die Vollendung der Arbeit
wünfchte, mit feiner Vertreibung aus Frankreich. Er floh nach
Genf, gütig und wohlwollend von Calvin aufgenommen. Seine
erften dreißig Pfalmen waren fchon 1542 in Genf mit den kirch=
lichen Ordnungen veröffentlicht worden und auf die Bitten des
Reformators übergiebt Marot 1543 neue fünfzig Pfalmen der Oef=
fentlichkeit mit einem Briefe an die Damen Frankreichs. Calvin
nahm das Buch unter feinen Schutz, und empfahl es in einem fchönen
Briefe einem Jeden, der Verlangen trägt fich andächtig und vor
Gott zu erquicken. Beza vollendete dann diefe Arbeit und in den
fpäteren Pfalmausgaben waren beide Ueberfetzungen vereinigt, doch

stand am Anfang jedes Psalmes der Name des Verfassers. Der berühmte Schlachtgesang der Hugenotten Pf. 68. ist von Beza übersetzt.

Que Dieu se monstre seulement,
Et on verra soudainement
Abandonner la place:
Le camp des ennemis espars
Et ses haineux de toutes parts
Fuir devant sa face.
Dieu les fera tous enfuir
Ainsi qu'on voit s'esvanouir
Un amas de fumée.
Comme la cire aupres du feu,
Ainsi des meschans devant Dieu
La force est consumée.

Die Uebersetzung von Jorissen, die jetzt am meisten gebrauchte deutsche Psalmübersetzung giebt diesen Anfang von Psalm 68. so:

Erhebet er sich, unser Gott,
Seht, wie verstummt der Frechen Spott,
Wie seine Feinde fliehen!
Sein furchtbar majestät'scher Blick
Schreckt, die ihn hassen, weit zurück,
Zerstäubt all ihr Bemühen.
Wie Rauch verwehet, so verweh'
Der Schwarm, daß Keiner feste steh!
Wer sich nicht will besinnen,
Sich fort in Sünd' und Laster wälzt,
Muß, wie das Wachs beim Feuer schmelzt,
Vor Gottes Blick zerrinnen.

Die Psalmen von Marot und Bèze brachten die Flüchtlinge mit nach Brandenburg und mit welcher Empfindung müssen sie gesungen haben:

L'Eternel est un asyle
Au pauvre et faible étranger:
C'est par lui, que le pupile
Est retiré du danger:
La veuve à qui l'on fait tort
En lui trouve son support. (Pf. 146.)

Dem achtzehnten Jahrhundert gefiel aber die Uebersetzung der Psalmen nicht, welche im sechszehnten allgemein geschätzt war. Man fand sie barbarisch und unverständlich und wünschte ihre Ver= änderung. Die Liebe der Gemeinden zu dem alten Vätergute war indessen groß. In Holland erhoben sich die gewichtigen Stim= men von Pierre Jurieu und Elias Benoit gegen die Veränderung, das Volk sagte die Prediger könnten das Französische nicht besser verstehen als der König David, doch der Berliner Hof griff durch und die neue Psalmübersetzung erschien als eine gemeinsame Arbeit von Lenfant und Beausobre bei dem Hofbuchdrucker Robert Roger. Ihre Einführung geschah in allen französischen Kirchen am Pfingst= fest 1701 und ihre Einübung bei der Jugend und der Gemeinde ging dann ohne Widerstand vor sich.

Wir stellen unten die alte und neue Uebersetzung von Psalm 8. gegenüber *).

---

*) Die alte von Marot:

O nostre Dieu et Seigneur amiable
Combien ton nom est grand et admirable
Par tout ce val terrestre spacieux
Qui ta puissance eslève sur les Cieux.

En tout se voit ta grand' vertu perfaicte,
Jasqu'à' la bouche aux enfans qu'on allaicte:
Et rends par la confus et abbatu
Tout ennemi qui nie ta vertu.

Mais quand je voy et contemple en courage
Tes cieux, qui sont de tes doigts haut ouvrage,
Etoilles, Lune, et signes differens
Que tu as faits et assis en leur rangs:

Adonc je di à part moy (ainsi comme
Tout esbahi) et qu'est ce que l'homme?
D'avoir daignè de luy te souvenir,
Et de vouloir en ton soin le tenir.

Tu l'as fait tel que plus il ne luy reste
Fors estre Dieu. Car tu l'as (quant au reste)
Abondamment de gloire environné,
Rempli de biens et d'honneur couronné.

Régner les fais sur les oeuvres tant belles
De tes deux mains, comme seigneur d'icelles:
Tu as de vray, sans quelque exception.
Mis sous ses pieds tout en subjection.

Die verschiedenen Ausgaben der Psalmen erhielten neue Revisionen und standen unter der Approbation der Berliner Compagnie du Consistoire. Die Ausgabe vom Jahre 1741 erhielt eine Zuthat von neuen Gesängen auf die Hauptfeste. Jedem Psalmbuch waren die kirchlichen Gebete und Formulare, wie auch der Genfer Katechismus angedruckt und in kleinster Form doch mit gutem Druck kamen die Büchlein in die Hände der Gemeindemitglieder.

Man hat viel gegen den alleinigen Gesang der Psalmen gesagt und wir werden nachher sehen, wie man sie entfernte, aber welch ein Leben des Glaubens haben sie geweckt und genährt und wie einzig sind sie geliebt worden.

Der Katechismus der Gemeinde war in der ersten Zeit ausschließlich der Genfer, später führte ein Erlaß vom 31. März 1716 neben jenem den Heidelberger ein als das Unterrichtsbuch

---

Die neue:

Nôtre Dieu, tout bon, tout adorable,
Que ton saint Nom est grand et redoutable!
Ta gloire éclate, en tout temps, en tous lieux,
Ta Majesté s'élève sur les Cieux.

Le tendre enfant encore à la mammelle,
Parle à nos yeux de ta force immortelle;
La foible voix confond l'impiété,
Et du méchant condamne la fierté.

Quand je contemple, en te rendant hommage,
Tout l'Univers, ton merveilleux ouvrage,
Les Cieux, la Lune et les feux différens,
Que ta sagesse a placés en leurs rangs.

Surpris, ravi, je te dis en moi-même,
Qu'est-ce que l'homme, ô Monarque suprême!
Que ta bonté daigne s'en souvenir,
Et que ta grâce aime a le prévenir?

Ta main, grand Dieu, lui fut si libérale,
Que presqu'en tout aux Anges il s'égale,
Tu l'as Seigneur, d'éclat environné,
Couvert de gloire, et d'honneur couronné.

Tu les fis Rois sur tes oeuvres si belles,
Que tu formas de tes mains immortelles,
Tes ordres saints, ont sans exception,
Mis sous ses pieds tout en subjection.

5 *

für die Jugend, während der Genfer den Katechismuspredigten zu
Grunde gelegt wurde und als Bekenntnißschrift und größeres Lehr-
buch in alten Ehren blieb.

Der Genfer Katechismus, über dessen Verhältniß zu dem im
Jahre 1536 von Calvin herausgegebenen kleinen Leitfaden Niemeyer nachzulesen ist, hat in der französisch-reformirten Kirche stets
ein hohes Ansehen genossen und wurde 1660 zum allgemeinen
Gebrauch verordnet. In der Vorrede der lateinischen Ausgabe,
welche an die treuen Diener Christi in Ostfriesland gerichtet ist,
betont Calvin die verantwortungsvolle Wichtigkeit der reinen Lehr-
tradition in den Katechismen, welche man herausgebe, wünscht die
Mittheilung derselben an alle zerstreuten Gemeinden Christi als die
Wahrzeichen ihrer Freundschaft und Gemeinschaft und setzt die ehrwürdige von den Päbstlern schändlich verfälschte Anstalt des Ka-
techismusunterrichtes in ihr heilsames Recht.

Der Katechismus zerfällt in die fünf Theile vom Glauben,
vom Gesetze Gottes, vom Gebet, vom Worte Gottes,
von den Sakramenten und in 55 Sonntagsabschnitte. Seine
Größe, die vielen Fragen, der reichhaltige, scharf logisch und theo-
logisch tief behandelte Stoff machen ihn nicht geeignet zu einem Lehr-
buche für die Jugend, welche einen Katechismus auswendig lernen
und hervorstechende bedeutsame Fragen und Antworten leicht packen
und greifen muß. Für die Jugend in höheren Unterrichtsklassen,
für Erwachsene giebt er eine meisterhafte katechetische Verarbeitung
des reichen Inhaltes der Institutionen und es ist uns keine andere

---

Brebis et boeufs, et leurs peaux, et leur laines,
Tous les troupeaux des hauts monts et des plaines,
En general toutes bestes cherchants
A pasturer et par bois et par champs:

Oiseaux de l'air, qui volent et qui chantent,
Poissons de mer, ceux qui nagent et qui hantent
Par les sentiers de mer, grands et petits,
Tus les as tous à l'homme assujettis.

O nôtre Dieu et Seigneur amiable,
Comme à bon droit est grand et admirable
L'excellent bruit de ton Nom precieux
Par tout ce val terrestre spacieux.

Schrift Calvins bekannt, welche in so bündiger Form uns seinen Gedankenschatz erschlösse. Der Katechismus ist eine Institution im Kleinen und trägt wie jene die Vorzüge der calvinischen theologischen Bildung: Schärfe des Gedankens, Bestimmtheit und Sauberkeit der Exegese, heilige Ueberzeugung und Beredsamkeit eines dem göttlichen Worte sich unterwerfenden Verstandes.

Stellen wir die drei Hauptkatechismen der evangelischen Kirche nebeneinander, so ist der Lutherische ein volksthümliches frisches Glaubensbekenntniß, welches erhebt und stärkt, aber keine Rücksicht nimmt auf schulgerechte Durchbildung und Verbindung seiner Gedanken; der Calvinische die sorgfältige Studie eines großen Lehrmeisters, welcher seine Gedanken für das Verständniß der Jugend vereinfachen will, jedoch dabei sich selbst und sein Vermögen zu sehr im Auge behält; der Heidelberger die gesunde Mitte zwischen beiden: Lehrklarheit und Bekenntnißwärme in sich vereinigend.

Es würde uns zu weit führen, wollten wir hier eine genaue Zergliederung des Genfer Katechismus geben, nur auf einige schöne und eigenthümliche Züge möchten wir aufmerksam machen. Was ist die Bestimmung des menschlichen Lebens, so beginnt gleich das Buch, als die Erkenntniß des Gottes, der sich in uns verherrlichen will und dieser Gedanke wird durch alle seine Theile erhebend und kraftvoll durchgeführt, denn Gott wird in uns verherrlicht, wenn wir in Christo ihm unser volles Vertrauen schenken, seinem Gesetze gehorsamen, seinen Namen anrufen, zu welchen drei Stücken wir durch das Wort Gottes und die Sakramente erweckt werden.

Tous les troupeaux qui cherchent les montagnes
Le gros bétail, qui pait dans le campagnes,
Les animaux des déserts, et des bois,
Portent son joug, ou tremblent à sa voix.

Et les oiseaux, qui volent et qui chantent,
Et les poissons, qui par troupes fréquentent,
Fleuves, Etangs, et les profondes Mers,
Tout est sous lui dans ce vaste Univers.

O nôtre Dieu! tout bon, tout adorable etc.

Wird im ersten Theile die unendliche Macht Gottes in der Schöpfung und Vorsehung gepriesen, so dies doch keineswegs um vor ihr sprachlos zu verstummen und gedankenlos uns zu beugen, sondern um ihr weisheitsvolles Regieren zu erkennen und in Gott den durch nichts behinderten Beschützer und Bürgen unseres Heiles zu glauben.

Wie schlichtet doch den Hader um die Genugthuungslehre die Antwort auf die Frage: „Wird dem Sohne Gottes nicht eine Schmach zugefügt, wenn man sagt, er sei dem Fluche Gottes unterworfen gewesen, selbst vor Gott? Keineswegs. Denn indem er ihn auf sich nahm, hat er ihn aufgehoben; er hat aber indessen nicht aufgehört, der Gesegnete zu sein, damit er seinen Segen über uns ausgieße." In der Behandlung der Frage, warum die Gläubigen noch sterben müssen, heißt es ermuthigend: „Wir dürfen vor dem Tode nicht mehr erschrecken, als wäre er etwas Furchtbares, sondern sollen mit getrostem Muthe unserem Führer Christo folgen, der wie er selbst im Tode nicht umkam, auch uns nicht umkommen läßt." Es ist bekannt, daß der Katechismus die Höllenfahrt Christi als die furchtbare Angst faßt, welche die Seele Christi in ihrem Todesleiden ergriff, doch unterscheidet sich diese Seelenqual von der der Gottlosen dadurch, daß der Sohn während seiner Kämpfe nicht aufhörte dem Vater zu vertrauen und so gleichsam nur einen Stachel mit seinen vorübergehenden Stichen fühlte, während jenen ein tödtliches Schwert das Herz verwundet und sie zu offenen Gotteslästerungen hinreißt. Die Kirche wird ganz knapp als der Leib und die Gemeinschaft der Gläubigen gefaßt, welche Gott zum ewigen Leben vorherbestimmt hat; diese Kirche ist zwar auch eine sichtbare und als solche an gewissen Merkmalen zu erkennen, doch ist die Versammlung der geheimnißvoll Erwählten keineswegs mit der ganzen sichtbaren Kirche identisch, vielmehr muß sie als solche geglaubt werden und wird nicht mit den Augen gesehen. Wer mit dieser Kirche nicht verbunden ist, hat keine Vergebung der Sünde und wer nicht bei ihr verharrt, kann dieselbe auch nicht bewahren. Schlagend sind die Antworten auf die Frage: warum die guten Werke der von Gott Angenommenen ihm wohlgefallen? „Nicht aus Verdienst der eigenen Würdigkeit, sondern weil er sie aus freier Gnade seines Beifalles würdigt. Er begräbt ihre Flecken in der Fleckenlosigkeit Christi."

Kann die Untersuchung, welches die wahre Religion sei, einfacher und besser als durch die Antwort beendet werden, welche der Katechismus am Ende seines ersten Abschnittes giebt: „es sei nicht die Verehrung, die wir nach unserem Belieben erfinnen, sondern die, welche Gott selbst nach seinem Willen vorgeschrieben hat." Die Stellung des Gesetzes, als der Regel unseres Wandels, nach der Glaubenslehre ist die schriftgemäße, wie sie nicht nur im Gesetze Mosis, sondern auch in den Reden des Herrn und den apostolischen Briefen vorliegt. Das Gesetz ist kein Schreckmittel Gottes, welches als solches eine von dem Glauben abgetrennte seltsame Position behauptet, sondern überall tritt in der biblischen Offenbarung das Gesetz als der Ausfluß der heiligen Güte Gottes auf, welcher selbst sein Volk zu Thätern seiner Gebote machen will. Das Gesetz ist der eigentliche Zweck der Offenbarung Gottes und das Ziel seiner erziehenden Wege mit den Menschen. Nur dem gewissensscheuen von Christo getrennten Menschen ist es ein Schrecken des Gerichtes, das ist aber für sein vertrauensloses Herz auch die Forderung des Glaubens, welcher Glaube nichts ist als die Erfüllung des ersten Gebotes. Diese Centralstellung des Gesetzes erkannte Calvin mit richtigem Blicke und giebt gleich in der Erklärung des ersten Gebotes, welches von Gott unserem Heilande, der uns aus der geistigen Knechtschaft der Sünde und der Tyrannei des Todes errettet, handelt, dem ganzen Gesetze seinen evangelischen tröstlichen Character. „Warum darf man Gott in keiner sichtbaren Gestalt abbilden? Weil er, der ewige und unbegreifliche Geist, keine Aehnlichkeit hat mit einem körperlichen, zerstörbaren, todten Dinge." Nimmt auch Calvin in der Erklärung des Sabbathgebotes eine symbolische Zuthat bei demselben an, worin wir seiner Autorität nicht folgen können, so will er dadurch doch keineswegs die Wichtigkeit und Wohlthat eines bestimmten Ruhetages für die kirchliche Vereinigung und für die Erquickung der arbeitsmüden Knechte aufheben. In letzterer Beziehung sagt er, daß man eben durch einen Ruhetag den Fleiß der Arbeit an den Werktagen vermehre. Die geistige Ausdeutung der Gebote ist überall durch=

geführt, wie sie dem Gesetzgeber, welcher Geist ist, gezieme, „denn was böse zu thun ist vor Menschen, das ist vor Gott auch zu wollen böse." Am Schlusse der Gesetzerklärung werden die Vorschriften und Erinnerungen der Apostel nicht als liebevolle Räthe bezeichnet, sondern als das unumstößliche, ewige Gesetz Gottes.

Der dritte Theil des Katechismus umfaßt die Anrufung Gottes, welche sich auf dem Vertrauen zu ihm (Glaube) und auf dem Gehorsam gegen seinen Willen (Gesetz Gottes) erhebt. Fühlt man sich verdrossen zum Gebete, so muß man dennoch zu Gott seine Zuflucht nehmen, damit er uns „mit den feurigen Stacheln seines Geistes entzünde." In einer unbekannten Sprache zu Gott beten, heißt „sein spotten." Die Erfüllung unserer Gebete liegt in Gottes Weisheit, da auch im Gebete „unsere Begierden so heftig sind, daß sie gezügelt werden müssen." Alle Gebete sollen auf die Verherrlichung Gottes gerichtet sein, doch ist mit ihr auch unser Heil gegeben. Wie der erste Theil des Katechismus als inneren Kern den apostolischen Glauben, der zweite das Gesetz hatte, so der dritte das Gebet des Herrn. Wer die fünfte Bitte nicht mehr beten will, scheidet sich damit von der ganzen Kirche, denn für sie war auch diese Bitte durch die Vermittlung der Apostel bestimmt. Wenn wir unseren Schuldigern vergeben, „so ahmen wir darin Gottes Gnade und Güte nach." Der vierte Theil des Katechismus zeigt in dem Worte Gottes den alleinigen Quell, aus welchem auf uns Glaube, Gehorsam und Anrufung fließt, und schärft die Anhörung der Prediger des Wortes ein, „denn wer sie verachtet zu hören, der verachtet Christum."

In dem letzten Theile von den Sakramenten, dem zweiten Gnadenmittel, wird ihre Nothwendigkeit und liebliche Natur darin nachgewiesen, daß wir, so lange wir die Bürden des irdischen Lebens tragen und Gott nicht geistig erkennen können, „der Bilder und Spiegel bedürfen, um die geistigen und himmlischen Dinge gleichsam auf irdische Weise zu schauen." Sind sie auch keine die himmlischen Gnadenerweisungen an sich bindenden Werkzeuge, so vernichtet doch der die Kraft des Geistes, der sie verachtet. Freilich ist der Schaden der Sakramentsverächter ein rein persönlicher, denn sie entziehen sich die Wirkung der Sakramente, können aber ihre Kraft und Eigenthümlichkeit nicht zerstören. Ein wesentliches Moment in der calvinschen Abendmahlslehre ist neben den oben besprochenen auch die stete Beziehung auf Gott Vater, „welcher unseren Seelen die stete Nahrung giebt." Auch in der Taufe schadet die Bosheit der Ungläubigen nur sich selbst, denn voll und unverkürzt wird uns in ihr Vergebung der Sünden und Erneuerung des Lebens dargeboten und mitgetheilt.

Fragt man bei der Behauptung der Kindertaufe, wie sich damit vereinige, daß die Taufe ein Sakrament der Buße und des Glaubens sei, so wird man um die Lösung der Schwierigkeit gebeten, wie die Schrift die Beschneidung ein Zeichen der Reue und und Sakrament des Glaubens nennen könne? (5. Mos. 30, 6. Röm. 4, 11). Und ist die Güte Gottes bei den Israeliten so groß gewesen, daß er ihren Kindern so nachdrucksvoll seine göttliche Barmherzigkeit bezeugen ließ, sollte uns und unseren Kindern dieser herrliche Trost fehlen, da Gott seine Gnade über uns noch offenbarer und reicher ausgegossen hat?

Eine spätere Zusammenfassung der Abendmahlslehre hebt auch noch die Auferstehung der Leiber hervor, welche durch das Abendmahl uns verpfändet wird, welche aber ihre Ursächlichkeit nur in der Theilnahme an den Zeichen des Lebens hat, dieselbe ist also eine rein bildlich versprochene. Die bei dem Abendmahl nöthige Zucht, an welchem der Herr den Judas nur theilnehmen ließ, weil er noch nicht vor den Menschen in seiner Ungerechtigkeit offenbar geworden war — führt über zur Bezeichnung der ersten Grundlage aller Gemeindeverwaltung, der Wahl sittenrichtender Aeltesten. Der Katechismus schließt hiermit und giebt keine Vollendung der kirchlichen Verfassung.

Im Anfang des achtzehnten Jahrhunderts führte man die Bearbeitung des Genfer durch Drelincourt ein. „Familiäre Unterweisung in den Hauptpunkten der christlichen Religion zum Nutzen der Familie." (Berlin 1701). Nach dem Gebete des Herrn folgt in diesem Buche ein vierter Abschnitt von der Dankbarkeit gegen Gott, dann von dem göttlichen Worte und den Sakramenten Alten und Neuen Testaments. Von den beiden Anhängen ist der eine für kleine Kinder, der andere für mehr gereifte.

Neben diesem Genfer Katechismus gebrauchte man den Heidelberger, deſſen volle Lehreinheit mit jenem der Franzoſen feſtſtand, wie er ja auch von ihm abhängig iſt und in vielen ſeiner Fragen ſelbſt wörtliche Entlehnungen bringt. In beiden fehlt die beſtimmte Formulirung der Prädeſtinationslehre, doch ruhen ſie in unzählichen Andeutungen auf dieſem gemeinſamen Grunde.

Franzöſiſche Ueberſetzungen des Heidelberger gab es frühe, in den Pſalmbüchern vereinigte man öfter beide Katechismen und es liegt mir eine Ausgabe von 1621 vor, in der auch noch der kleine Heidelberger hinzugefügt iſt. Eine franzöſiſche Erklärung des Heidelberger erſchien in Frankfurt (II. Aufl. 1742).

Auf allen franzöſiſchen Synoden wurden die Katechismus-übungen befohlen, der Gebrauch des Genfer beſtätigt, eine freie Behandlung deſſelben indeſſen erlaubt und 1623 die Beſtimmung der Disciplin aufs Neue eingeſchärft: „den Katechismus recht zu gebrauchen und daß die Prediger ihn durch Fragen und Antworten, die einfach, beſtimmt und deutlich ſind, verhandeln und erklären und ſich nach der Unwiſſenheit und Rohheit des Volkes bequemen ſollen, ohne in lange Abhandlungen ſich einzulaſſen." Katechismus-predigten, Katechiſationen der Erwachſenen vor dem Abendmahl, Mithülfe der Aelteſten in dieſem Werke, was auch in Halle in der erſten Zeit geſchah, Beſuch der Schulen durch dieſelben wurden wie-derholt geboten u n d g e h a l t e n. Lieblich ſind die Blicke in die Gemeinden der Wüſte, in die der lang erwartete und geliebte Pa-ſtor verſtohlen hereintritt und zuerſt die Katechumenen um ſich ſam-melt und ſie nach den Hauptſtücken des Glaubens der reformirten Kirche fragt. Erſchienen ihm einige hinlänglich unterrichtet, ſo ließ er ſie niederknien, ihr Glaubensbekenntniß herſagen und betete mit ihnen. Sie waren dann fähig dem Tiſche des Herrn zu nahen. Es leitet uns dieſe Einfügung zu dem, was man gewöhnlich Kon-firmation nennt, obwohl die reformirte Kirche weder den Ausdruck noch die damit verbundenen Anſchauungen kennt. Die reifen Katechu-menen haben ein eingehendes G l a u b e n s e x a m e n in Mitten der Gemeinde zu beſtehen und geben in ihren Antworten das Bekennt-niß ihres Glaubens, übernehmen auch die Verpflichtung in ſol-chem Glauben zu leben und zu ſterben und ſich der Zucht und Er-ziehung des Konſiſtoriums zu unterwerfen. Kenntniß der Wahrheit und Willigkeit des Gehorſams bedingt die Theilnahme am Abendmahl.

Fügen wir hier noch gleich das hinzu, was wir über den Schulunterricht der Kinder wissen. Als erster Lehrer für eine Volksschule ist uns Menier genannt, welcher drei Klassen zu verwalten hatte. Die Kinder bezahlten ein Schulgeld. Die Besoldung des Lehrers war ein Gegenstand steter Sorge für das Konsistorium, und sie wird wohl nie über 50 Thaler und freie Wohnung gestiegen sein. Nachher ist von dem Maitre d'Ecole M. Baile die Rede, dann von Jean Duply. Letzterer gab 4 Stunden täglich, sieben arme Kinder mußte er außer dieser Zeit noch unentgeldlich unterrichten. Unter den Gegenständen des Unterrichtes ist die Uebung im Gesang der Psalmen besonders betont. Für die vornehmeren Kinder ward ein College erbeten, aber nicht erhalten; sie besuchten dann das deutsch-reformirte Gymnasium. Coullez regte die Gründung einer Bibliothek für die Gemeinde und für die französischen Studenten an, auch erfordere die Universitätsstadt für die Pastoren ein fortgehendes Studium. Man wandte sich an den Kurfürsten um eine Landescollecte für diesen Zweck. Der Jugendunterricht lag dem Konsistorium um so dringender am Herzen, je weniger ihm die Mittel dazu genügten. Im Februar 1701 entschlossen sich Blmielle und Coullez selbst Unterricht zu geben, die Aeltesten wollten abwechselnd die Schulen besuchen und die Eltern zum Unterricht ihrer Kinder ernstlich ermahnen, denn dies sei „eine unserer ersten Pflichten in der Religion," (un de nos principaux devoirs dans la Religion).

Siebentes Capitel.

Die ersten Pastoren.

Jean Vinielle 1686 — 1705.

Jean Vinielle ist zu Montauban geboren, wo er auch Theologie studirte und unter dem Präsidium von Martel zwei Disputationen hielt, die eine de via quae ducit ad summum bonum, die andere de duplici cordis officina. Diese Thesen sind in die Thesensammlung von Montauban aufgenommen unter dem Datum von 1666. Im folgenden Jahre wird Vinielle in das Universitätsalbum von Genf eingeschrieben. In der Folge arbeitet er an verschiedenen Kirchen, schon im Jahre 1677 steht er an der von Saint-Affrique in Guyenne. Nach der Aufhebung des Edictes von Nantes flieht er mit seiner Frau Marthe de Soulié nach Holland, dann nach Deutschland und hält am 14. November 1686 die erste französische Predigt in Halle. Er starb am 5. Januar 1705 um 5 Uhr Abends. Noch an demselben Tage versammelte sich das Konsistorium um eine Bitte an den König niederzusetzen, die erste erledigte Stelle an Lugandi zu vergeben und den Sohn von Vinielle, Pierre Vinielle (1681 geboren), zum außerordentlichen Prediger an der Gemeinde zu ernennen, damit die betrübte Wittwe in ihm einen Beistand habe. Vinielle wurde in der Burgkapelle beerdigt, in der er so lange gepredigt und wo vor ihm kein anderer französischer Pastor geredet hatte.

Alphonse de Vignolles 1688 — 1689.

Die Vignolles sind ein berühmtes Adelsgeschlecht in Languedoc und hatten sich von ihrem Stammältesten Jean de Vignolles, welcher in der Mitte des sechzehnten Jahrhunderts lebte, in vier Hauptästen verzweigt, von denen sich drei der reformirten Kirche zuneigten. Der älteste Sohn von Jean de Vignolles war Pierre, von deſſen ſieben Söhnen überlebte den Vater nur einer Jacques, und dieſer Jacques, Herr von Prades, iſt der Vater unſeres Alphonſe. Jacques de Vignolles hatte ſich zur reformirten Kirche bekannt und war 1639 Capitain in dem Reiter-Regimente des Feldmarſchall Louis de Baſchi, Baron von Aubais. Er heirathete 1637 die Tochter ſeines Vorgeſetzten Louiſe, die ihm ſechzehn Kinder gebar, von denen ſieben ſtarben. Jacques erreichte ein Alter von 77 Jahren und ſtarb 1686 auf ſeinem Schloſſe zu Prades, ohne ſeinen Wunſch, das Vaterland zu verlaſſen, ausführen zu können, doch ſeine Kinder wanderten alle aus.

Alphonſe wurde am 19. Oktober 1649 zu Schloß Aubais geboren. Der begabte Knabe hat das Unglück, in die Hände verſchiedener Lehrer zu gerathen, von denen ihn der erſte, ein ſchottiſcher Arzt, in weiſer Lehrmethode leicht und angenehm in die Kenntniß des Lateiniſchen einführte, der zweite, ein langweiliger Pedant an der reformirten Schule zu Nismes, ihm durch Schläge und Scheltworte ſo alle Lernluſt vertrieb, daß auch ſpäter zu Orange und Aumeſſas zwei neue geſchickte Lehrer ſich vergeblich bemühten, ihm Wiſſensfreude einzuflößen. Sein betrübter Vater ſchickte ihn 1669 nach Genf, wo aber Tanzen, Reiten und Fechten ihn beſſer vergnügten als wiſſenſchaftliche Studien. Alphonſe muß nach Hauſe zurückkehren und jetzt gelingt es einem gewandten Paſtor Jean Bruguier durch den anlockenden Reiz eigener Gelehrſamkeit dem von aller geiſtigen Arbeit abgeſchreckten Jünglinge, der am liebſten Soldat geworden wäre, auf's neue die Bücher ſüß zu machen. Seine natürliche Fähigkeit erwacht, ſchnell hat er ſich die Grundelemente aller Wiſſenſchaften angeeignet, Mathematik beſonders lieb gewonnen. 1672 geht er nach Saumur und hört die Vorleſungen von Le Fèvre und Etienne Gauſſen; 1673 macht er mit dem jungen Berner Rudolph eine Reiſe nach Oxford, von wo ihn Familienangelegenheiten im folgenden Jahre zurückrufen. Mit der Billigung ſeines Vaters, bei dem wie überall damals das Predigtamt in hoher Achtung ſtand, läßt er ſich ohne eigentlich ein beſtimmtes theologiſches Studium gemacht zu haben, von der Synode von Nieder-Languedoc als Prediger aufnehmen. Er wird zu Aubais, nachher zu Caillard angeſtellt und beſchäftigt ſich ſchon in ſeiner Freizeit an letzterem Orte mit bibliſcher Chronologie. An einer Erhebung, welche Brousson in den Cevennen geleitet, betheiligt, wurde Alphonse zu einer Geldstrafe von 300 Livres verurtheilt und für zehn Jahre seines Amtes entsetzt. Auch seine Bücher nahm man ihm und die bald darauf erfolgende Aufhebung des Edictes von Nantes vertrieb ihn gänzlich aus Frankreich. Von Genf und Lausanne geht er zuletzt nach Bern und findet in seinem früheren Reisegenossen einen helfenden Freund. 1685 bricht er nach Berlin auf, wo die vielen Emigranten hineilten, und wird mit Isaak Sadier zum Pastor in Schwedt ernannt. Seine Klagen über die Zerissenheit der Gemeinde veranlassen seine Versetzung nach Halle. Es war am 13. April 1688, als ihn das Konsistorium in seiner Mitte empfing mit Dank gegen die neue Wohlthat des Kurfürsten, ihnen in diesem zweiten Prediger gegeben. Am nächsten Sonntage verwaltete er zum erstenmal das Abendmahl mit Vimielle und mit Reich, dem deutschen reformirten Prediger, und hielt Nachmittags um 2 Uhr seine Antrittspredigt. Es wurde jetzt stets zweimal am Sonntage gepredigt. Am 5. Mai 1689 schied de Vignolles schon von Halle und ging nach Brandenburg, wo er mit La Charriere der dortigen Gemeinde diente und die langgesuchte Ruhe fand. Die Nähe von Berlin hatte ihn hauptsächlich zur Wahl von Brandenburg bestimmt, da ihm noch Magdeburg und Frankfurt als neue Stellen vorgeschlagen wurden. In Brandenburg lebte er seinen wissenschaftlichen Arbeiten, über die wir nachher ausführlich berichten wollen, und wurde 1701 bei der Errichtung der Akademie der Wissenschaften gleich Anfangs als Mitglied derselben angeschrieben. Auf das Verwenden von Leibnitz zieht ihn der König bald darauf selbst nach Berlin, und ungern von seiner Gemeinde entlassen, siedelte er dorthin über, um sich nun ganz ungetheilt seinen Forschungen hinzugeben. Diese werden von 1713 — 1719 in etwas unterbrochen durch die Verwaltung der französischen Gemeinde zu Köpenik vor den Thoren Berlins. Auf seine Anregung bildet sich in dem Hause von Jakob Lenfant die gelehrte Gesellschaft der Ungenannten, bei welcher er Sekretär ward. Beausobre las in ihr seine interessanten kirchengeschichtlichen Arbeiten mit stets wiederkehrendem Reize vor, de Vignolles brachte Aufsätze aus fast allen gelehrten Gebieten, mit gleicher Theilnahme wirkten die Uebrigen. Als 1727 Peter Dangicourt, der Direktor der mathematischen Klasse der Königlichen Societät zu Berlin starb, wurden die Glieder der Klasse einig, de Vignolles an seine Stelle zu wählen. Wie im Kreise der Wissenden war er auch bei Hofe geehrt. Die gebildete Sophie Dorothea zog einst den schon acht und achtzigjährigen Gelehrten an ihre Tafel und fragte ihn aus über die Sittenlehre der Chinesen, die Ansichten Wolf's, erzählte ihm von neuen Büchern und ließ ihren Namen auf die Käuferliste des ersten Bandes seiner biblischen Zeitrechnung setzen. Er widmete ihr darauf dieses Buch und sie empfing es freundlich aus seinen Händen — die feine Dame die mühseligen langgesponnenen chronologischen Untersuchungen. Sehr gehindert wurde de Vignolles an seinen Arbeiten durch eine merkwürdige höchst seltene Augenkrankheit, welche zu einem Aufsatz des Hofmedicus Ludolf in der Bibliothèque germanique Anlaß gab und die er selbst, wie er sie auch beklagte, mit dem Interesse der Wissenschaft beobachtete. Seinem mäßigen stillen Leben verdankte er ein hohes Alter. Er starb am 24. Juli 1744, ohne Kinder zu hinterlassen. Seine Frau Marguerite Bernard, welche er 1683 geheirathet, und die 1694 in den Wochen starb, hatte ihm 6 Kinder geschenkt, doch sie starben alle frühe.

Seine Schriften.

Er hat zunächst in die Bibliothèque germanique und in die Histoire critique de la republique des lettres eine Menge von Aufsätzen geliefert, welche meistens aus dem Gebiete genommen sind, wo er seine Bemühungen concentrirte, aus dem chronologischen. In ersterem Sammelwerke finden wir von ihm Untersuchungen über die Feste der Liebe und des Bacchus, de vindiciis veterum scriptorum des de la Croze, ein lettre pastorale gegen den Kritiker der neuen Uebersetzung des französischen Neuen Testamentes Dartis, eine Abhandlung über den Ursprung des Weihnachtsfestes, eine Lobrede auf die gebildete Astronomin Madame Kirch, die Mitarbeiterin an verschiedenen Kalendern, — bei welcher Gelegenheit auch der Sternkennerin Marie Künizen aus Schweiniz und des Bauern Christoph, der 1690 den Merkurius entdeckte, gedacht wird —, verschiedene andere Arbeiten über die Zeitrechnung der Chinesen, über die Rückkehr der Kometen, die egyptischen Jahre ꝛc. In dem zweiten Sammelwerke finden sich Mittheilungen über die Zeit der Neronischen Verfolgung, über den Geburtstag des Augu-

ßus ꝛc. Seine Forschungen über die biblische Chronologie fing er
an zu veröffentlichen mit dem Plan de la chronologie de Mr. de
Vignolles (bibliothèque germanique III. 105). Statt der 480
Jahre vom Auszug aus Aegypten bis zum Tempelbau nahm er
648 Jahre an, was ihm die Gegnerschaft des Chronologen Gottfried Kohlreiff zuzog, mit dem er einige Antworten wechselte. Dem
Erscheinen der Chronologie selbst ging eine von den Jesuiten scharf
angegriffene Empfehlung von J. Philipp Heine voran, welche de
Vignolles zu einer Fehde gegen die Aristarchen von Trévoux veran-
laßte. Endlich folgte das vielbesprochene, gelobte und getadelte
Buch selbst, unter dem Titel: Chronologie de l'histoire sainte et
des histoires étrangères, qui la concernent depuis la sortie
d'Egypte jusqu'à la captivité de Babylone, Berlin 1738.

Der erste Band hat 800, der andere 900 Seiten. De la
Croze lobte das Werk sehr, doch ist z. B. die rationalistische Erklärung des Durchzuges durchs rothe Meer zu künstlich, um wahr
zu sein. Kohlreiff wandte sich gegen das Buch in verschiedenen
und vielfach gerechten Angriffen. Außer diesem seinem Hauptwerke
hat er sich noch mit mancherlei geschichtlichen Forschungen über die
Chronik des Martin Polanus, des Bischof Ditmars von Merseburg ꝛc.
beschäftigt. Unter seinen kleinen Aufsätzen war die Epistola chro-
nologica adversus Harduinum besonders geschätzt.

Wir haben mehr einen Ueberblick seiner schriftstellerischen Thätigkeit, mit der seine eigene Behauptung nicht recht zu stimmen
scheint, er habe nicht geschrieben, um seine Gelehrsamkeit zu zeigen,
geben wollen, als ein sorgfältiges Detail. Dieses findet man bei
Rathlef in seiner Geschichte jetzt lebender Gelehrten V, 347 und in
der la France protestante unter s. Namen. —

Pierre Augier 1689—1701.

Sein Geburtsort war Nogent le Roy. Im Jahre 1685
finden wir ihn als Pastor in Chalons in der Champagne. Vielleicht ist er ein Sohn von Augier, welcher im Jahre 1637 in
Pellegrue als Pastor wirkte. Ueber die Leiden des armen Augier
haben wir berichtet. Am 14. Mai 1689 stellte er sich, von
Berlin kommend, in Mitten des Konsistoriums. Am folgenden
Sonntage wurde er unter der allgemeinen Zustimmung der Ge-

meinde in sein Amt eingeführt. Nachmittags hielt er seine erste
Predigt. Zwölf Jahre war er in seinem Amte, als er zu kränkeln anfing, Gliederschmerzen plagten ihn, er wünschte nach Karlsbad zu gehen. Da nun der alte Bimielle auch seine Dienste nicht
mehr recht versehen konnte und im Genuß der Eselsmilch und anderen Kuren Heilung suchte, Coullez, von dem nachher noch ausführlich die Rede sein wird, fast allein alle Arbeit hatte, oft
plötzlich und unvorbereitet hatte predigen müssen, des Nachts
zu Kranken geholt wurde und am Tage zur Unterhaltung seiner
zahlreichen Familie Studenten Unterricht gab, wäre für Augier keine
Erhölungszeit gekommen, wenn nicht der Churfürst 1701 in Besombes Hülfe gesandt hätte. Augier mußte ihm Kost und Wohnung geben, genoß aber nur kurze Zeit die Ferien, denn am 26.
November 1701 starb er. Er war mit Marie Juillon aus Paris
verheirathet.

Samuel Besombes 1701—1703.

Der Vater unseres Besombes (auch de Besombes geschrieben)
war Pastor der Kirche zu Saint-André gewesen und mit seiner Frau
Isabeau de Godon zu Berlin gestorben. Ihr ältester Sohn ist Samuel Besombes, welcher Theologie studirte und in den ersten Tagen
des Octobers 1701 als Beistand für die kranken Pastoren Augier
und Bimielle bei der Halleschen Gemeinde eingeführt wurde. Im
December desselben Jahres erhielt er nach dem Tode von Augier
seine Bestallung als außerordentlicher Pastor neben den zwei ordentlichen Coullez und Bimielle mit einem Gehalt von 100 Thaler.
Um ihn länger zu behalten, bat das Konsistorium im April 1703
um eine Verbesserung seines Gehaltes, er selbst reiste deshalb nach
Berlin, der Entscheid fiel indessen dahin aus, daß für die Zukunft
nur zwei Pastoren an der Gemeinde angestellt sein sollten, von
denen jeder ein Gehalt von 300 Thaler habe, der dritte aber stets
mit 100 Thlr. sich begnügen müsse. Dies Gehalt war in den ersten
Zeiten noch erträglich, später aber wurden die französischen Pastoren
wegen ihrer Armuth berühmt. Da Besombes von seinen 100 Thalern nicht leben konnte, auch kränkelte, nahm er seinen Abschied
und verließ Halle.

An seine Stelle trat

6

Marc Antoine Garrigues 1703—1704.

Er ist aus Chartres gebürtig. Ehe er nach Halle kam war er zu Patinen in der Uckermark angestellt gewesen. Am 25. November 1703 stellte er sich dem Konsistorium vor. Schon im Juli 1704 ist von seiner Todeskrankheit die Rede, er starb dann am 9. August 1704.

Charles Lugandi 1704—1716.

Schon vor Garrigues Tode war zu seiner und der übrigen Pastoren Hülfe Charles Lugandi von Poßlaw bei Prenzlow in Pommern berufen worden. Wahrscheinlich ist er ein Sohn des Richter Paul Lugandi, studirte zu Frankfurt Theologie und war wie wir gewiß wissen in dem genannten pommerschen Dorfe, wo sich eine Tabakbauende französische Kolonie auf günstigem bewässerten Boden niedergelassen hatte, angestellt. Er erhielt hier Vernesobre zum Nachfolger und leitete sich am 7. Sept. 1704 mit einer Predigt über Ev. Joh. 21, 17. bei der halleschen Gemeinde ein. Mit Coulle; hatte er einst ein scharfes Begegnen über eine Frage der Gemeindezucht, man umarmte sich aber im Konsistorium und legte die Sache bei. Er geht 1716 nach Berlin an die Dorotheenkirche.

Mit den Dompredigern standen diese ersten französischen Pastoren in friedlichem liebevollem Verkehr. Der erste Domprediger Reich nahm zuweilen an wichtigen Konsistorialsitzungen Theil, verwaltete das Abendmahl mit seinen französischen Brüdern und stellte sich mit seinem Presbyterium zugleich mit dem französischen Konsistorium am 19. Mai 1689 dem Halle besuchenden Kurfürsten. Freundlich sah dieser auf die Union chretienne seiner reformirten Glaubensgenossen. 1703 bat der Domprediger Schardius um eine Verlegung der Betstunden im Dome am Donnerstag von 9 auf 10 Uhr. Dies bewilligte das Konsistorium sogleich unter der wiederholentlichen Versicherung, wie gerne man mit der Domgemeinde eine heureuse correspondance unterhalte. Später hatte man einen unbedeutenden Streit, als die Kinder der Franzosen, die das reformirte Gymnasium besuchten, gebraucht wurden, um bei den Gräbern zu singen.

Im October 1703 erschien eine Visitations-Commission von Berlin, gebildet von Ferison, Duhan und Drouët. Sie fand nichts zu tadeln, empfahl nur eine Regelung der Privatcatechisationen und brachte ein Geschenk von 100 Thaler an den Lehrer mit. ·

Achtes Capitel.

Die neuen Propheten und ihr Vertheidiger.

Die reformirte Kirche ist keine Pflegerin von Secten. Obwohl durch die Noth der Gewissen und durch den Befehl des Wortes Gottes von der Kirche des Pabstes, welche sich mit dem Namen des Tempels des Herrn schmückte aber eine Mördergrube der Seelen geworden war, in heiliger Separation geschieden, hat sie selbst so wenig verderblichen separatistischen Bewegungen und ketzerischen Irrlehrern das Wort geredet, daß vielmehr das Verfahren Calvins in dieser Hinsicht für Viele von unerträglichem Ernste ist. Einer der Artikel der Disciplin lautet so: „Diejenigen, welche als geistliche Vagabunden (Coureurs), Apostaten, Ketzer und Schismatiker erklärt sind, sollen allen Kirchen bekannt gemacht werden, damit man auf sie Acht habe und ein Verzeichniß von ihnen soll auf die Provinzial- und Nationalsynoden mitgebracht werden."

So sehr einer Kirche Leben und Liebe fehlt, findet sich in ihr keine Gemeinschaft der Heiligen und sind der Brüder, die sich unter einander kennen und suchen wenige, hat sie noch die Predigt des Evangeliums gewahrt und den rechten Gebrauch der Sakramente, werden nicht geradezu die Hoheit und Herrlichkeit Christi abbrechende und allen Glaubensgrund zerstörende Irrthümer gelehrt, so hat jeder die Pflicht, sich ihr nicht zu entziehen, oder sie durch selbst bereitete Vereinigungen zu schwächen. Es ist gewiß Gott wohlgefälliger ihr Elend als Klage und Schmerz zu tragen aber dennoch bei ihr zu beharren, ob etwa die Trümmer gebaut werden möchten, als sich in stolzer Separation von ihr zu scheiden und dadurch ihre Noth zu vermehren und zu steigern. Es werden zuweilen in dem vorsehungsvollen Regimente der Kirche Separationen von Gott herbeigeführt, durch welche er eine Gemeinde schafft, die eine wahrhaftige Gemeinschaft der Gläubigen ist und eine Krone und Freude ihrer Lehrer: jede unheilige Separation kränkelt und versiegt.

Wir haben es mit einer solchen jetzt zu thun. Sie hat ihren Anfang in der französischen Gemeinde, wie es auch Franzosen waren, die sie hervorriefen, sie wächst aber über sie hinaus zu einer Bedeutung für ganz Halle. Bei ihrem Interesse haben wir manches eingeflochten, was nicht speciell zur Geschichte der französischen Gemeinde gehört, wie denn auch die Acten der Gemeinde zu ihrer Darstellung nur spärlichen Stoff boten, indem ein späterer Konsistorialbeschluß viele Verhandlungen austilgte.

Den 23. Juni 1713 wurden aus der Stadt Halle die neuen Propheten Elie Marion und Jean Allut mit ihren Sekretären Facio und Portales ausgewiesen. Die vertriebenen Fremdlinge hatten eine nicht geringe Bewegung in Halle hervorgerufen, die noch lange nach ihrem Abschiede fortdauerte und die Obrigkeit und das geistliche Ministerium beschäftigte. Auf günstigen Boden war ihr Same gefallen, denn Halle war damals überreich an Separatisten und Geheimvereinen, die in offener oder verborgener Verachtung der geordneten Kirche bei sich selbst Nahrung und Befriedigung suchten. Wir wollen zuerst uns unter ihnen umsehen.

Die Separatisten.

Als Führer separatistischer Vereine werden uns Wilhelm Schütte und Ernst Christoph Hochmann in den Akten der Domkirche genannt. Ersterer war Hofschuster gewesen, hatte einiges Vermögen erworben und dann einen Lederhandel angefangen, welcher ihm viel freie Zeit ließ. Nachdenklicher Natur kam er auf allerlei Spekulationen, entzog sich dem Gehör des göttlichen Wortes, weigerte sich am Abendmahle Theil zu nehmen, weil Gottlose zum Tische des Herrn hinzugelassen würden. Seine ganze Verwandtschaft entfremdete er der Kirche und vereinigte sich mit ihnen und anderen zu besonderen Zusammenkünften. Die Domprediger verhandelten häufig mit ihm, wollten ihm sogar in falscher Rücksicht in der Sakristei allein das Abendmahl reichen, doch die ganze hallesche Luft brachte zuviel Belebung für solche eigene Wege, als daß es weiter denn zu einem falschen Frieden gekommen wäre. Der Pietismus mit seiner nachdrücklichen Betonung der Privaterbauung, die Universität mit den Angriffen einiger ihrer Lehrer gegen die kirchlichen Ordnungen und Verfassungen und die Zuchtlosigkeit der Studenten in den Kirchen, welche mit Hunden kamen, lachten und plauderten, hin- und herliefen, alles dieses erregte mit Recht die Gewissen und konnte bei dem Mangel klarer Erkenntniß leicht zu den gefährlichen Klippen des Separatismus führen. Ernst Christoph Hochmann, welcher mit „unbeschreiblichem" aber eigenem Feuer predigend Deutschland durchzog, hatte auch in Halle Anhänger gesammelt. Die Separirten verweigerten die Taufen ihrer Kinder, theilten unter sich das Abendmahl aus, überhäuften mit bitteren Lästerungen die Prediger, die sie mit selbstgefälligen Bedenken stillverächtlich ansahen, und nahmen alle Irrgeister und Schwärmer mit bereitwilliger Liebe auf. Das Eigene zieht und lockt den Menschen mit magnetischer Kraft und wenn man in sein Privatkirchlein tritt, muthet es einen heimlicher an, als wenn man den geordneten Prediger hört.

Die Klagen der Halleschen Prediger über diese Unordnungen kamen vor den König und veranlaßten scharfe Edicte. Die Abgefallenen sollten unter Androhung von Geldstrafen und Austreibung aus der Stadt zur Rückkehr ermahnt werden. Auch die Universität bekam das dringende Gebot, dem Studentenunfug zu wehren und keine Angriffe gegen die kirchlichen Institutionen zu unternehmen. Die Geistlichen Halle's verloren in den Separirten meist den besseren Kern ihrer Gemeindemitglieder. Es waren Leute, die von der Wahrheit des Evangeliums berührt in ihrer vollen Erkenntniß aber nicht geprüft waren. Auf falsche Gemüthshöhen sich stellend, haschten sie nach besonderen Werken. Einige unter ihnen waren schwache, beschränkte, gutmüthige Naturen, andere von starker Phantasie und ohne Urtheil, oder hochfahrend, stolz und „nach außerordentlichen Dingen gaffend." Auf diesen wohlvorbereiteten Boden warfen die vier Londoner Sendlinge ihren verderblichen Samen. Betrachten wir ihre Herkunft.

Die Inspirirten.

Ein jedes Jahrhundert bietet sich wiederholende Erscheinungen von solchen Persönlichkeiten und Vereinen dar, die unter der Vorgabe nach einer göttlichen Inspiration zu reden und zu handeln, entweder einem ungöttlichen fremden Geiste oder dem eigenen dienen. Man wird sich vergeblich bemühen, ihren ungewöhnlichen Zustand vernünftig zu erklären, sondern muß, wenn man auch in ihrer

Charakteranlage und Bildung, in einer gewissen geistigen Ueber-
reizung Anknüpfungspunkte mit Recht nachweist, doch in ihren
„Bewegungen," ihrem körperlichen und seelischen Befinden die Wirkung fatanischer Einflüsse eingestehen. In der Reformations-
zeit trägt die Münster'sche Rotte diese Kennzeichen, in dem folgenden Jahrhundert die Propheten, welche den ehrlichen Comenius ge-
fangen nahmen, in dem achtzehnten sind es die Inspirirten. Bei
den Gebetsversammlungen in Amerika und Irland ist in neuerer
Zeit zuweilen Aehnliches an den Tag getreten.

Der Cevennenkrieg hatte seine unheimlichen Flammen kaum
erlöschen lassen, als sich drei Flüchtlinge aus demselben Elie Marion aus Barre, Jean Cavalier aus Sauve und Durand Fage aus
Aubais 1706 nach London begaben, mit sich nehmend die Befähi-
gung zu inspirirten Zuständen. Sie führten sich mit der Erklärung
in der Gemeinde der französischen Réfugiés in London ein, daß sie
Gesandte Gottes wären und auf Befehl seines Geistes gekommen.
Viele ihrer Landsgenossen waren ihnen entgegen gegangen, hatten
Psalmen gesungen und Blumen auf ihren Weg gestreut. Ihre Be-
hauptungen waren begleitet von eigenthümlichen Zufällen. Lunge
und Herz wurden in heiße Vibration gesetzt, dann begann ein keu-
chender Odem hastig im Halse zu arbeiten, der Kopf bewegte sich
nach allen Seiten, die Zunge zitterte und war wie von einer fremden Macht gebunden, der Leib wurde hin- und hergerissen, über
die Erde erhoben, oft 10 bis 11 Fuß hoch, die Treppe herunter-
geworfen, auf die Erde gestürzt, an die Wand geschmettert, oder
wie todt darniedergestreckt. Alle diese Bewegungen brachten keine
Verletzung mit sich, der Inspirirte behauptete sogar eine beständige
Gemüthsruhe zu besitzen. Auf diese „Einsprache" folgte dann die
„Aussprache." Der sie beherrschende Geist redete aus ihnen und
nannte sich „der Herr," „Jehova," „Gott," aber auch der „Engel Gabriel," welcher seinen Thron in den Herzen der Gläubigen
aufschlagen wolle. Den Zufällen ging ein Gebet voran und folgte
ein solches. Der Eindruck der Bewegungen war oft ein Schauder
und Ekel erregender, zumal wenn Frauen mit fliegendem Haare
und mit aufgeblasenem Leibe hin und her geschleudert wurden. Anfänglich gingen die prophetischen Ermahnungen der in London Angekommenen auf Krieg, indem sie noch die alten oft geübten Töne

nachklingen ließen, oder wie man richtiger sagt, um zur Fortsetzung des Cevennenkrieges aufzufordern. Dann predigten sie Buße, das ewige Evangelium von dem neuen Bunde des heiligen Geistes, klarer als das Evangelium des neuen Testamentes, den bevorstehenden Anbruch des tausendjährigen Reiches, die Auferstehung der Gerechten. Sich selbst stellten sie als die Vermittler dieser heranbrechenden Gnadenzeit dar, in welcher Millionen bekehrt würden. Ihre Ansprachen waren durchzogen von oft feinen oft läppischen Angriffen gegen die heilige Trinität. Der Vater ist ihnen die Stärke, der Sohn die Macht, der heilige Geist die Kraft. Erschreckend sind die schreienden Beschwörungen, mit welchen der Geist versichert, er wäre Gott. Der frechste Gottlose wird in wildestem Uebermuthe solche Lästerungen nicht aussprechen, wie sie in unermüdlicher Folge die Aussprache der Inspirirten durchziehen. Denn sie beschwören, daß Alles, was sie sagen, Gott selbst rede. Ihre Beredsamkeit war feurig und stürmisch, wunderbar verführerisch. Wir lassen ein Gebet von Daniel le Tellier folgen:

„Meine Kinder sollen in der Freude schwimmen. Meine Kinder sollen sich erlustigen an den Wassern des Trostes. Dies soll ein beständiges Bad sein zu ihrer Erfrischung. Du Liebe meines Gottes, wo muß man hingehen, um dich zu finden? Muß man von einem Ende der Erden zu dem andern gehen, um sie zu erlangen? Gewißlich der Ort ist nicht allzuweit für uns, denn wir haben Hunger und Durst nach ihren Wollüsten. Unsere Seele ächzet nach den fließenden Wasserbächen. O meine Seele, wann wirst du dich in diesem Strom recht aufthun, in diesem reinen und hellscheinenden Wasser? Die Frucht des Todes Jesu Christi befindet sich in dem Gehorsam gegen seine Gebote. Die Frucht seines Todes ist Friede, ein Friede, der allen Verstand übertrifft, eine ewige Stille und Ruhe. So wir uns bemühen, sein Wort zur That zu machen, und das Brot, welches vom Himmel gekommen ist, zu essen, werden wir nicht sterben, sondern ewiglich leben. Aber wer ist geschickt zu diesen Dingen? Wie sollten wir uns versprechen, auf dieser Bahn ohne Anstoß zu wandeln, da wir oft gefallen sind? Mein Gott, Du kennst die Aufrichtigkeit Deiner Kinder, laß es Dir wohlgefallen, durch Deine Kraft, sie mit Festigkeit wandeln zu lassen. Lasse es Dir gefallen unsern Verstand zu erleuchten, un-

fern Willen zu erwärmen, unsere Tüchtigkeit kommt von Dir. Du
bist der einzige Fels auf den wir unsere Hoffnung bauen. Wir
hoffen, mein Gott, daß weder das Ungewitter, noch die Sturm-
winde, noch einiges Ding jemals mächtig sein werden uns zu bewegen. Du wollest unser Licht sein, um uns recht zu Dir zu führen."

„Der da schwach ist, der den Feind fürchtet, gehe nicht in
den Streit. Kehret wieder zurück, es steht euch frei. So ihr saget: mein Herz ist schwach, aber doch meine Begierde ist zu streiten für den, der für mich gelitten hat: ich bin schwach, aber ich
bin versichert, die Stärke des Starken werde meine Stärke sein;
wenn eure Gedanken in eurer Schwachheit so erhaben sind, fürchtet
nicht, daß der, auf welchen ihr eure Hoffnung bauet, euch in der
Noth verlassen werde; giebt er euch Stärke einen Schritt zu gehen,
hoffet, daß er euch dieselbe vermehren werde, um auch den zweiten zu gehen. Aber haltet euch nahe bei ihm. Seid beständig an
seiner Thüre, um von seinem Brot zu nehmen, welches er reichlich
giebt, denen die ihn bitten."

Fragte man sie, wie Gott Wohlgefallen haben könne an diesen Qualen und Zerrüttungen des Leibes, so antworteten sie: „er
ist ein unumschränkter König, er kann handeln wie er will, die
Vernunft begreift diese Dinge nicht, wir sind Vorbilder des göttlichen Strafgerichts, das bevorsteht, rauchte nicht der Berg Sinai
mit Blitzen, Finsterniß und Donnerschlägen? Als der heilige Geist
über die Apostel kam, zitterte da nicht das Haus vor seiner Majestät? Heißen die Apostel nicht Trunkene und die Propheten nicht
Rasende und Unsinnige? Der Teufel kann durch uns nicht reden,
denn er würde ja gegen sich selbst reden, da wir Gott loben, und
sein Reich ausbreiten." Versicherten auch die Inspirirten, sie wären vergnüglichen Sinnes, wenn sie besessen dalagen, so war doch
meistens ihr Zustand ein qualvoller, so daß der Plagegeist seine
Gefäße tröstet, sie hätten viel um seinetwillen leiden müssen, doch
werde er ihnen noch eine größere Last auflegen, ja er werde ihren
dickhäutigen Hals schon brechen. Boshafte Drohungen spricht er
wiederholt gegen seine Kinder aus, und mischt sie geschickt den über-
schwänglichen Zusprüchen bei.

In England fanden die Franzosen später unter ihren eigenen
Landsleuten Widerstand, Förderung durch den Beitritt eines reichen

englischen Ritters John Lacy und eines Irländers Richard Bulke-
ley, welche sie auch in dem „prophetischen Warnungen" und in
der „Wahrheit der Offenbarungen" in Schriften vertheidigten. Aus
den übrigen, die ihnen sich anschlossen, nennen wir noch Carl
Portales und den berühmten Mathematiker Nicolaus Facio.
Marion theilte die sich sammelnde Gemeinde in zwölf Stämme ein.

1707 kam es zu einer Trennung der Inspirirten von den
übrigen Gemeinden der französischen Réfugiés, das Konsistorium der
savoischen Kirche erklärte, daß die Bewegungen dieser Inspirirten
durch eine selbstverursachte Eigenthümlichkeit hervorgerufen würden
und der Weisheit des heiligen Geistes unwürdig seien.
Die Obrigkeit ließ Elie Marion, Jean Daubé und Nicolaus Facio
zwei Tage am Pranger stehen, mit Zetteln an der Stirn, daß sie
falsche Propheten wären. Jetzt wagten diese mit einem großen
Wurf Alles zu gewinnen oder zu verlieren, nichts Geringeres ver-
hießen sie als die Heilung eines Blinden, die Gesundmachung anderer Kranken und die Erweckung eines seit etlichen Monaten be-
grabenen Todten. Durch diese unläugbaren Beweise der Göttlichkeit
ihrer Sache würden Millionen bekehrt werden. Es lag unter den
Inspirirten ein Dr. Emes krank darnieder. Vor seinem Tode, der
den 22. December 1707 erfolgte, gab ihm der Geist den Trost,
wenn er ihm auch das Leben nehme, so solle er doch wieder in
sein Haus zurückkehren. „Stirbst du, so will ich dich wieder auferwecken." Am Tage nach seinem Tode sagte der Geist durch ein
zwölfjähriges Kind: „ich werde das thun, was ich beschlossen
habe." Am Begräbnißtage des Doctor fuhr er fort: „es kommt
der schreckliche merkwürdige Tag des Herrn. Mein Schwert wird
trunken von Blut sein. Ich will auferwecken den Leib meines Knech-
tes. Ich will ihn fetter und schöner auferwecken, als er je gewesen."
Die Versicherungen wurden immer erneuert: „ich will Wunder
thun, alle Augen werden es sehen. Lazarus war vier Tage im
Grabe, mein Knecht wird mehr Monate darinnen sein als Lazarus
Tage. Ist das nicht Zeichens genug, daß hier Gottes Finger ist?
Denn wisse, daß die Macht des Teufels sich niemals dahin er-
strecket, Todte zu erwecken." Der 15. Mai wurde als Tag der
Auferweckung bestimmt. Die Brüder waren in fieberhafter Aufre-
gung, die Bewegungen hatten einen so stürmischen Charakter gehabt,

in symbolischer Vorbedeutung wurden Inspirirte todt zu Boden geworfen und wieder aufgerichtet. John Lacy hatte den dritten Theil seiner prophetischen Warnungen mit der Versicherung geschlossen, wenn innerhalb sechs Monaten (das Buch erschien im Oktober 1707) sich die Macht Gottes nicht bezeuge, „I shall before all the world acknowledge my delusion." Der Tag rückte heran, Angst, Zweifel, Niedergeschlagenheit fiel auf die Inspirirten. John Lacy versteckte sich, er that recht daran: Dr. Emes blieb im Grabe. Die Atheisten spotteten. Doch so zäh war der Wahnglaube der Brüder, daß einige unter ihnen zu dem alten Treiben zurückkehrten.

Der schlechte Erfolg hatte die Londoner Inspirirten nicht ermüdet. Am 14. Juni 1711 erging unter ihnen der Befehl: „mein Wille ist, daß eurer viere über 3 Wochen sich begeben aus dieser Stadt, aus diesem Reiche, meine Botschaft in ein anderes zu bringen. Ich will sagen in das Brandenburgische." Elie Marion, Charles Portales, Nikolaus Facio und Jean Allut wurden als die Botschafter bezeichnet. Vor ihrer Abreise geschahen häufige Aussprachen, der Geist verhieß stille Winde, ruhiges Wasser, bequeme Witterung, und forderte die vier Sendlinge auf, ihre Herzen zu einem zu machen. Der Engel des Angesichtes würde mit ihnen sein. Wir können ihre Reiseerlebnisse nicht näher beschreiben. Von Holland gingen sie nach Magdeburg, wo ihnen Drangsale ohne Zahl vorausgesagt wurden. „Verkündet das Wort, verberget es nicht. Uebereilet euch nicht." Sie kommen nach Berlin, wo sie ausgewiesen werden, gehen nach Leipzig und erhalten hier den Befehl „recht auf Halle zu gehen." Doch blieben sie diesmal nur einen Tag in Halle und eilen über Nürnberg, Schwabach, Regensburg nach Wien, überall Inspirationen ausstreuend. In Leipzig wird ihnen der Befehl, ihre Bezeugungen in einem Buche zu veröffentlichen, dessen Aufschrift lauten sollte: „Allarmgeschrei zur Warnung den Völkern, daß sie ausgehen aus Babylon der Finsterniß, um einzugehen in die Ruhe Christi." Das Buch erschien französisch und deutsch und wurde eine Fundgrube für die Inspirirten des Jahrhunderts. Nach England zurückgekehrt, läßt sie ein neuer Reiseauftrag im Mai 1711 aufs Neue von dort scheiden. Sie sollen die Weissagung gegen Rom, die sie empfangen, dorthin tragen. Ueber Stockholm, Dirschau, Elbing nach manchen Gefangenschaften und dem Verlust ihrer Habe, nachher über Stargard, Küstrin und Leipzig kamen sie am 17. Mai 1713 in Halle an mit der Absicht eines längeren Aufenthaltes.

Am Johannisfest 1713 trafen die vier inspirirten Wanderer in unserer Stadt ein. Sie nahmen ihre Wohnung bei einem Mitgliede der Pfälzerkolonie, dem französischen Sprachlehrer Abraham Marchand. Jean Allut hatte auch in Jaques Allut, einem Mitgliede der französischen Kolonie, einen Oheim in Halle, der gleichfalls bereitwillig sein großes Haus den Angekommenen öffnete. Diese begannen sogleich ihre Versammlungen, welche von den Separirten beider Konfessionen in nicht geringer Anzahl besucht wurden. Die Reformirten fühlten sich selbstverständlich zu ihren Landes- und Glaubensgenossen hingezogen. Neben der Schrift las man das Alarmgeschrei, sang und betete in deutscher und französischer Sprache, auch die Bewegungen blieben nicht aus und Offenbarungen wurden eröffnet. Der geheimnißvolle Schimmer, der die Versammlungen überdeckte, zog viele herbei. Der Weissagungen der neuen halleschen Gäste waren sehr viele. Im folgenden Jahre erschien ein Büchlein in französischer und lateinischer Sprache mit dem Titel: „Wo ihr zerstört haben werdet, werdet ihr selbst zerstört werden, denn das Licht leuchtet in die Finsterniß, um sie zu vertreiben." Es ist eingeleitet mit einem Bilde, welches ein Mägdlein mit verbundenen Augen zeigt, das mit den himmlischen Trostworten angesprochen wird: „Angefochtene, vom Sturm Umhergetriebene, freue Dich, siehe Dein König kommt, daß er Dich als Weib heimführe und Deine Feinde besiege." Dieses Trostes bedarf es, denn an vier Stricken ziehen und reißen das Kind der griechische, der römische, der calvinische und lutherische Priester, von denen jeder einen schwertbewaffneten König auf das Mägdlein aussendet. Doch ist ihr Lohn schon angedeutet durch ein vom Himmel fallendes Schwert mit der Inschrift: „Dies ist der Eifer des Herrn." Die Darstellung der einzelnen Priester ist sehr signifikant, ihr gemäß waren auch die Weissagungen der Inspirirten. So sagte Elie Marion am 25. Mai: „wird nicht mein Volk wie ein zu scheerendes Schaaf dahingeführt? Verschlingen nicht jene Wölfe es bis aufs Blut? Sie die den Rock der Hausverwalter und Pastoren des Herrn tragen. Die einen sagen: ich will den Luther, die anderen ich den Calvin, ich aber schreit der alles übertreffende Römer, die unfehlbare Kirche. So folgen sie ihren eigenen Gedanken."

Wir wollen nicht in den reichlichen Vorrath dieser Aussprachen allzuviel hineingreifen und geben nur einige bezeichnende Sätze. „Verlasset ihr die Welt und ihre Abgötterei, so werdet ihr mein Gesetz in eurem Herzen eingeschrieben finden, ich wiederhole es, in eurem Herzen werdet ihr es finden. Der Herr regiert die Kirche, er ist ihr Pastor und sendet seine Boten vor seinem Angesichte her, daß sie ihm den Weg bereiten und die Herzen durch seinen Geist zur neuen Oekonomie, zum neuen Bund des Evangeliums vorbereiten. Der Herr sendet seinen Engel in mir unter euer Dach, damit er euch Frieden verkündige." Die Aussprachen unterscheiden sich in Anreden und in Hymnen und sind letztere besonders oft von hinreißendem begeisternden Schwunge voll unklarer Gluth und Redefülle, müssen aber gerade so verführerisch fesselnd auf die niederen Klassen gewirkt haben. Mitten in der Aussprache wird der Redende dann zuweilen durch „die Macht des Engels Gottes zur Erde gestreckt," fährt aber auch so in seiner Weissagung fort. Plötzlich schlägt er auch ein Capitel der heiligen Schrift auf und befiehlt es zu lesen, wobei es dann nicht störte, wenn er auf die dringende Bitte: „klaget, klaget, klaget" — das Geschlechtsregister Simeons aus dem ersten Buch der Chronika vorlesen läßt oder merkwürdig oft auf die Geschichte der Susanna verfällt.

Am 23. Juni 1713 hielten sie ihre letzte Anrede an ihre empfänglichen Zuhörer. Sie kündeten denen Krieg und vom Himmel kommendes Verderben an, welche gegen die Friedfertigen gestritten hätten.

Als die Inspirirten abziehen mußten, schieden sie mit der Versicherung, es werde ein Same von ihrem Geiste zurückbleiben. Sie standen in der festen Ueberzeugung, um Christi willen zu leiden, und ihre Anhänger klagten bitter gegen die Obrigkeit und die Geistlichen, daß sie es nicht besser machten, als die Juden an den alten Propheten gehandelt hätten und die Papisten an den Reformirten. Die Versammlungen werden auf Wunsch der Geschiedenen fortgesetzt und ihre Theilnehmer mehren sich so, daß man aus des Sprachlehrers kleinem Zimmer in das geräumigere einer Knopf-

macherin, die in dem gleichen Hause wohnte, übersiedelte. Man
richtete zwei Schreiben an die Gesellschaft in London und bat um
Trost und Stärkung. Diese versammelt sich, um eine Antwort des
Geistes zu empfangen. Henriette Allut gab am 28. August 1703
ein Gebet heraus mit der Bestimmung für die Brüder und Schwestern in Christo Jesu, welche da sind in Halle. „Der heilige Geist
hat durch sein Werkzeug Henriette Allut zu mir, der ich unwürdig
bin sein Wort zu empfangen, folgendes gesprochen. Schreibet diese
Worte und sendet sie demjenigen, die nach mir dürsten." Es folgt
jetzt eine unbestimmte Ermahnung, „die Gefäße zu bereiten, denn
es käme der König aller Könige in Eile zu ihnen." Später hatte
Henriette Allut eine zweite Inspiration und diese wurde mit der
ersten zugleich mit einem einleitenden Schreiben von Louis Ger-
vaise und David Daubé, den Schreibern des Geistes, nach Halle
gesandt. Der Brief beginnt so: „geliebteste und geehrteste Brüder
und Schwestern in Christo Jesu unserm Herrn! Wir zweifeln
nicht, daß ihr nicht wenige Sorge gehabt habt über den Erfolg eurer
beiden Briefe. Es ist schon lange Zeit, daß sie unter unsern Händen sind und wenn es in unserer Gewalt gewesen wäre, eure Bitte
zu vollziehen, würden wir allen Fleiß angewendet haben; aber wie
es nicht bei uns stehet, sondern bei dem Geiste des Herrn, seine
Werkzeuge zu bereiten, also haben wir so lange im Stillschweigen
verharret." Die Inspiration beginnt mit den lästerlichen Worten:
„ich bin herabgestiegen von meinem Thron." Nachher nennt sich
der Redende: „ich bin der Engel, der Ewige, der da ist gesandt
zu dir, o Volk, das mich verlangt." Das Ganze ist eine stür-
mische Ermahnung zur Geduld und Ausdauer. Charakteristisch ist
das Wort: „bearbeite dich vor meiner Gegenwart, damit du in
einen leidenden Zustand kommst, so wirst du sehen, daß ich über
dich meinen köstlichen Segen ausschütten werde." Am Schluß heißt
es: „es sollen diese Zeilen nach Halle gesandt werden, an die so
auf mich warten, und an die so mich fürchten und die so meines
Reiches wollen theilhaftig sein, dann wird mein Friede und Liebe
sie umfassen von meinem höchsten Thron. Ich habe euch nicht vergessen, seid getreu. Friede! Friede! meine Schafe." Dieser Trost-
brief von jenseits der Wasser bestärkte das hallesche Häufchen
sehr, unverzagt bei einander zu bleiben und der Gabe der Weissa-

gung zu harren. Diese kam. Es war unter ihnen ein Mädchen von 18 Jahren, Maria Elisabeth Matthes, des Famulus auf dem Pädagogium in den Franckeschen Stiftungen Christian Matthes Tochter. Sie diente bei der Knopfmacherin als Magd, hatte den Versammlungen beigewohnt und bekam die Bewegungen des Leibes, welcher am 14. Januar die Oeffnung des Mundes folgte. Ehe sie aber redet, zeigte sich ihr in der Entzückung unter den heftigsten Erschütterungen ein Kriegsheer auf weitem Felde. Ein Engel des Herrn von strahlendem Lichte umgeben, gab ihr von zwei Schwertern, die er trug, eines in die Hand und trieb sie an, auf die Feinde des Herrn zu schlagen. Zitternd faßt das Mägdlein das Schwert an, doch der Engel tröstet sie und spricht ihr Muth ein. Da hat sie Muth, tapfer schlägt sie darein, tödtet viele Feinde, andere fliehen. Jetzt erscheint ihr Christus in den Wolken und viele Heilige mit ihm. Er spricht: „du sollst reden." Mit Kampf und Widerstreben überläßt sie ihren Mund dem Herrn und beginnt: „rede, rede Herr, denn deine Magd höret. Ich will mich aufmachen, ich will mich aufmachen, ich will mich aufmachen. Komme, komme, komme! Ich bin schon da ꝛc. Nun bin ich dein und du bist mein, mein Schatz, mein Bräutigam, niemand soll uns scheiden." Unter ihrer Rede war sie an die Erde gefallen, jetzt springt sie auf, ergreift mit beiden Händen, wen sie bekommt, springt und singt: „frohlocket ihr Völker, frohlocket mit Händen, umjauchzet den Höchsten mit fröhlichem Schall. Denn Jesus der König an aller Welt Enden, ist herrlich und donnert mit schrecklichem Knall. Er sitzet und wirfet die Völker zur Erden, und leget die Feinde zu unserem Fuß, die Herrlichkeit Jakobs soll herrlicher werden, wir haben sein Erbe zu unserm Genuß." Mit diesem Verse erlosch die Inspiration. In der Folge hatte das Mägdlein fast täglich solche Zufälle. Die Versammlungen erhielten Zulauf, die Inspirirte hieß „des Herrn Werkzeug" und von ihr ging die entsetzliche Gabe ansteckungsartig auf die Ehefrau des Sprachlehrers Marchand über, welche oft ellenhoch vom Boden emporgerissen wurde und wieder niedergeschmettert, während Maria Elisabeth mit zertrümmender Gewalt an die Wand gepreßt ward. Beide blieben unversehrt. Die Erschütterungen brachten oft solches Geräusch mit sich, daß man es in den Nachbarshäusern vernahm. Auch noch

andere werden hineingezogen in den abschreckenden und doch anlockenden Taumel. Eine Frau Brand ist uns namhaft gemacht. Der
finstere Schalksgeist, der mit den Betrogenen sein grausames Spiel
trieb, konnte es indessen nicht lassen, sich selbst zu offenbaren. Es
geschah, daß er in den schrecklichsten Lästerungen wider den Herrn
das beschmutzte, was er zur Ehre Christi lobpreisend gesagt hatte.
Die Brüder meinten freilich, dies wäre ein anderer Geist, es war
aber derselbe, der gewöhnlich den Frommen spielte, ja Gott selbst
sein wollte, es aber doch nicht lassen konnte, seine eigenste Natur
herauszukehren. Einige gingen in ihrer Verwirrung soweit, den
Geist auf sein Begehren anzubeten. In der Nacht des 26. Januar erhielt Maria Elisabeth den Befehl, ein gemeinsames Liebesmahl anzuordnen. „Ich sage dir, mein Kind, daß ihr sollet zu-
sammenkommen bei dem, welcher mich zuvor geliebet hat, aber
nun ist er schläfrig geworden, ich werde ihn aber wieder zu mir
ziehen, er heißt Dreßen, daselbst sollt ihr hinkommen auf den Abend
um 8 Uhr und sollt mein Liebesmahl genießen in der Nacht."
Zu der Verwaltung dieses Liebesmahles fand sich unter den Ver-
einsleuten schon eine geeignete Persönlichkeit.

Zu Halberstadt lebte um diese Zeit ein Canonicus Pott, dessen Frau Dorothea Sophia mit ihren gleichgesinnten Söhnen auf
separatistische Liebhabereien gekommen war. Sie war eine vielesende
geweckte und selbständige Frau, die aus einer ernsten Bekehrung
und einem guten Anfange sich später mehr zur Betrachtung der
Kirchenschäden als der Gebrechen des eigenen Herzens wandte.
Von ihren Söhnen, welche zu Halle studirten, ging der eine aus
dem wilden Lustleben der Studenten zum ungemäßigten Eifer gegen
die arme Gestalt der bestehenden Kirche über. Heftigen und lei-
denschaftlichen Wesens hatte er in seinem Bruder einen mehr gut-
müthigen Gesellen zur Seite. Der erstere ließ sich in seinem Schelten gegen die Kirchenmängel zu einem öffentlichen Skandale ver-
leiten. Während einer Predigt protestirte er mit einem lauten
schmähenden Ausrufe gegen die Aeußerungen des Redenden. Ein
seines Geistes nicht mehr ganz fähiger abgesetzter Prediger Wilhelmi unterstützte ihn bei seinem Ausbruche. Als die Angelegenheit
zur Untersuchung kam, die beiden Kirchenfriedstörer zur Haft gebracht wurden, die Universität gegen das geistliche Ministerium

mit eingriff, erlaubte sich des Gefangenen Bruder während einer Predigt des Konsistorialrath Heinneccius in der Marktkirche Lästerungen und Schmähreden auszustoßen; die aufgeregte Mutter eilte nach Halle und trat mit den Professoren zur Hilfe ihrer Söhne in Verhandlungen.

Der gefangene Pott wurde mit Wilhelmi aus Halle gewiesen, setzte jedoch in Halberstadt sein Treiben fort und wurde aufs neue mit einem anderen jüngeren Bruder gefänglich eingezogen, der verführenden Mutter legte man eine Geldstrafe von 200 Thalern auf. Der in Halle zurückgebliebene Familiengenosse fand bald darauf volle Nahrung für seinen gelüstenden Geist in dem Erscheinen der Cevenner. Er blieb nach ihrem Fortgange ein thätiges Vereinsglied und erbot sich am 28. Januar 1714 zur Austheilung des Abendmahles, an welchem 31 Personen, Reformirte und Lutheraner, theilnahmen. Der Geist nannte ihn darauf belohnend — seinen Knecht. Es fehlte nun auch nicht an Gerüchten von Wunderwerken, welche in den Versammlungen geschehen sollten. Maria Elisabeth habe, so ging die Kunde, die Kraft des Feuers ausgelöscht und einen kranken Franzosen durch die bloße Berührung geheilt. Später ergab sich, daß sie über entzündetes Stroh Reiser gelegt und indem sie auf letztere trat und niederfiel, das Feuer gelöscht hatte. Der kranke Franzose war in ihr Gebet eingeschlossen worden und nach und nach von seinem Beinschaden gesundet. Bemerkenswerther ist, daß eine Frau in einer Anrede an getaufte Juden Rabbinische und Althebräische Worte mischte, von denen sie nichts wissen konnte. Es soll auch geschehen sein, daß Personen, welche gestohlen, durch genaue Angabe der genommenen Gegenstände zu einem erschrockenen Geständniß ihrer That bewogen wurden. Da gegen diese letztern Vorfälle auch die kritischen Gegner der Inspirirten nichts einwenden, so werden sie geschichtlich sein.

Das sich mehrende Uebel erforderte jetzt ernstliche Abhilfe, und Halle hatte dazu weise und erfahrene Prediger in seiner Mitte. Gerade in der Parochie des wohlbekannten theuern August Hermann Francke besaßen die Inspirirten ihre Brutstätte. Er versäumte nichts, was einem wahren Seelsorger geziemt. Er ließ die Hauswirthe vorfordern und ermahnte sie, ihre Häuser nicht für die Zusammenkünfte herzugeben; strafte den Leichtsinn der Besucher der-

selben und zeigte ihnen die Gefahr ihrer Seelen, die losgelöst von
dem festen prophetischen Worte jeglichem fremden Geiste glaub-
ten. Uebrigens war er weit davon entfernt, hier eine Betrügerei
zu finden, in einem ihm abverlangten Spezialbericht äußerte er sich
vielmehr dahin, daß man auch bei dem rigorosesten Examen finden
würde, daß es keine Betrügerei sei. Gleiche Sorgfalt be-
wies Dr. Anton, welcher als Inspektor der Glauchaischen Kirche
und Schule die Maria Elisabeth vorlud, die merkwürdiger Weise
bekannte, sie habe keine innere Versicherung, daß das Werk von
Gott sei, sie würde damit unversehens befallen, daher sie ins zu-
künftige ihrer Berufsarbeit warten und Gott bitten wolle, sie vor
solchen Versuchungen zu bewahren. Der Vater der Inspiritin dachte
jedoch anders darüber. Die berühmte Tochter gefiel ihm. Er
führte sie wieder auf das geheimnißvolle Gebiet zurück. Zur Strafe
entließ man ihn von dem Pädagogium. Der Liederdichter Richter
hatte für sie Partei ergriffen. Es ist leicht erklärlich, warum jetzt
der Charakter der Weissagungen ein finster drohender wurde, warum
die Prediger eine wenig milde Behandlung in ihnen erfuhren.
Den 15. Februar hatte Maria Elisabeth Matthes eine Vision,
und ließ sich in der Entzückung also hören: „Geht aus, mein
Volk, verlasset Babylon, die freche Mutter aller Sünden. Denn
dieser Hure prächt'ger Thron wird bald das strenge Recht empfin-
den. Denn der Allmäch'ge siehet drein, und schenket ihr zwiefältig
ein. Geht aus, mein Volk; geht aus, mein Volk. Wem seine
Seele lieb ist, der fliehe aus der Babylonischen Finsterniß heraus.
Denn ich werde bald einschenken von dem Grimme meines Zorns,
der alle Heiden taumelnd macht. Der Herr zeigte mir alles unser
Volk, auch die, welche sonst nicht in die Kirche gehen, wurden aus
der Stadt verwiesen. Von ferne sah ich einen Engel, der hatte
viel Kronen. Da liefen sie, daß keiner die Krone versäumen wollte.
Ich aber war so matt, daß ich nicht mehr nachkommen konnte.
Da zog ich Schuhe und Wamms aus und lief, und kam am ersten hin und kriegte die Krone zuerst. Danach kamen die andern
auch, da waren darunter, die alle Kronen kriegten. Die andern
aber mußten dem Engel nachfolgen, da führete er sie durch ein
trübes Wasser. Etliche kamen darinnen um, und etliche kamen
noch heraus ans Land." Von allen Kanzeln ward nun gegen die

Inspirirten geprebigt, die Regierung erließ ihre Edicte und die
Stadt war in nicht geringer Aufregung. In diesen kochenden Bewegungen erhob sich das schrecklich aufgeregte Mädchen zu dem kühnen
Wurfe einer Generalprobe. Es wollte 40 Tage und 40 Nächte
fasten und also sich unwidersprechlich beglaubigen. Ihre Kraft er-
mattete aber schon am dritten Tage, der Geist beschwerte sich über
ihren Unglauben und erlaubte ihr Speisen zu nehmen. Ihre Weissagungen hörten nun auf, sie selbst und viele Anhänger ahnten teuf-
lische Versuchungen. In einer Schrift erklärte die Arme, daß bis-
her kein guter Geist aus ihr geredet habe. In der Folge wurde
ihr leiblicher Zustand ein höchst qualvoller, ihr eigner Vater erschrak
vor den Mißhandlungen seiner Tochter und wollte jetzt auch nur
den Teufel in ihr sehen. Der Geist verfluchte sie um ihrer Un-
treue willen, da sie sich ihrem Schöpfer verlobet habe und versicherte
seine bleibende unruhige Einwohnung. Maria Elisabeth schenkte
nach einiger Zeit seinen Zuflüsterungen aufs neue Glauben und
sah in ihrer körperlichen Noth die Züchtigung des Abfalles. Die
unterbrochenen Versammlungen begannen wieder, die verwirrten
Gemüther klärten sich nicht auf. Im Juni 1714 erhielten sie eine
bedeutende Ermunterung durch vier inspirirte Ankömmlinge aus
Amsterdam. Dies waren: Peter Bourreaux, Jakob Kornhardt,
Weihze Cenen und Elisabeth Freimuth. Letztere verhieß an einen
Arbeiter die Gabe der Weissagung unter der Bedingung, daß er
die ordentlichen Lehrer nicht weiter höre. Sie sprach zu ihm: „Da
ihr eure Herzen habt begeben zu verstehen die Weisheit Gottes,
darum seid ihr auch erhört. Ihr sollt nicht wiederum gehen zu den
gebrochenen Gefäßen, die kein Wasser halten, nur allein sollt ihr
gehen zu dem, der euch führet." Obwohl die Austreibung der
fremden Einzügler erfolgte, hatten doch die Hallenser Brüder Antrieb genug erhalten, beisammen zu bleiben. Ihre Zahl stieg wieder auf 40 Vereinsglieder. Die Prediger Halle's hatten — wie
wir gehört — der Inspirirten Sache zu dämpfen gesucht, sie dach-
ten nicht, daß einer unter ihnen auftreten würde, der für jene
Partei ergreifen und sie unterstützen werde.

Der Bertheidiger.

Im Jahre 1710 war in die dritte Dompredigerstelle in Halle Theodor Knauth eingerückt. Er war der Sohn eines Schullehrers in Köthen. Er besuchte das Joachimsthaler Gymnasium zu Berlin und studirte zu Bremen und Franecker. Ein sehr günstiges Zeugniß brachte er von Campegius Vitringa aus Franecker mit, in dessen Schriftbetrachtung er mit Vorliebe eingegangen war und der ihn affectu suo dignissimum gehalten hatte. Nach einer dreijährigen Thätigkeit in Bernau als Prediger trat er neben dem Konsistorialrath Hofprediger Schardius und dem Dr. Heyden als den beiden ersten Predigern in die dritte Dompredigerstelle ein. Die Vitringianer galten den Anhängern der alten Schule, zu denen sich Schardius zählte, als die modernen Neuerer. Als Knauth im Sinne seines Lehrers predigte, mit thätiger Hand sein neues Amt angriff, die Gemeinde zu Hausgottesdiensten ermahnte und selbst fleißig die Häuser besuchte, sich ziemlich selbständig regte und bewegte, erwachte die geheime Abneigung von Schardius. Schon hatte Knauth in seinem Vorgesetzten und Kollegen keinen ganz unparteilichen Richter mehr, als er sich zum Anwalt der Inspirirten aufwarf.

Als die wunderlichen Dinge, die unter den Inspirirten vorgingen, die Stadt in Aufregung setzten und man an allen Orten von ihren Leibesbewegungen und ihrem Weissagen redete, brannte die Seele des jungen Dompredigers voll Verlangen in die beobachtende Nähe der seltsamen Erscheinungen zu treten. Er hatte ein herzliches Mißfallen daran, wenn er hörte, daß so viele in großer Uebereilung das ganze Werk verwarfen und darüber lästerten. Er sah gleich anfangs, daß die Sache von größerer Konsequenz sei, als man durchgehends meinte. Mit seinem vorsichtigen bedächtig handelnden Konsistorialrath unterredete er sich öfters, ob man nichts in der Angelegenheit thun könne und ob er nicht einmal den Versammlungen beiwohnen dürfe. Dieser war nicht mit ganzem Herzen dafür zu stimmen, erlaubte jedoch zuletzt, daß Knauth mit einem Mitgliede des Presbyteriums, dem Dr. Coschwitz, sich zu der Maria Elisabeth Matthes begebe. Am Abend des 9. Februar wanderten die beiden nach Glaucha hinaus, fanden aber das „Wunderkind" nicht zu Hause, weil sie den ganzen Tag ihren vom Pä-

dagogio entfernten Eltern hatte ausziehen helfen und noch mit dieser Arbeit beschäftigt war. Indeſſen drangen ſie darauf, daß das
Mägdlein geholt werde, indem ſie meinten, daß gerade nach dieſem arbeitsſchweren Tage keine gemachte Gebetsrede von ihr erfolgen werde. Als ſie angekommen, fragten die Abgeſchickten wie die
Vereinsleute ihren Gottesdienſt zu halten pflegten. Man antwortete,
es würden Pſalmen und Lieder geſungen, bis der Geiſt über ſie
käme. Die Anweſenden fingen ſogleich an den 40. Pſalm zu
ſingen, hatten davon kaum einige Verſe geendigt, ſo gerieth das
Mädchen in eine ſtarke Bewegung, welche mit einer längeren Rede
ſchloß. Knauth ſchrieb dieſelbe wörtlich nach. Sie lautete ſo:

„Ich der Herr Zebaoth laſſe meine Wunder unter den Men-
ſchen geſchehen: das mag die Welt nicht erkennen; denn ich gehe
mit meinen Kindern einen ganz andern Weg als die Welt gehet.
Ich der Herr will mir ſelbſt ein Reich anrichten unter meinem
Volk, denn ich habe lange genug zugeſehen, daß mein Volk ſo verlaſſen iſt. Ich muß meine Gerichte laſſen hereinbrechen, denn es
will mir niemand mehr folgen. Auch die Allerklügſten (die ſich
dünken, daß ſie meine Wege wohl verſtehen) ſollen zu Spott werden, denn ich der Herr fange an den geringen an, die mir nicht
widerſtehen können; aber ich will mir auch einige von denen holen,
die ſich weiſe dünken: Ihre Klugheit ſoll aber erſt zunichte werden;
denn ich bin allein weiſe, und wen ich, der Herr, erleuchten will,
der ſoll an meinem Licht erleuchtet werden. Ich ſehe wohl, daß
einige unter meinem Volke ſind, die meine Ehre ſuchen, dieſelbigen
will ich, der Herr, wieder zu Ehren machen, aber vor der Welt
müſſen ſie zu Schanden werden. Denn ich, Jehovah, bin ſelber
verachtet worden unter den Schriftgelehrten; und wer mein Diener
ſein will, der muß es auch wagen auf Noth, Verfolgung, Schimpf
und Schande. Aber laſſet die hoffärtigen Seelen nur immer wüthen,
ich der Herr will es mit ihnen bald ein Ende machen. Ich werde
ein Feuer unter ſie anzünden, das ſoll kommen bis in das innerſte
des Herzens. Ihr Wurm ſoll nicht ſterben und das Feuer ſoll
nicht verlöſchen, denn ſie machen ſich an meine Ehre. Ich der
Herr will es nicht lange mehr zuſehen. Ich werde bald noch mehr
unter meinen Kindern ausrüſten, die ſollen mir meinen heiligen
Namen groß machen. Ich, der Herr, will meine Ehre nicht mehr

schänden laffen; ich habe lange genug zugefehen; aber nun kommt die letzte Zeit und der Tag des Zorns. Denn mein Grimm wird bald anbrennen über die, fo mich nicht wollen erkennen. Ich habe große Liebe an dir, mein Volk, erzeiget, aber du bist mir bis auf diefen Tag noch nicht gehorfam gewefen. Bald, bald, bald werde ich kommen. Wer mir nur wird aufthun, zu dem werde ich eingehen und ihn mit meiner Liebe fättigen, daß er nicht achten foll die Schmach derer die mich fchmähen. Wer mir will getreu fein bis ans Ende, diefelben will ich, der Herr, fehr herrlich und groß machen. Der Teufel hat fich aufgemacht und fucht viele Anti= Chriften zu machen, aber ich werde ihm nicht lange mehr Zeit laffen, darum eilet er fo, daß er gerne meine Auserwählten (welche ich mir doch felber ausgewählet habe) will abfpenftig machen. Ja es fallen fchon viele wieder zurück, welche fich fürchten vor der Verfolgung." Doch genug der frevelhaften Worte, die wir nur hierhergefetzt haben, um die fchreckliche Seelenkrankheit zu kennzeich= nen. Das Gebet, welches am Schluffe folgte, war in feinem Wort= laute demüthig, fchriftgemäß, dadurch aber müffen folche Ergüffe um fo verderblicher gewirkt haben. Die Sache ift uns für eine ausführlichere Mittheilung zu zart. Die Furcht vor Gott erlaubt es nicht.

Nach Beendigung der Infpiration fragte Knauth die Eltern gründlich aus, ermahnte fie zur nüchternen Bitte um rechte Beleh= rung in diefer Sache und fchied zuletzt von der Familie mit dem Eindrucke, daß es gute einfältige Leute wären, die durchaus mit keinem Betruge umgingen und wie Kinder mit fich haubeln lie= ßen. Dies gefchah im Februar. Knauth befuchte das arme Kind nicht mehr, verfolgte jedoch ihre Schickfale mit theilnehmendem, halb von der Göttlichkeit ihrer Zuftände überzeugtem Gemüthe. In einer eigenen Predigt fprach er fich billigend über fie aus, fandte ein Schreiben an Francke, welcher ihn darauf befuchte und obwohl verfchiedener Anficht, doch vier Stunden die Materie mit ihm durchfprach und nachher gegen ihn äußerte: „Wünfche öfter Gelegenheit zu der mir gar werthen Konverfation, in der guten Zuverficht, daß folche ihre Frucht in die Ewigkeit tragen werde."

Im Juni wurden die Amfterdamer Ankömmlinge ausgetrie= ben, die Aufregung handelte zu gröblich mit ihnen. Der Gaffen=

pöbel verfolgt sie, bewirft sie mit Steinen und Koth, einer wird blutig am Kopfe verletzt. Jetzt erwacht in dem Domprediger der heiße Wunsch, der Anwalt der Gekränkten zu werden. An theologischer Gelehrsamkeit, an gewandter Feder mangelt es ihm nicht und ohne mit seinem älteren Kollegen sich zu berathen und dessen Erlaubniß als Inspektor nachzusuchen, sendet er an das damals in Halle residirende Konsistorium eine unterthänige Vorstellung nebst beigefügten Sendschreiben an alle Theologos, Professores und Prediger in Halle betreffend die sogenannten Neuen Propheten und ihren außerordentlichen Zustand, zur hochnöthigen Prüfung übergeben. In diesem interessanten Schriftchen, von dem das Domarchiv noch ein Exemplar bewahrt hat, erklärt er zunächst sein herzliches fürbittendes Mitleiden mit den Ausgetriebenen, unter denen sich ein bejahrter Franzose befände, welcher zehn Jahre in Frankreich um seines Glaubens willen auf den Galeeren geschmachtet habe und fügt das dringende Gesuch hinzu, doch mit den frommen und gottseligen Bürgern, die schon zu gleicher Strafe angeschrieben, nicht ohne eingehende, der Wichtigkeit der Sache werthe Prüfung also zu verfahren. Denn sollte es sich finden, daß an ihnen wirklich Gottes Finger gesehen und gespürt werde, so würde man sich wahrlich erschrecklich versündigen und könnte große Gerichte und Strafen Gottes über die ganze Stadt und Land gezogen werden, wenn man dergleichen Werkzeuge Gottes verjagen wolle. Am Schluß fordert er das Konsistorium auf, sein Schreiben an die Stadtgeistlichkeit dieser zu kommuniziren, damit in einem gemeinsamen Konvente die rechte Einsicht in die Dinge des Geistes Gottes gewonnen werde. Zuletzt entschuldigt er seine Jugend. In dem Schreiben an die Pastoren und Professoren, in dem er die Möglichkeit nachzuweisen sucht, daß das Werk göttlich sein könne, hebt er besonders hervor, der Teufel könne nicht so gewaltig wider seine eigenen Thaten reden, auch nicht die Menschen zur Buße ermahnen, noch Gottes Lob so herrlich verkünden. Aus verschiedenen Stellen von reformirten Theologen besonders durch die Autorität von Vitringa bemüht er sich dann zu beweisen, daß die Alt-Testamentlichen Propheten bei ihren Weissagungen ganz ähnliche Bewegungen wie die Inspirirten gehabt hätten. In seiner Demonstration nennt er eine Uebersetzung von Luther im Propheten Hosea ungereimt, was

ihm später nicht wenig zur Schuld gemacht wurde. Gegen den
Vorwurf der Nichterfüllung vieler Weiſſagungen ſtellt er auf, es
wären nur ſolche nicht eingetroffen, welche dem Fleiſche angenehm
wären; auch um einiger Unordnungen willen ſolle man das ganze
Werk nicht verwerfen. Die Feier des Abendmahles von Reformirten und Lutheranern iſt ihm ein bedeutſames Unionszeichen, welchem man nachzugehen habe. Er äußert ſich ſo darüber:

„Wem Gott die Gabe Geiſter zu prüfen und Weiſſagung
auszulegen nur einigermaßen gegeben hat, der ſtehet wohl den heiligen Endzweck des gemeinſamen Mahles, welcher gewiß nicht iſt
eine neue Sekte anzufangen, wie verſchiedene von dieſen Leuten
ſelbſt aus Einfalt gemeinet, ſondern die Lutheraner und Reformirten dieſer Stadt zu eben derſelben ſo äußerlichen als innerlichen
Gemeinſchaft gleichſam als bei der Hand zu führen, und ſie zu
lehren, wie ſie es anzufangen haben, wenn ſie ſich vereinigen und
mit einander Gemeinſchaft in Chriſto durch das Band des Geiſtes
haben wollen, nämlich die beſondere Beichte und Beichtſtuhl und
Oblaten hinwegzuthun und im Gegentheil die öffentliche Beichte
benebſt dem Brotbrechen nach Art der erſten Kirchen einzuführen.
Es iſt kein Zweifel, wenn ſolches geſchehe, daß zur Stunde eine
recht heilſame Vereinigung beider Kirchen erfolgen würde, die nichts
anders als zu ſonderbarer Verherrlichung Gottes und Ausbreitung
des Reichs Jeſu Chriſti hinausſchlagen könnte. Dann wegen der
wenigen Lehrpunkte dürfte man nur unbekümmert ſein: das ſollte
ſich von ſelbſten ſchon geben. Alles würde den Lehrern anfänglich
auf prudentiam theologicam ankommen, welche mit der wahren
Bruderliebe müßte begleitet werden. Im übrigen muß doch ein
jeglicher ſeines Glaubens leben. Der Unterſchied iſt auch gewiß
von ſo großer Wichtigkeit nicht, als ſichs viele einbilden: Ich wollte
wohl 1000 Predigten in einer lutheriſchen Kirche halten, ohne daß
ein einziger ſich an meine Vorſtellung zu ſtoßen Urſach haben, oder
auch nur ſchließen könnte (wenn er mich ſonſt nicht kennete) daß
ich nicht ſeines Glaubens wäre. Geſetzt auch, es glaubte jemand,
Gott hat uns ausgewählet ex praevisa fide; ein anderer aber,
nach dem Wohlgefallen ſeines Willens, ohne das geringſte Gutes
in uns vorher zu ſehen. Alſo auch geſetzt, der eine glaube, er
empfange in dem H. Abendmahl des Herrn auch mit dem leib-

lichen Munde den Leib Jesu Christi, der andere aber, allein durch den Glauben. Der Apostel saget: Ein jeglicher sei in seiner Meinung gewiß. Soll deswegen der Leib Jesu Christi getrennet bleiben? Wollen wir uns deswegen noch weiter in den Haaren liegen? oder dürfte sich's wohl der Mühe verlohnen, daß der eine deswegen unter uns spricht: Ich bin Paulisch, der andere, Apollisch? Die Zeiten sind wahrlich nicht mehr danach. Da alles im tiefsten Verderben versunken liegt, und der Satan ohnedem die Grenzen seines Reiches von Tage zu Tage erweitert, müssen wir ihm nicht weiter Thür und Thor aufsperren mit unnöthigem Wortgezänke; sondern vielmehr mit gesammter Hand in brüderlicher Gemeinschaft, durch das Band des Geistes vereinigt, vor dem Riß stehen, ob vielleicht der Plage möge gewehret und wir von denen instehenden Gerichten befreiet werden. Und welcher rechtschaffene Lehrer wollte nicht allen möglichen Fleiß anwenden, daß dieser scandaleusen Trennung abgeholfen werde? Da selbst dem gemeinen Mann die Augen je länger je mehr geöffnet werden, und wohl sehen daß die Oblate und Beichtstuhl mit der Einsetzung Christi nicht übereinkommen. Viele ihrer eigenen Zuhörer, ja auch selbst Professores Theologiae und Prediger der sogenannten Evangelisch-Lutherischen Kirchen wünschen herzlich, daß diese vom Antichrist eingeführte irrige Dinge je eher je lieber abgeschaffet würden: Sie sind ihnen wahrlich eine Last, darunter sie seufzen."

Nach einer weiteren Ausführung dieser Gedanken schließt er so:

„Und eben dies, meine Brüder, meine ich nach vorhergegangener langwierigen Prüfung in der Furcht des Herrn und beigefügtem eifrigen Gebet zu Gott, sei unter andern der Zweck des Geistes Gottes gewesen, welcher secundum hypothesin durch Maria Elisabeth Mathesin geredet und nach der Einsetzung Jesu Christi das heil. Abendmahl von uns, und zwar an einer Tafel, in dieser Stadt will gehalten wissen. Wer Ohren hat zu hören der höre, was der Geist der Gemeinde sagt.

Der Herr Jesus Christus sei mit eurem und meinem Geiste. Amen."

Abgesehen von manchen frischen und wahren Worten bietet das kecke Schriftchen sehr vielen Anlaß zur demüthigenden Wider-

legung und gerechten Zurückweisung, welche ihm auch in gründlich-
ster Weise zu Theil wurde.

Knauth hatte das Schreiben seinem Vorgesetzten nicht mitgetheilt, er entschuldigte sich nachher damit, es wäre periculum in
mora gewesen. Schardius fand es auf dem Konsistorium und un-
terdrückte es im Zorne sogleich. An demselben Tage, es war Donnerstag den 28. Juni, versammelte sich Nachmittags das Presbyterium und nach Weggang der Mitglieder brach Schardius in heftigen
Unwillen gegen Knauth aus, der ihm weher gethan als wenn er
ihm eine Ohrfeige gegeben. Eine Abschrift des Schreibens von
Knauth war Freunden von ihm zugekommen, diese lassen es außerhalb Halle's drucken, man verkauft es dann um 2 Groschen in der
Stadt und wie ein Brandpfeil fällt es in die Kreise der Inspirirten
und ihrer Gegner. Jene sangen „Triumph- und Hohnlieder," die
Studenten tragen es weit und breit herum, das Konsistorium wird
geschmähet und wegen seiner Unterdrückung der Schrift feige ge-
scholten, Knauth aber gelobt und die Hoffnung von ihm ausgesprochen, es werde ihm noch weiter der Mund geöffnet werden.
Als am 8. Juli die Schrift in die Versammlung der Inspirirten
getragen wurde, sprach die begeisterte Madelaine Brandt dit Gruerin,
welche als Französin das Vorgelesene doch nicht verstanden hatte, folgendes aus: Wir sehen uns genöthigt das lästerliche Reden trotz unserer
Scheu mitzutheilen. „Wohlan! wohlan! du menschliche Vernunft,
was wirst du auf dieses antworten können? Kannst du wohl von meinen Werken urtheilen? Ihr Rechtsgelehrten, tretet herzu! Ich frage
euch, saget mir doch, könnet ihr von meinem Werk recht urtheilen,
ihr irdischen Menschen? Ich, ich höre eure Beurtheilungen. Es sind
einige, welche ihr Gewissen bestrafet. Hütet euch, bedenket, daß
ihr werdet Rechenschaft geben müssen vor eurem Richter. Gedenket
an euch selbst, denn es ist nichts verborgen vor mir. Ihr gedenket mein Werk zu nichte zu machen, ihr abscheulichen Erdenwürmer!
Das kömmt euch nicht zu. Wisset, daß der König aller Könige
stärker ist als die Menschen, welche sich leiten lassen durch ihre
Wissenschaft, ihre verderbte Vernunft, ihren hochtrabenden Verstand,
glaubend, daß sie klüger sein als derjenige, der sie geschaffen hat.
Ihr gedenket den Leuchter wieder umzustoßen, welchen ich in dieser
Stadt aufgestellet habe. Ihr unterlasset nicht, meine Kinder zu

verfolgen, welche sich darinnen befinden. Aber wisset, daß ich euch probire. Ich sage euch, daß ich euch einen Augenblick Zeit lasse, um zu sehen, ob ihr nicht in euch selbst gehen werdet. Ich habe nicht unterlassen, euch Boten über Boten zu senden, um die Schrift und das Testament zu erneuern, so ihr mit Füßen getreten habet. Verdorbene Weisheit! Ich sage euch, daß die Weisheit, die ihr habet, nicht von meinem himmlischen Vater herkommt. Ihr Weisen, ihr Lehrer, ihr wollet, daß man komme euch anzubeten, eben als wenn ihr wäret wie der große Himmels-König. Wie machet ihr doch mein Volk so trunken mit eurem Wein des Verderbens! Wo nehmet ihr solchen her? Kommt er nicht von Babel? Kommt es euch zu, euch an desjenigen Stelle zu setzen, welcher euch geschaffen hat sammt eurem ministerio? Wenn sich einer findet, dem Gott nur ein wenig Licht giebt, so hasset ihr ihn; ja ich sage euch, ihr hasset ihn deswegen, weil ihm Gott die Augen aufthut, um zu sehen, daß man dieses nicht von dem ministerio lernt. Hat denn Gott das Studiren also befohlen? Nein. Hat er euch nicht gesagt, daß er selbst allein der wahre Hirte sein wolle? Nicht aber eure Studia oder Wissenschaften. Und weiter saget ihr, daß ihr Boten Christi seid. Aber auf diese Weise machet ihr, daß man Christum für nichts hält und ihr treibet nur Hurerei mit Babel. Wenn ich meine Gnadengaben, meinen Geist über meine Kinder ausgieße, dieweil es nicht geschieht über die Vornehmen, über die Bielwissenden und über die Gelehrten, so verwerfet ihr meinen Geist. Ihr saget: das kömmt nur über elende arme Leute. Es ist nichts andres als ein verführerischer Geist, ein teuflischer Geist. Und noch andere sprechen: sie thun es um Geld zu bekommen. Ihr wisset, daß der einzige Sohn des himmlischen Vaters sich den einfältigen Schäfern zu erkennen gegeben hat, welche auf dem Felde waren. Ihr verachtet seine Armuth heutiges Tages sehr, indem er nur im Stall geboren und in die Krippe ist gelegt worden. Hat er sich wohl den Klugen zu erkennen gegeben, welche in herrlich gezierten Zimmern wohnen? Nein, nein, sage ich euch. O ihr Erdenwürmer, was machet ihr! Wisset, daß ihr's nicht mit einem Menschen zu thun habet. Ich habe euch genug gewarnt, nehmet euch in Acht. Kehret um, weil es noch Zeit ist, damit nicht meine Hand schwer über euch werde, denn ich kenne eure Herzen.

Mein Wille ist, daß dieses in das Deutsche übersetzt werde."

Schardius glaubte jetzt nicht mehr gegen das Oberkirchen-direktorium schweigen zu dürfen und er sandte an dasselbe eine scharfe, in vielem ungerechte Anklageakte ein, welche bittere Folgen für Knauth haben sollte.

Seine persönliche Vernachlässigung als Inspektor, der Vor-wurf, der auf die reformirte Kirche falle, als halte sie es mit je-nen Irrgeistern, das durch die Beleidigung Luthers und durch die Unionsvorschläge gestörte Friedensverhältniß zwischen Reformirten und Lutheranern — dies sind die hauptsächlichsten Anklagepunkte. Am Schluß sagt er noch in vornehmen kaltem Tone: „Aus allem erscheinet wohl, woran der Mann krank lieget, nämlich an großer Einbildung von sich selbsten, Eigendünkel, Passion durch dergleichen Neuerungen und Schriften sich bekannt und berühmt zu machen. Leider von Anfang seines Hierseins habe ich spüren müssen, daß er novaturientis animi est, und darf sich an diesem Orte, der da sonderlich scheinet, eine Zuflucht der Irrgeister zu sein, kein neuer Schwärmer aufthun, so ist er einer der besten, der seine Gesell-schaft und Unterredung suchet." Harte Ahndung verlangte der In-spektor. Diese blieb nicht aus und das unvorsichtige unklare Han-deln des jungen Mannes, der freilich eine gutgemeinte Intention dabei hatte, vergilt die harte Schärfe des Kirchendirektoriums mit der Strafe der Absetzung. Zuvor wird das Schriftchen konfiszirt, der Verkauf mit 100 Thlr. Strafe belegt, und Knauth eine Depre-kationsformel vorgelegt, in welcher er Abbitte dafür thun sollte, daß er als ein junger Prediger seinen Inspektor übergangen, Luthe-rum auf freche Weise angezapft, absurde Vorschläge zur Vereini-gung der Protestirenden Kirchen gethan ꝛc. Knauth verweigerte die nur im Presbyterium zu vollziehende Abbitte, weil er mit gutem Gewissen bezeugen könne, daß er sich aller jener Dinge nicht schul-dig fühle und nur seiner wohlgemeinten Nächstenliebe gefolgt wäre. Vergeblich besuchen ihn zwanzig und mehr Familienväter der Ge-meinde auf einmal, um ihn dazu mit Thränen zu bewegen, er beharrt bei seinem Widerstande. Seine Suspension wird ausge-sprochen und er zu einem letzten Examen nach Berlin citirt. Seine Rechtfertigung gefiel nicht, seinen Protest gegen die Abbitte fand man unverschämt und nach einem langen Schreibkampfe, in dessen

weit ausgedehntes trauriges Gespinnst wir hier nicht eingehen kön=
nen, wurde Knauth im März 1715 seines Amtes entsetzt. Er
war dadurch dem Elende preisgegeben, in welches er den bitteren
Stachel einer grausamen Vergeltung eines Liebesdienstes mitnahm.
Als Vitringa von der Remotion seines Schülers hörte, sagte er:
Certe non video in hoc libello rationem tantae poenae, nequi=
dem alicujus poenae, est enim modeste, moderate et circum=
specte scriptus. Ueber die Inspirirten selbst enthielt er sich des
Urtheils.

Knauth lebte meist als Hauslehrer und verwandte seine freie
Zeit zur unermüdlichen Vertheidigung seiner Unschuld. Das Schwei=
gen und Dulden wurde ihm schwer, die Geduld Christi war ihm
fremd, er verzehrte sich im Eifer der Ehrenrettung. Mit Scharbius
korrespondirte er noch lange und seine Aufsätze dick wie ein Buch
flößen beim Durchsehen der Domakten wahren Schrecken ein. Mit
einem verschwenderischen, fast prahlerischen Aufwand von Gelehr=
samkeit aus reformirter Theologie belegt er jeden Schritt seiner Ver=
gangenheit und Seitenlang erstrecken sich die Citate aus aller Welt
für diese oder jene Frage. Fast hätte er durch seine Redefülle uns
von diesem Bericht abgehalten, wenn sich nicht aus den langen Wie=
derholungen das Wichtige bald ergab. Im Jahre 1718 veröffent=
lichte er einen Band vornehmster Exculpationsschriften, zu deren
Druck er das Geld lieh und die außerhalb Preußen erschienen, weil
sie im Lande die Censur nicht überstanden hätten. Er widmete die
Schrift der milden Königin Sophia Dorothea, die ihn schon
mit einer Gabe unterstützt hatte, indem er besseren Erfolg erhoffte
als seine Eingabe an den König gehabt hatte. In diesem Buche
findet sich eine Sammlung der vornehmsten Eingaben an den Kö=
nig, das Kirchendirektorium, an Scharbius, dann Testate von
fünf Berliner hochgestellten lutherischen Geistlichen, daß sie sich in
keiner Weise an seinen Unionsvorschlägen gestoßen hätten und an=
deres mehr. Aus den herbeigezogenen Citaten lernen wir ziemlich
das damalige Material reformirter Theologie kennen und die Auto=
ritäten für die verschiedenen Gebiete. Für Rechtsfragen ist meist
citirt Voellius, Brunnemann, Baxter, für biblische Theologie Vi=
tringa, Witsius, Gürtler, für Dogmatik Voetius, Heidegger,
Braunius, für Moral Amesius, la Placette 2c.

Nach langem Aufenthalt im Elende, auch wieder aber vergeblich zu einem Pfarramte nach Eingeständniß der Schuld aufgefordert, wird Knauth erst wieder 1732 Prediger der Friedrichsstadt in
Berlin. Er lebte nur noch bis 1738.

Solchen Ausgang nahm die Anwaltschaft des unglücklichen
Knauth. Blicken wir zum Schluß noch auf das Ende der Inspirirten in Halle.

Die Familie Pott hatte sich ganz nach Halberstadt zurückge-
zogen. Von hier begab sich die Mutter mit ihrem Sohne nach
Berlin, wo sich ein Häuflein Angesteckter um sie sammelte, unter
denen der Studiosus der Theologie Tiedemann, ein Freund der
Maria Elisabeth Matthes, die Schneider Michael Bolich und Johann
Joachim Müller sich auszeichneten. Nach ihrer Austreibung aus Halle
brachen die Tochter Pott und Maria Elisabeth nach Berlin auf, wurden im Hospital untergebracht und fleißig von den Predigern besucht.
Mit vieler Mühe brachten sie in den Armen eine geistige Aenderung
hervor. Maria Elisabeth schrieb am 14. Oct. nach Halle an ihren Bruder: „ich fürchte mich im geringsten nicht, wenn ich auch sollte die
Zeit meines Lebens in Verfolgung und Schmach herumgehen, wenn
ich nur Jesum bei mir habe, aber auf einen ungewissen Grund kann
doch niemand bauen. Obwohl so vieles mit mir vorgegangen ist,
welches ihr liebe Kinder für große Thaten haltet, habe ich doch
niemals alle diese Dinge können begreifen, sondern es ist mir allezeit dunkel gewesen." Dieser Brief ist die letzte Nachricht von der
Inspiritin. Wie von Halle nach Berlin die Inspirationskrankheit
sich verbreitete, so gleicherweise auch von hier durch Pott ins Ha-
nauische und Isenburgische und durch einen gewissen Chymicus oder
Renatus Sincerus, welcher durch das bloße Lesen eines Briefes
der Cevenner angesteckt war, nach Schlesien. Noch lange Zeit behielten die Inspirirten Anhänger in Halle. Ein Fleischer Theodor
Stech sammelte sie nicht ohne öffentlichen Widerspruch und Unruhe.
Er hoffte es dahin zu bringen, daß endlich die Priesterschaft und
die steinerne Kanzel abgeschafft würden. In der französischen Gemeinde waren Verhandlungen gegen einen Jacques Arnasson nöthig,
welcher selbst sein Kind taufte und dies dadurch erklärte, daß er
seit einiger Zeit das Werkzeug des heiligen Geistes sei, um dessen
Willen den Menschen kund zu thun. Nicht er habe das Kind ge-

tauft, sondern der heilige Geist selbst, da er dessen Inspirationen willenlos folgen müsse. Auch die Taufzeugen waren dieser Ansicht. Man konnte gegen ihre harte fanatische Einbildung nicht ankämpfen, aber sehr weise befahl das Oberkonsistorium, man solle den Leuten keine Leiden bereiten, da sie sie nur steifer machen würden, sondern mit Klugheit und Liebe in weisem Unterricht gegen sie vorgehen. Wahrscheinlich haben so auch die Pastoren in den früheren Ereignissen gehandelt.

Halle blieb fast das ganze Jahrhundert hindurch der Sammelpunkt der verschiedensten Geister.

Im Jahre 1714 und 1715 waren in Halle ausführliche Erwiderungsschriften auf Knauths Büchlein erschienen, nämlich von dem Konsistorialrath und Prediger an der Marktkirche Heinecius, eine schriftmäßige Prüfung der sogenannten Neuen Propheten und vom Professor Lange ein nöthiger Unterricht von unmittelbaren Offenbarungen. Aus diesen Schriften, aus denen von Knauth und aus den deutschen Akten des Doms haben wir hauptsächlich die gegebene Darstellung der ziemlich vergessenen merkwürdigen Stadtgeschichte geschöpft. Wer sich in den auch für unsere Zeit wichtigen Erscheinungen schriftgemäß belehren will, findet in Lange und Heinecius gute Führer, deren Darlegungen man beistimmen muß, wenn man gerade in dem Religiösen die Verführung des Teufels glaubt. Es ist uns' leider eigenthümlich, die beschriebenen Erscheinungen mehr mit dem Interesse der Unterhaltung als im Grauen vor dem Seelenbetruge zu betrachten, da wir für geistige religiöse Beflekungen und Zerrüttungen sehr weitherzig und duldsam sind.

Welch ein Ernst der Untersuchung in den genannten Männern, ob die Sache aus Gott sei oder nicht, fern von aller unentschiedenen sündlichen Tändelei!

Gegen ihren eingehenden Schriftbeweis, daß die Bewegungen der Propheten stets friedvoller heiliger Art waren, begleitet von selbstbewußter Mitleidenschaft derer, die sie als von Gott getragene erlebten, wird man nichts einwenden können. Es liegt kein einziges Beispiel vor, daß ein Schriftprophet ein Schreckensbild leiblicher Zerstörung war wie ein Inspirirter, der Geist des Herrn ist ein anderer als der Geist, der den Saul unruhig machte.

Heißen sie Rasende, so sind sie dies in keinem andern Sinne als ein Paulus vor Festus ein Rasender war; daß die Teufel Lichtengel sein können, Jesum kennen und anbeten, wem verbirgt sich das bei eingehender Schriftlectüre? Wir deuten mit diesem Wenigen nur ihre Beweisführung an und schließen mit dem Worte Luthers: Wenn der Teufel unseren Herr Gott lobet, so hat er gewißlich ein Scheermesser in der Hand und gedenket dem Menschen die Kehle abzuschneiden.

Neuntes Capitel.

Die Pastoren im Anfange des achtzehnten Jahrhunderts.

Alexander Coullez 1689—1729.

Wir haben dem Pastor Coullez hier seine Stelle angewiesen, weil er weithinaus über die Anfangszeit der Gemeinde lebte. Die spätere Gemeindegeschichte noch von seiner Arbeit und Theilnahme begleitet ist mit der Skizze seines Lebens verbunden.

Das Geschlecht der Coullez war eines der angesehensten zu Metz. Alexander wurde seines Pfarramtes zu Vassy entsetzt und ihm die Kanzel und jede öffentliche Predigt verboten. Da las er in einem Schlosse in der Nähe von Vassy die Schrift vor und betete nachher. Er wurde nun auf neun Jahr ins Exil verbannt, sollte 3000 Livres Strafgeld zahlen und für immer als Prediger verstummen. Das Parlament von Paris, an welches er appellirte, milderte das Urtheil des Gerichtes von Chalons dahin, daß der Pastor von Vassy mit einem Verweise und 10 Livres Strafgeld genugsam beschädigt sei. Dies geschah 1685, das Edict von Nantes wird im folgenden Jahre aufgehoben und Coullez geht nach Deutschland, wo er 1689 zu Frankfurt an der Oder der Nachfolger von David Vincent an der französischen Kirche wird. Am 19. Mai 1689 hielt er seine erste Predigt vor der Gemeinde zu Halle. Er starb den 20. Januar 1729, 77 Jahre alt. Seine Schwester war an den Professor Sperlette verheirathet, er selbst durch seine Frau mit den berühmten Ancillons in Berlin verwandt.

Die Gemeindezucht in dem Zeitabschnitte von 1713—1730 ist fast noch dieselbe, wie in der ersten Zeit; das obere Berliner Konsistorium überwacht sie mit treuem Auge und regelt im Jahr 1710 besonders das Verhältniß des Moderateur zu dem von ihm zu leitenden Konsistorium und macht es zur Ehrenpflicht, die Wahl zum Aeltesten ohne Weigerung anzunehmen. Der alte Coullez scheint im halleschen Konsistorium vornehmlich für die Disciplin geeifert zu haben, denn als einst bei dem Gerüchte des Wegganges von Luganti auf eigenen Antrieb sich mehrere Familienhäupter berathend versammelten, strafte er dies mit vielen Worten, auch protestirte er gegen die Einführung eines Weihegebetes vor dem Abendmahle, weil dies zu abergläubischen Vorstellungen verleite. Von wohlthuendem Eindrucke ist es, wie das Berliner Konsistorium für die öffentliche Gutmachung der gegebenen Aergernisse eintritt, für die Demüthigung vor der Gemeinde wegen der Schändung des Sonntages, der Entheiligung des Namens Gottes, der Hurerei, der Bankrotte, der heimlichen in fremden Landen geschehenen Ehen.

Ein erschütternder Fall war es, als im April 1719 die junge Judith Roussel, die Tochter des angesehenen Seidenfabrikanten Jean Roussel, von einem fünfzigjährigen verheiratheten Schuhmacher Jean Angereau verführt worden war. Das Gesicht in Thränen gebadet, stand die Arme in Mitten des Konsistoriums mit ihrem in der letzten Zeit durch viele Schläge gebeugten Vater. Mehrere Stimmen waren im Konsistorium auch bei diesem Falle für einen öffentlichen zeitweisen Ausschluß aus der Gemeinde, doch die Pastoren sahen die Jugend der Verführten an und hielten es für weise, ihr nicht öffentlich vor der Gemeinde das Schandmal aufzudrücken. Sie durfte ein Jahr nicht zum Tische des Herrn gehen und ihre Aufnahme geschah danach im kleinen Kreise des Konsistoriums. Der alte Verführer hatte Halle verlassen und war nach Altona gegangen. Da forderte das hallesche Konsistorium die französische Gemeinde in Hamburg auf, gegen jenen Angereau vorzugehen und dessen That von der Kanzel zu verkünden, damit er das gegebene Aergerniß gutmache.

Die Gemeindeglieder werden als ganz gleichberechtigt angesehen und das Verlangen der reichen Kaufherren Alexandre Le Clerc, Barthelemy Valery und Jean L'huillier nach eigenen Kirchenbänken ward nicht gewährt.

Noch immer kommen Flüchtlinge aus Frankreich an. Sie werden mit dem Verweise in die Gemeinde aufgenommen, daß sie zu lange mit ihrem Weggange gezögert hätten. Manche Eltern erlebten die Freude, verlorene Kinder unter den Ankömmlingen zu finden, welche jetzt, da sie in der römischen Lehre auferzogen waren, eines Unterrichtes und einer Einführung in die Gemeinde bedurften. Auch ursprünglich katholische Franzosen, die in Halle lebten, schlossen sich der Gemeinde an, ebenso mehrere Lutheraner.

Die Wohlthätigkeit gegen die als theures Kirchengut werth-geschätzten Armen ist die gleiche wie früher. Das Bemühen des Konsistoriums ging auf ein französisches Armenhaus. Man sandte Coulle nach Berlin, um ein solches zu erbitten, doch erreichte er es nicht, weil in Halle ein Stadthospital wäre.

Im Jahre 1720 bot der Leipziger Kaufmann Jean Conrad Escher jun. der Gemeinde ein auf dem Strohhofe gelegenes Haus, welches er für 467 Thaler gekauft hatte, als Armenhaus an, wenn ihm und seinen Nachkommen jährlich 10 Thaler gezahlt würden. Man nahm den gütigen Vorschlag an und so erwarb die Gemeinde jenes „französische Haus," welches noch jetzt als das „reformirte Armenhaus" gute Dienste thut. Die französische Gemeinde brachte es im Jahre 1809 bei ihrer Vereinigung mit der deutsch-reformir-ten Domgemeinde dieser als eine ihrer Gaben mit. Später ver-zichtete Escher für seine Lebenszeit auf die 10 Thaler. Ein Ar-menvater verwaltete das Haus, die Aeltesten revidirten es, man nahm Kranke und Alte und entschuldbare Bettler auf, welche ihren geringen Nachlaß der Gemeinde als Vergelt übermachen mußten.

Um einige Beweise der herrschenden Wohlthätigkeit zu ge-ben, so werden z. B. für das französische Waisenhaus in Berlin (im Jahre 1721) 72 Thaler gesammelt; für die Reparatur des halleschen Armenhauses (1724) 161 Thlr., für die durchreisen-den Salzburger (1732) 50 Thlr. Als 1722 für das Militär-waisenhaus in Berlin nur 16 Thlr. einkamen, betrübte dies das Konsistorium und man erhöhte die Summe auf 28 Thaler. Ster-bende vermachen noch oft Legate an die Kirche, reiche Beiträge kommen von den befreundeten Leipziger Kaufleuten und das anver-traute Geld wird mit gleicher Accuratesse wie früher verwaltet, so daß die Konsistorialsitzungen meist mit den Berechnungen der Ar-mengelder ausgefüllt sind und der Ausdruck les derniers des nos pauvres aus den Verhandlungen als etwas sacrosanctes hervortritt.

Das Verhältniß zu der deutsch-reformirten Gemeinde brachte manche Schwierigkeit mit sich und erst später tritt eine definitive Ordnung in Bezug auf Taufe und Trauung ein. Der Gottesdienst

8*

verläuft wie früher, nur hält man am Donnerstage statt des Gebetes eine Katechismusstunde für die Kinder.

Ein erhebendes Gedächtnißfest feierte die Gemeinde am Weih-
nachtsfeste 1713. Es war ja Johann Sigismund am Weihnachts-
feste 1613 zum erstenmal nach dem Ritus der reformirten Kirche
zum Abendmahl gegangen und dieser sein Uebertritt war die Ver-
anlassung geworden, daß die reformirte Kirche, in so vielen Landen verfolgt und verstört, in dem Brandenburgischen Gott dienen
konnte nach der Reinheit seines Wortes. Dankbar und gerührt
versammelte sich die Gemeinde, ihre Almosen waren reichlich, ihre
Gebete viel. Wegen der hohen Bedeutung dieser That des brandenburgischen Kurfürsten wollen wir uns im folgenden Capitel dieselbe vergegenwärtigen, indem wir aus dem reichen aber wenig benutzten Stoffe, wie er in Hering, Droysen und in dem Churbran-
denburgischen Reformationswerk (1615) vorliegt, einige Momente
hervorheben.

Gleichzeitige Pastoren waren:

Pierre Daniel Poinlou 1716—1740.

Als Lugandi 1716 nach Berlin ging, wählte die Gemeinde
aus den ihr vorgeschlagenen Pastoren, Jacques Augier von Neuhaldensleben, Pierre Daniel Poinlou von Poßlow, Louis Lenfant
von Danzig, Henri Esteol von Kalbe, Pierre Ancillon von Brandenburg und Antoine Cregut von Hildburghausen, von 86 mit
54 Stimmen den Pierre Daniel Poinlou. Er ist aus Berlin gebürtig. Er starb am 21. Januar 1740 im 52. Lebensjahr. Der
gleichzeitig mit ihm in Halle lebende (er starb auch in demselben
Jahre am 2. März 1740) Juweller Louis Poinlou war sein Bruder, dessen Frau merkwürdigerweise auch in demselben Jahre am
18. Febr. starb.

Jean Rouviere 1729 — 1735.

Nach dem Tode von Coullez ward Rouviere von Wesel berufen.
Er ist der Sohn von Jean Rouviere und Marie Perrin de Lambelet.
Er war verheirathet mit Catherine Faucillon. 1735 mußte er
nach Stettin gehen, weil der König Baratier nach Halle schickte.

Zehntes Capitel.

Das gute Bekenntniß am Weihnachtsfeste 1613.

Schon vor dem Uebertritte Johann Sigismunds zur reformirten Kirche, liegen in der Geschichte Brandenburgs manche Ereignisse vor, durch welche das kurfürstliche Haus sich den Reformirten verband und die daher prophetisch auf jenen letzten Schritt
hinweisen, durch den Johann Sigismund nicht nur „seinem Gewissen Ruhe gab," sondern auch der großartigen Entwicklung seines Landes freien Weg brach und die spätere Macht und Ehre
Preußens begründete.

Es ist keine Uebertreibung sondern geschichtliche Wahrheit,
wenn anerkannte Historiker gesagt haben, daß Brandenburg und
Preußen durch den Segen der reformirten Kirche befruchtet sind, aus
ihr Kraft und Gedeihen gewonnen haben.

Am 30. September 1586 wurde eine deutsche Gesandtschaft
Heinrich III. von Frankreich zugeführt, unter der sich auch brandenburgische Herren befanden, welche für die Hugenotten in bittender
Vorstellung eintraten. Ihre Aufnahme war keine freundliche, die
französische Majestät wunderte sich wie die Fürsten den verbreiteten
Verleumbungen hätten Glauben schenken können und ließ zugleich
den Abgesandten ihre Pässe überreichen, von denen sie gut thäten
schon am folgenden Morgen Gebrauch zu machen. Man mußte
die „hitzige Antwort" des Königs hinnehmen und der gelassene
Johann Georg war zwar durch „solche Unbescheidenheit" verletzt,
hielt es aber doch fürs beste in seiner ruhigen Art, die Sache „zu
diesem Male an seinen Ort zu stellen."

Es mag sehr wenig Sympathie für die Hugenotten in Johann
Georg gewesen sein, immerhin war jene Gesandtschaft ein Zeugniß
für die allgemeine evangelische Sache und hatte die Theilnahme an-
gesehener Familien im Lande, die sich den Calvinisten nahe fühlten,

des Fabian von Dohna, des Thomas von Knesebeck, mancher Bürgermeister und Rathspersonen.

Erregt und leidenschaftlich sprach sich Joachim Friedrich der
Sohn des Kurfürsten über die schimpfliche Antwort Heinrichs aus.
„Mögen die auswärtigen evangelischen Kirchen nicht einer Meinung
mit uns im Artikel vom Abendmahle sein, aber wir können bei
uns nicht anders schließen, als daß sie unsere Mitglieder und wir
ihnen zu helfen schuldig sind.“

Als nach dem Tode Johann Georgs Joachim Friedrich Re-
gent des Landes wurde, kam es noch nicht zu einem reformirten
Bekenntniß von seiner Seite. Er war freilich des Calvinismus
verdächtigt, mißt zwischen beiden Bekenntnissen ab und neigt sich
zum reformirten. Argwöhnisch beobachtete man ihn und nichts
Gutes hofften die lutherischen Stände. Der verstorbene Kurfürst
hatte den Jüngern des Hauses schon nicht getraut und Joachim
Friedrich und Johann Sigismund mußten einen Revers unterschrei-
ben, „bei der reinen Lehre zu beharren.“ Demgemäß erklärte Joachim Friedrich auch gleich bei seinem Antritte der Regierung, er
werde in Religionssachen nicht die geringste Aenderung treffen und
bei der Augustana und Concordienformel bleiben. Indessen wünschte
er einige Aenderungen in den kirchlichen Gebräuchen der Mark, von
denen manche ärgerlich wären. Man pflegte noch die Elevation zu
üben, eine hölzerne Taube am Pfingstfeste aufzuziehen, zu Ostern
das Laufen der Jünger nach dem Grabe des Herrn und in der
Charwoche die Passion darzustellen: nicht zur Andacht sondern als
eine die Menge unterhaltende Komödie. Die lutherischen Geistlichen selbst bezeichneten das Alles als Mißbräuche und wollten
auch den Exorcismus nur „als eine heilsame Erinnerung an unsere
Sündhaftigkeit“ in lediglich symbolischer Bedeutung beibehalten.

Unter den Räthen des Kurfürsten mehrten sich die Calvinisten,
er selbst nannte sie „ruhige, friedfertige Leute.“

Auf Joachim Friedrich folgte Johann Sigismund; er ist der
Mann fürstlicher reformatorischer Gedanken.

Johann Sigismund ist ein hallesches Kind und in unserer
Stadt empfing er die Eindrücke und nahm die Verpflichtungen auf
sich, durch welche man ihn bei der lutherischen Kirche unzer-
trennlich festbinden wollte, wodurch man aber gerade seinen Ueber-

tritt herbeiführte, seine selbstständigen Nachforschungen über die Lehrdifferenzen hervorrief. Er verlebte seine Jugend in Halle und hatte den ersten Hof= und Domprediger Simon Gedicke zu seinem Religionslehrer. Der rohe Fanatismus dieses Mannes, mit der er die reformirte Kirche zu den „Mamelucken" wieß und in der entsetzlichen Streitweise der damaligen Zeit über die Genossin des= selben Glaubens herfiel, hat sich später noch mehr gezeigt, doch lebte er schon damals in ihm und war bemüht in das Herz des Schülers gleiche Abneigung und Haß zu säen. Er hat dadurch das Gegentheil bewirkt. Der allzueifrige Lehrer erregte zweifelnde Bedenken und trieb Johann Sigismund zu eigenen Studien an. Dazu fehlte es ihm nicht an Begabung: er war nachdenkender, strebsamer Art, voll Trieb zu lernen. Das Lateinische sprach er fertig, meinte, er hätte noch mehr lernen können, wenn er besser angehalten wäre. Er wünschte Reisen zu machen, doch erlaubte man es ihm nicht. In dem Anhören von Predigten war er sehr fleißig, auf einer Schreibtafel verzeichnete er sich die Ordnung der Gedan= ken und nahm sie nachher noch einmal durch. In der Bibel be= wandert, hatte er sich wie sein Vater ein eigenes Spruchbüchlein gemacht, worin er sich die bedeutendsten Sprüche der heiligen Schrift abgeschrieben hatte, aus denen man lernen kann, christlich zu leben und selig zu sterben. In demselben fanden sich auch Gebete, die ihm lieb waren und die er täglich sprach. Die Psalmen hielt er vor allem hoch, bestimmte öfter diejenigen, welche in der Kirche gesungen werden sollten und Psalm 125 nannte er seinen Psalm.

„Die auf den Herrn hoffen, die werden nicht fallen, son= dern ewiglich bleiben wie der Berg Zion." Dieser Psalm ist auch seinem zinnernen Sarge eingegraben. Als er einst in Dresden war und man ihm verbot in seinem Gemach seinen Hofprediger predigen zu lassen, was man doch dem österreichischen römischen Leopold erlaubte, blieb er in so ruhiger Sammlung, daß er selbst seinen Hauptgegner den Oberhofprediger Höe von Honegg bitten ließ, Morgens früh zu ihm in sein Zimmer zu kommen, da er ihm einige biblische Fragen vorlegen wolle. Er zeichnete sich mehrere Stellen der Schrift zu diesem Zwecke an, sein Gegner blieb aber aus. Manchen Prediger wußte er durch seine Entgegnungen verstummen zu machen, doch nahm er gerechten Tadel gegen sich selbst gut auf und ließ sich bald bewegen lieber den Sabbath zu feiern als in Grimnitz der Jagdlust zu leben.

Mehr aber als seine geistige Selbstständigkeit entfremdete ihn seine zarte, milde Empfindungsweise seinem Lehrer Gedicke. Sein Großvater nannte den Jüngling seine beste Freude und den Trost seines Alters und wollte ihn nicht von sich fortlassen. Innig und warm sind seine Briefe an den geliebten Christian II. von Sachsen und er unterschreibt sich in ihnen: „allezeit dienstwilliger und im Herzen getreuer und zuverlässiger vielgeliebter Bruder die Zeit meines Lebens bis in den Tod." Oder er sagt: „der gute und getreue Gott helfe uns zu lieb Freuden Frieden und Einigkeit zusammen und stürze alle diejenigen, die solches hindern wollen, Amen, Amen, Amen, der helf uns zusammen, hiemit E. L. in den starken Schutz des Allerhöchsten, mich aber in ihr altes treues und brüderliches liebreiches Herz befehlend." Diejenigen, die ihm einen Beinamen gegeben, haben ihn den Gütigen genannt. Er war freundlich und wohlwollend, vergab gerne, reichlich theilte er Almosen aus nach einer glücklichen Reise oder bei der Feier der Kommunion. Wir werden später sehen, wie er bei seinem Uebertritt eigentlich nur sich selbst die Freiheit seines Bekenntnisses verschaffen wollte, wie wenig er gegen sein Land drängerisch auftrat. Seine Nachgiebigkeit wurde oft Schwäche und Weichlichkeit, oder er durchbrach sie einmal in heftigem Auffahren. An seiner aufrichtigen Gesinnung haben seine bittersten Feinde nicht gezweifelt. Hutter nennt ihn einen Herrn von gutem treuherzigem Gemüthe, Cyprian den glorwürdigsten von Herzen frommen Kurfürsten.

So war der Charakter des Mannes, welcher das brandenburgische Regentenhaus der reformirten Kirche zuführte. Sein Uebertritt folgte nicht gleich seiner inneren Befestigung in der neuen Wahrheit. Lange verbarg er seine Gesinnung, die ihm aus der sorgfältigen Lectüre von reformirten Schriften immer gewisser wurde und die ihm ein Besuch in Heidelberg bei Gelegenheit der Verlobung seines Sohnes mit einer pfälzischen Prinzessin versiegelte. Das Gelöbniß, das er in seiner Jugend in der Kirchstube auf der Moritzburg zu Halle gethan hatte, bei der Formula Concordiä zu beharren, hielt ihn immer noch zurück. Seine na-

türliche Weichheit vermehrte seine Noth. Ein offenes Bekenntniß
drohte die zartesten Bande zu verletzen, denn die Kurfürstin war
eine eifrige Gegnerin seines oft angedeuteten Vorhabens. Sie
wehrte nach Kräften, glaubte sie doch die Reformirten beteten einen
bloßen Menschen an. Von Grund ihres Herzens war sie der calvinischen Lehre zuwider. Welche Kämpfe brachte dies Alles dem
ringenden Kurfürsten. Sollte er es gegen die Bitten seiner Frau,
gegen alle politische Klugheit thun, denn mit der Freundschaft
Kursachsens war es dann völlig aus, sein eigenes Land, die Marken in Preußen erregte er aufs gefährlichste und sie hatte er doch
nur allein als sicheres Gut, Jülich lag noch ganz im Hader des
Erbstreites. Wessen er von seinem Lande gewärtig sein mußte,
zeigte die Erbitterung welche der Uebertritt des Prinzen Ernst,
der in den französisch=reformirten Kreisen zu Sedan gelebt hatte
und eine reformirte Abendmahlsfeier im Schlosse zu Berlin hielt,
hervorrief. Als der Markgraf von Jägerndorf zu gleicher That
schritt, da begann schon Gedicke, der Dompropst in Berlin geworden war, die Stadt aufzustacheln. Gerade in dieser Zeit der Noth,
überall geängstigt und bedroht entschloß sich Johann Sigismund
nicht länger zurückzuhalten. In dem Bekenntniß dessen, was ihm
als unumstößliche Wahrheit galt, hoffte er seiner Seele Licht und
Trost zu geben. Schon zu lange hatte er, wie er selbst klagte,
gezögert.

Seinen Uebertritt aus politischen Gründen zu erklären, ist
man „müde geworden." Wahr sang man damals:

„Nicht von der Kanzelgestühl, auch nicht von den Räthen des Hofes
Seine lautere Lehr Brandenburg wurde gebracht.
Noch hat Wasser genug der tiefe Brunnen des Wortes,
Aus ihm schöpfte es voll: Christus lehrte es selbst.
Feindlicher Lügen Gedicht vergeblich streitet dagegen,
Es vertreibt sie das Licht, welches die Wahrheit umgiebt

Am 18. December 1613 wurde die Geistlichkeit von Berlin
und Köln zu einer Versammlung aufs Schloß berufen. Der Kurfürst empfing sie mit seinen Geheimräthen und dem Markgrafen
Johann Georg. In einer längeren Rede eröffnete ihnen der Kanzler Pruckmann, daß der Kurfürst sich keine Herrschaft über die Ge-

wissen anmaße, doch wolle er selbst seinem Gewissen gemäß verfahren. Das Schreien und Lästern auf den Kanzeln müßte aufhören, und es sei Alles zur Erbauung der Kirche anzustellen.
Weiter that ihnen der Kanzler kund, daß der Kurfürst die Kommunion am 25. December dem ersten Weihnachtstage
nach reformirter Sitte zu halten gedenke.

Die Prediger beriefen sich nun auf den Revers den der Kurfürst seinem Vater ausgestellt habe und erwähnten die Verpflichtung desselben gegen die Formula Concordiä. Pruckmann erwiderte, daß der Kurfürst bei seinem Regierungsantritt sich nicht
zur Concordienformel bekannt hätte und in Sachen Gottes könnten
die Reverse nicht gelten.

Am Weihnachtstage feierte der Kurfürst im Dom das Abendmahl nach reformirter Weise. Die Hofprediger Füssel und Fink
theilten es aus. Johann Georg, Graf Ernst Kasimir von Nassau,
die Mitglieder des Geheimrathes bis auf einen, die Herrn von
Putliz schlossen sich an. Eine kleine aber getreue Gemeinde umgiebt den Fürsten. Durch den Beitritt anderer vom Adel mehrte
sie sich bald.

Am 24. Februar 1614 ging das Glaubensbekenntniß Johann Sigismunds in die Oeffentlichkeit, ein Symbol des Friedens
für die, die den Herrn aus aufrichtigem Herzen anrufen wollen,
weise und vorsichtig in schwierigen Fragen, entschieden und gewiß
in dem was klarer göttlicher Wille ist.

Eine eingehende Durchsicht des Bekenntnisses unterlassen wir
hier, es ist neuerdings wieder als ein Unionssymbol, was es auch
ist, häufiger besprochen worden. Seine Lectüre ist erquicklich, und
der Artikel von der Gnadenwahl ist als der „allertröstlichste“ be-
handelt. Wir geben nur die Einleitung zu demselben weil sie in
den Zusammenhang des Capitels gehört.

„Nachdem der Durchlauchtigste, Hochgeborene Fürst und Herr,
Herr Johann Sigismund sich gnädigst und christlich erinnert, was
der heil. Geist beim Propheten Esaia 30, 8. aufzeichnen lassen:
Fürsten werden fürstliche Gedanken haben und drüber
halten: Und bei sich gnädigst erwogen, daß unter allen fürstlichen

Confiderationen und Gedanken freilich die allererste und nothwendigste sei, weil doch Gott der Allmächtige die Könige zu Pflegern, und die Fürsten zu Säugeammen seiner lieben Kirche verordnet, mit allem Ernst darob zu sein, und dahin zu trachten, damit das reine klare Wort Gottes allein aus dem Brünnlein Israelis ohne alle menschliche Satzung, ohne allen Sauerteig falscher irriger Lehre, ohne allen Zusatz und Abbruch in Kirchen und Schulen möge gelehret und geprediget, die heiligen Sacramente auch nach der Einsetzung des Herrn Christi ohne alle papistische Superstition, und abgöttische, oder von menschlicher Andacht erdichtete Ceremonien ausgespendet, und also der wahre Gottesdienst recht und wohl allein nach Form und Norm der göttlichen heiligen Schrift möge bestellet, und auf die liebe Posterität gebracht werden; Und über das Se. Kurfürstl. Gn. bei sich gnädigst betrachtet, wie der mildreiche barmherzige Gott, welcher allein Gewalt hat über der Menschen Königreiche, und giebt sie, wem er will, Sr. Kurfürstl. Gn. so viel Fürstenthümer, Land und Leute untergeben, und in stolzer Ruhe, wie die Schrift redet, bis anhero väterlich erhalten, damit dieselben vor allen Dingen neben dem zeitlichen Schatze auch die geistlichen Güter und Schätze durch das gepredigte reine Wort Gottes und rechten seligen Brauch der heiligen Sacramente zu ihrer Seligkeit erlangen und behalten mögen: Als haben demnach Se. Kurfürstl. Gn. durch Anregung des heiligen Geistes Ihr nichts liebers und mehrers angelegen sein lassen, denn daß Sie in deroselben Landen, und sonderlich im geliebten Vaterlande Kur- und Mark-Brandenburg, was noch etwa von papistischer Superstition oder anderer menschlichen ungebotenen Devotion in Kirchen und Schulen übrig verblieben, folgends gemächlich abgethan, und alles nach der Richtschnur göttlichen Worts und der apostolischen ersten Kirchen, so viel immer möglich und vonnöthen, angestellet werde; und damit ja niemands zu Gedanken ziehe, oder von Widerwärtigen und Friedhässigen sich einbilden lasse, als wenn Se. Kurfürstl. Gn. etwas Neues, oder was in Gottes Wort nicht ausdrücklich gegründet, anzuordnen, und deroselben Unterthanen beizubringen entschlossen, haben Se. Kurfürstl. Gn. zugleich ihre Kurfürstl. Confession oder Glaubensbekenntniß hiemit publiciren wollen, auf daß in der ganzen Christenheit kund und offenbar werde, daß Se.

Kurfürstl. Gn. dem Könige der Ehren die Thore in ihrem Lande
weit und breit eröffnen, dem Herrn die Ehre allein geben, die erkannte göttliche Wahrheit ohne Scheu und Furcht aller Widersacher
und Feinde Christi, wie dieselben immer Namen haben, frei und
standhaftig zu bekennen, zu vertheidigen, und durch Kraft und Beistand göttlicher Gnade weit fortzupflanzen, gnädigst gemeinet, aus
keiner andern Ursache, denn wegen ernsten Befehls Gottes, und
nach löblichen Exempeln frommer Könige und Fürsten Josaphat's,
Ezechiä, Josiä, Constantini, Theodosii und vieler andern mehr,
denn auch aus schuldiger Dankbarkeit gegen Gott, der die Wahrheit selber ist, und zur Ehre seines allerheiligsten Namens, auch
zu dero Unterthanen ewigem Heil und Seligkeit."

War der Kurfürst auch in seinem Herzen versichert, daß sein
Bekenntniß lauter sei, so wollte er es doch seinen Unterthanen nicht
aufdrängen, „weil der Glaube nicht Jedermanns Ding ist, er befahl den Kurs und Lauf der Wahrheit Gott, weil es nicht an
Rennen und Laufen, sondern an Gottes freiem Erbarmen gelegen
sei." In seinem beigegebenen Schreiben an die Pastoren, welches
das „Schreien, Verdammen, Lästern, Stürmen und Schelten" unterdrücken sollte, klagt er, daß gerade diejenigen am meisten eiferten,
welche wenn es „zum Treffen käme um eines kleinen Gewinnstleins
willen sich zum Pabstthum erklären dürften." Das Bekenntniß
war auch wirklich mehr eine That für die allgemeine evangelische
Sache, als für reformirte Eigenthümlichkeiten.

Wo bekannt wird, da wird gelitten, man kann seinen Mund
in der Welt nicht zur Ehre Gottes aufthun, ohne geschmähet zu
werden. Ob der Kurfürst auch betete: „Friede sei über Israel,"
es sind nicht alle Israel und das „Scepter der Gottlosen" regiert
über die „guten und frommen Herzen," wenn es auch zuletzt zer-
brochen wird.

Zu welchen Scenen wilden Aufstandes es ungeachtet der großen Langmuth des Kurfürsten kam, ungeachtet seines weisen Ver-
fahrens, davon können wir uns überzeugen, wenn wir nur e i n e
davon an uns vorübergehen lassen.

Bei einer Abwesenheit des Kurfürsten von Berlin ließ
Markgraf Johann Georg im Namen seines Bruders am 30.
März 1615 aus der Domkirche, welche der Kurfürst als seine

„ihm eigenthümlich zuständige" Kirche ansah, Crucifixe, Bilder, und beide Altäre inwendig und außerhalb des Chores und den Taufstein hinwegnehmen und dagegen einen Tisch in den Chor setzen. Die Reinigung ging in anständiger ruhiger Weise vor sich. Am folgenden Sonntage machte Peter Stüler Diakonus an der Peterskirche, das Geschehene zum Gegenstand seiner Betrach= tung und schalt in den heftigsten Ausdrücken. Er schonte Niemand, dem Kurfürsten rief er zu: „willst Du reformiren, so ziehe nach Jülich, da hast Du zu reformiren genug und siehe wie Du das behaltest." Sein Auftreten war selbst der ihm wohlwollenden Kur= fürstin zu arg und sie meinte in ihrer kräftigen Sprache: „wel= cher Henker hat Sie heißen von Jülich predigen. Er bringt alle= zeit solche Sachen auf die Kanzel, die sich zum Texte nicht rei= men." Am Montage nach seiner Predigt wurde Stüler über seine Worte besorgt, er fürchtete die obrigkeitliche Strafe und seine Noth treibt ihn zu seinem Collegen Koch, um dessen Rath zu hören. Er will nach Wittenberg fliehen, Koch ermahnt ihn zu bleiben und die Nacht in dem Hause eines Freundes zuzubringen. Dies ist ihm kein Genüge, er wendet sich mit einer Bittschrift an die Kurfürstin, daß sie ihn schütze, mit einer andern an den Bürger= meister, daß er ihm eine Bürgerwache ins Haus lege. Beide er= klären ihm, es werde nichts gegen ihn geschehen, er möge Muth fassen. Seine Angst ist größer als ihre Trostworte und treibt ihn zu den verkehrtesten Versuchen, sich zu helfen. Er geht mit seiner Frau bei einbrechendem Dunkel durch die Straßen der Stadt oder vor die Thore und klagte mit Thränen allen, die ihn anhören wollten, es drohe ihm Gewalt, man wolle ihn ins Gefängniß führen. Der gemeine Pöbel glaubt ihm und läßt sich aufhetzen, nicht wenige Bürger schließen sich an und als es Nacht geworden, versammelt man sich vor dem Hause Stülers, um es zu schützen. Stüler selbst war nach Schönberg gelaufen, seine Frau stärkte in= dessen die Haufen indem sie ihnen aus einem Bernauer Bierschank den sie hielt, Bier austheilte. Dann brechen diese gegen das Haus des verhaßten Füssel auf. Dieser war schon von zwei Dienern des Statthalters benachrichtigt worden, welche von ihm nach dem Schlosse eilen, um Johann Georg selbst in Kenntniß zu setzen. Man läßt sie in der späten Nacht kaum zu ihrem Herrn herein. Er hatte

den Abend mit Lesen in den Passionspredigten von Scultetus zu-
gebracht, es war der Montag in der Charwoche, und sich dann
zur Ruhe begeben. Er setzt sich nun zu Pferde, nimmt einige Diener mit sich, wohl kaum zwölf. In der Eile vergißt er die Pistole
des Sattels und kann sich nur mit einem Rappiere bewaffnen.
Zunächst stellt er sich vor dem Hause des Füssel auf und sichert
demselben die Flucht durch eine Hinterthür. Dann begiebt er sich
unter die Aufrührer, welche sich zu 500 Mann gemehrt haben und
mit Gewehren, Hellebarden, Knebel= und Federspießen bewaffnet
sind oder das Pflaster aufgerissen haben. Vorne stehen die Be-
waffneten, hinten die Schwächeren. Der Statthalter bittet sie auseinander zu gehen, man lacht ihn aus, ruft ihm Schimpfwörter
zu, wirft auf ihn, nach einer Nachricht schießt man sogar auf ihn
und die Kugel streift an ihm vorbei. Auch von der Seite seiner
Leute fällt ein Schuß, der Sturm wächst dadurch, bald hat man
die Thüre zur Domkirche erbrochen und die Glocken tönen in die
erregte Stadt hinein, den Aufruhr und das Getümmel mehrend.
Bewundernswürdig ist die Ruhe des Statthalter, obwohl vollkommen machtlos und ohne Schutz. Er reitet vor das Haus des
Bürgermeisters Georg Jahn, um seine Vermittlung zu suchen.
Dieser folgt ihm nothdürftig angekleidet vor den Peterskirchhof,
an dem sich die Menge verschanzt hatte. Der Bürgermeister
redet ihr friedlich zu, die Verhandlungen sind vergeblich und
die Wuth des Volkes wendet sich in solcher Weise gegen den
Statthalter, daß dieser sich entschließt nach Hofe zurückzurei-
ten. Höhnend und spottend folgt ihm das Volk. Da blitzt
einen Augenblick heiliger Unwille in dem Fürsten auf, entrüstet
wendet er sich um. Doch auch jetzt noch beherrscht er sich und bittet das Volk vielfältig und dringend von solchem Lärm abzustehen:
Niemanden werde ein Leid geschehen. Zwei Stunden lang hat er
in dem tollen Haufen ausgehalten, einige Schüsse trafen ihn nicht,
doch wird er durch einen Stein am Schenkel verwundet, so daß er
am folgenden Tage in seinem Rathe nicht auf dem Beine stehen
konnte. Als er nach Hofe zurückgekehrt war, machte sich der Pöbel an die Zerstörung der Wohnung Füssels, welche man ausplün-
derte und so beraubte, daß Füssel am Charfreitage in sehr unge-

wöhnlicher Kleidung predigen mußte, in einem Unterkleide und
grünen Camisol: dies war ihm allein geblieben.   Er predigte unter
Gefahr des Todes und soll das Evangelium des Tages also aus-
gelegt haben, daß er die Empörer mit den Kriegsknechten verglich,
die nicht wüßten, was sie thäten.   Stüler kehrte nachher in die
Stadt zurück und tobte trotz der schrecklichen Aufregung noch weiter auf seiner Kanzel fort.

Wie schmerzlich müssen die Nachrichten von diesen Dingen
den zartfühlenden Kurfürsten zerrissen haben.   Als er zurückgekehrt
war und man im Hofe gesattelte Pferde des Nachts in Bereitschaft
hielt, durchzog die Stadt das Gerücht, er wolle ein Blutbad anrichten, wie einst der Kaiser Theodosius die Einwohner zu Thessa-
lonich gestraft hätte.   Er ermahnte nur zum Gehorsam und be-
sprach nach dem Osterfeste in einer Versammlung der Abgeordneten
der Ritterschaft und Städte den traurigen Vorgang.   Wenn er
hier die Beweggründe des Aufstandes einem nach dem anderen er-
wog, was mußte es für ihn sein, einzugestehen, daß die Kurfürstin
selbst den Tumult dadurch gefördert hätte, daß sie gesagt, man solle
sich den Pfarrer nicht nehmen lassen.   Die Lüge wies er noch zurück, daß der Statthalter ein Feuerrohr in den Händen gehabt
hätte.   Die Versammlung drückte ihr Mißfallen aus und bedauerte
den Statthalter.   Nachher unterschrieben auch noch die Bürger einen Revers, daß sie den Tumult verabscheuten und sich künftig zu
ihrem Kurfürsten und Herrn halten wollten.   Stüler wurde mit
der Landesverweisung bestraft, er war schon vorher nach Wittenberg
entwichen.

Der geschilderte Aufstand läßt uns einen vollen Blick in die
Bedrängniß des bekennenden Kurfürsten thun.   Und haben etwa
seine übrigen Lande sich leichter als die Marken seinem friedlichen
Willen unterworfen?   Die Ereignisse in Preußen waren für Johann Sigismund noch demüthigender und schmachvoller.

Neben dem Proteste des Volkes und der Landstände kämpfte
gegen ihn in fast noch größerer Erregtheit eine Menge von lutherischen Theologen in und außerhalb des Landes.   Gedicke
war frech genug, in seinem christlichen Berichte zu äußern: „es
sei nichts Neues mehr, daß fromme Herrschaften von besten

Freunden und geheimsten vertrautesten Dienern, die das Spiel in
Fäusten haben, schändlich hinter das Licht geführt und jämmerlich
betrogen würden." Der mächtigste Mann des wüsten Streites
war der Oberhofprediger Höe von Honegg, welcher sich bereitwillig
dazu von Gedicke einladen ließ. Anfangs bezüchtigte er die reformirte Kirche nur, daß sie in siebzehn Lehrpunkten wider Gottes
Wort sei, später steigerte er dies dahin, daß „die Calvinisten in
99 Punkten mit den Arianern und Türken übereinstimmen." Der
Ruf: „lieber päbstisch als calvinisch" war allgemein. Der Gott
der Calvinisten galt als der Teufel. Wir wollen nicht in diesen
unfläthigen Sumpf hinabsteigen. Die Erwiderungen der reformirten Theologen Bergius, Pelargus, Füssel und anderer führten
mit Umsicht den unwiderleglichen Beweis, wie außer der mündlichen
Nießung im Abendmahle eine große Lehreinheit zwischen den beiden
Bekenntnissen herrsche, wie Luther selbst in unzähligen Ausdrücken
das behaupte, was man jetzt als calvinistische Irrlehre verwerfe.
Es möge der Unbefangene einmal die Schriften der Streitenden
durchgehen und sehen, ob nicht die Reformirten durch Besonnen-
heit und Weisheit das Uebergewicht haben, ja auch durch ihren
gerechteren Wandel. Wie unlauter ist Höe von Honegg. Was
er im Privatgespräch zugab, das leugnete er in der öffentlichen
Fehde. Später hat er bei dem Leipziger Gespräch in seinem eigenen Hause einen Kreis von reformirten und lutherischen Theologen versammelt, und eine günstige Union zwischen beiden Parteien
eingeleitet. Seine Theologie war ganz von den politischen Zugwinden
abhängig und selbst mit den Römischen, die er doch in seinen bedeutendsten schriftstellerischen Arbeiten als die Diener des Antichri-
sten darstellt, konnte er sich vereinigen und die Jesuiten tranken auf
seine Gesundheit große Gläser Wein mit entblößtem Haupte aus.
Das Geld vermochte bei ihm Alles, er ist durch seine diplomatische
Theologie sehr reich geworden und gerne sagte er es seinen Freunden ins Ohr, daß ihm Erzherzog Karl einen vergüldeten Gieß-
becher und Gießkanne verehrt, die österreichischen Stände ein Do-
nativ von 2000 Gulden u. s. w.

Nun in diesem Sturme seines Volkes und der Theologen
blieb Johann Sigismund milde und gesammelt. Zu seinen Land-

ständen hat er gesagt: „daß er wohl bis zum letzten Blutstropfen bei der erkannten und bekannten Religion bleiben werde und sollte er auch der Kontribution tausendmal in Mängel stehen." Auf die Vorstellungen von Kursachen erwiderte er: „von meinem Gewissen und Glaubensbekenntniß will ich vor Gott und allen Menschen Rechenschaft zu geben wissen, in allem anderen will ich D. L. getreuer, beständiger, unvoneinandergeschiedener Freund und lieber Bruder allzeit erfunden werden."

In den Marken verzichtete er sogar auf das Recht an den Orten, wo er Patron war, einen Prediger von seiner Ueberzeugung anzustellen. Er begnügte sich mit seiner Domkirche in Berlin, nicht eine einzige Kirche oder Kapelle ging den Lutheranern verloren. Die im Lande zerstreuten Reformirten kamen nach Berlin zur Communion oder der Hofprediger des Kurfürsten hielt ihnen bei einer Reise seines Herrn eine Gastpredigt. Nur eine entschiedene Begünstigung der Reformirten erlaubte sich der Kurfürst: sein Hofprediger Bergius trat in das lutherische Konsistorium.

Wie vereinsamt auch Johann Sigismund in seinem Lande stand, es kamen ihm doch auch von seinen Unterthanen erhebende und stärkende Zeugnisse zu Hülfe. Es sind einige davon uns überliefert. Welche Freude der Uebertritt des Kurfürsten unter den wenigen Reformirten des Landes hervorrief, welche schon lange nach der Theilnahme an der reinen schriftgemäßen Verwaltung des Abendmahles sich gesehnt hatten, zeigt das originelle und freudige Bekenntniß, welches Thomas von Knesebeck, Oberhauptmann der alten Mark niedersetzte und das viel gelesen und verbreitet wurde. In seinen „beständigen und in Gottes Wort gegründeten Ursachen," warum er das Abendmahl in Zukunft mit den Ceremonien zu feiern gedenke, welche der Herr selbst gebraucht habe, beginnt er damit, daß „ja kein Mensch leugnen könne, daß der Herr Christus wahrhaftiges Speisebrot gebraucht habe." Da wir nun „auf seinen Mund angewiesen sind," auch die alte Kirche natürliches Brot genommen habe, wer wolle es ihm verdenken, daß er dessen gebrauche. Habe er doch so eine „gewisse Gleichheit mit dem bezeichneten Gute," wäre keinem Zweifel unterworfen, ob der Brauch dem Herrn wohlgefalle, gebe keinem Aberglauben Raum.

Gottes Wunder und Werke wären an diesem Lande groß,

daß er „das Recht jetzt öffentlich als Wahrheit ausschreien und predigen lasse," da müßte er ihm aufs wenigste mit der Maria ein Magnificat singen und alles Heil den Mauren Jerusalems anwünschen. Zu zögern mit dem offenen Beitritt zu der jetzt eingeführten Communion, könnte man von ihm doch gar nicht verlangen, da sie ja ein Stück seines schon früher bekannten Glaubens sei.

Wenn man „keinem Türken für übel halte, daß er sich seiner türkischen, keinem Juden, daß er sich seiner jüdischen Ceremonien gebrauche, wie sollte mir dann für übel gehalten werden, daß ich mich christlicher Ceremonien bediene?"

Sein Kurfürst und Herr lade ihn ein zur Communion mit ihm zu gehen, sollte ihn da nicht diese Einladung bewegen, da „den Petrus ein unvernünftiger Hahn zum Nachdenken gebracht was in causa fidei et confessionis zu thun seie?"

Auch sein Weib und seine Kinder hätte er dazu veranlaßt. Denn sollen die Götzen aus Jacobs Hause gethan sein, so muß Jacob sie selbst aus dem Wege räumen: er folge diesem Bilde eines getreuen Hausvaters; will David dem Herrn seinem Gotte ein Freudenspiel anrichten, so muß er selbst vorne an tanzen, sollte er gleich von seinem eigenen Weibe („welches ich doch meines Orts von dem Meinigen Gott Lob nicht zu besorgen") verlacht und verspottet werden: er stelle sich ebenso an die Spitze seiner Familie und spreche: siehe hier bin ich und die Kinder die mir der Herr gegeben hat. Noch jetzt stände ihm die Einheit seines Glaubens mit der lutherischen Gemeinde fest, denn die verschiedenen Ceremonien könnten das große Band der Gemeinschaft nicht zerreißen; er werde auch noch fernerhin in ihr Gottes Wort hören, mit ihren Gebräuchen Geduld haben, doch wünsche er dem Befehl des Herrn nachzukommen, und gemäß der Stiftung das Abendmahl zu feiern. Das sei kein Schisma, vielmehr verbinde er sich damit der wahren Kirche.

Man hatte ihm vorgeworfen, daß die Seinigen über seine Neuerung sehr seufzen würden, er antwortet, daß das Seufzen der gut unterrichteten ihm nur nützen könne, ein anderes Seufzen höre Gott nicht. Warum er denn jetzt erst sich zu diesem Gebrauch halte? „Habe ich mich verspätet, so habe ich mich doch nicht versäumet." Der Kurfürst würde einer anderen Meinung werden, dann hätte er es fein getroffen! „Die Kirche ist auf meinen Herrn nicht auf einen Menschen gebauet und wenn eine Verfolgung ein= reißen sollte, so ist es doch für meine Seele und Seligkeit besser, daß man mich kennet, als noch lange suchet." Die letzten Ein= würfe gingen auf sein Absterben, dann würde ihn kein lutherischer Pfarrer besuchen und ihn mit Trost versehen. „Daran würde Gott und der heilige Geist nicht verbunden sein und würden auf den Fall mir nur so vielmehr innerlichen Trostes zusprechen. Wenn Eliam die Leute nicht speisen wollen oder können, so müssen ihn die Raben speisen. Wenn Lazaro sonst keine Leichterung widerfahren kann, müssen die Hunde seine Schwären lecken." Was man aber künftig für eine Leichenpredigt ihm thun solle? „An der Lei= chenpredigt ist wenig gelegen, wenn ich selig gestorben bin. Die beste Leichenpredigt ist, dabei auch keine Heuchelei mit unterläuft, davon in der Offenbarung Johannis steht: selig sind die Todten die in dem Herrn sterben von nun an. Ja der Geist spricht, daß sie ruhen von ihrer Arbeit, denn ihre Werke folgen ihnen nach. Wer hat Christo seine Leichenpredigt gethan als der heidnische Hauptmann und der Schächer am Kreuze; seine fröhliche Aufer= stehung war besser als eine heuchlerische Leichenpredigt."

Noch einen anderen einfältigen Bericht veröffentlichte der Oberhauptmann: „wie sich ein jedes christliche Herz in jetziger Zeit, insonderheit aber Unterthanen gegen ihre Obrigkeit, welche etwa veränderter Religion beschuldigt worden, verhalten sollen." Wie gut weiß der Schreiber die Pflichten gegen die Obrigkeit zu ent= wickeln: „beurtheile deines Landesfürsten Thun und Vorhaben nicht eher als bis du es recht untersucht und bis dahin ent= halte dich alles Urtheilens. Zwinge dein Maul, daß du dem Für= sten deines Volkes nicht fluchest, noch lästerst, noch Böses wün= schest. Entziehe dich nicht von seinem Gehorsam sondern erbitte ihm von Gott zeitliche, geistliche und ewige Wohlfahrt."

Solche Zurufe stärkten wohl etwas den Kurfürsten, doch blieb er die sechs Jahre, die er nach seinem Bekenntnisse noch lebte, vie= len Leiden hingegeben.

Die letzten Jahre kränkelte er vielfach und stand dann wohl am Fenster in seiner Kammer und sagte: „er wäre dieses Leben müde und satt, wenn sein lieber Gott kommen wolle, um ihn auf=

zulösen, er wäre schon bereit." Als er dem Kurprinzen die Regierung übertragen hatte, sah er sich als Privatmann an und lebte im Hause seines Geheimkämmerers. Zum Abendmahl des Weihnachtsfestes 1619 kam er von einem Landaufenthalte nach Berlin, schon sehr hinfällig. Innerlich blieb er wachen Geistes und sang noch am Tage vor seinem Tode den sechsten Psalm bis zum Schlusse mit. Dann bat er, man möchte ihn in seiner Andacht nicht stören. Sein Wunsch in seinem Gemach mit einem Freundeskreise noch die Kommunion zu feiern, konnte ihm wegen seiner Schwäche nicht gewehrt werden. Auf die Frage der Kurfürstin, ob er bei seinem öffentlichen Glaubensbekenntniß beharre, versicherte er dieses. Man hörte ihn auch noch sprechen: „ich habe meinen Herrn Christum so feste in meinem Herzen, daß mir denselben Niemand nehmen wird." Unter Psalmengesang und Gebet ist er gestorben. Die Kurfürstin berichtete an die Stände in Preußen: „ihr bester und fürnehmster Trost sei, daß wir gesehen wie mit so beständigem festen Vertrauen auf das einige vollkommene hochtheure Verdienst unseres getreuen Heilandes Jesu Christi S. Lieben ihr Ende vernünftig, christlich und selig geschlossen."

Johann Sigismund ist der Großvater des großen Kurfürsten, welcher in seiner ganzen Erscheinung ein echter Calvinist Brandenburg erhöhen sollte.

Wir haben versucht uns in jene wichtige Zeit, in der den Reformirten Brandenburg und Preußen geöffnet wurden, zurückzuversetzen. Aus welchen Bekümmernissen und Leiden ist die reformirte Kirche Preußens hervorgewachsen! Der Segen derselben ruht auf uns, die wir an ihrem Erbe Theil haben.

Das Bekenntniß Johann Sigismunds verpflichtet uns jetzt noch zur Treue gegen Gottes Wort, zur weisen Behandlung der Schriftgeheimnisse, zur nüchternen Verwaltung der heiligen Sakramente, zur brüderlichen Gemeinschaft mit den Lutherischen.

Elftes Capitel.

Die Pastoren um die Mitte des achtzehnten Jahrhunderts.

François Baratier 1735—1751.

Er ist im Jahre 1682 zu Romans geboren, einer Stadt welche an der Isère zwischen Vienne und Valence liegt. Einer seiner Vorfahren war am Ende des sechszehnten Jahrhunderts Gouverneur von Cavour in Piemont gewesen. Er war erst drei Jahre alt, als die Aufhebung des Edicts von Nantes seine Mutter nöthigte, nach der Schweiz zu fliehen. Zu Vevay und Lausanne, wo sie zwölf Jahre zubrachte, erlernte ihr Sohn die Anfänge der Wissenschaften. 1699 ging er von dort nach Berlin, der von den Franzosen geliebten neuen Heimathsstadt, und wurde der Zuhörer des berühmten Philosophen Etienne Chanvin. Zwei Jahre darauf ist er als Informator in und bei Berlin beschäftigt, bringt nachher einige Monate im Hause des dienstfertigen, freundlichen und gelehrten Jacob Lenfant zu und erwirbt sich dessen wie anderer Berliner Gelehrten Freundschaft. Ohne eigentlich Theologie studirt zu haben, macht er doch im Januar 1710 zu Frankfurt a/O. ein theologisches Examen und wird zum Feldprediger beim Varenneschen Regimente, welches sich aus französischen Flüchtlingen gebildet hat, berufen. Er begleitete seine Kriegsgemeinde nach Flandern, doch sein schwacher Körper und seine Neigung zur friedlichen Stille verleideten ihm das zu Feldeliegen so, daß er mit demselben auch die ganze Weltunruhe satt bekam und sich in Gemeinschaft mit drei anderen Weltmüden an einen einsamen Ort zurückzog, um ein Leben zu führen gleich dem der alten Patriarchen. Unter den Betrachtungen, die er in der Einsamkeit unternahm, siegten zuletzt die, daß seine selbstliebische Zurückgezogenheit weder mit der Bruderliebe noch mit dem Willen Gottes übereinkomme. Er läßt sich 1714 zum Prediger an der reformirten Gemeinde zu Wilhelmsdorf im Ansbachischen, einem den Baronen

Buirette von Oehlefeld gehörenden Ort, wählen und suchte seine dreijährige Muße durch gedoppelten Fleiß schadlos zu machen. 1719 wird er nach Schwabach an die französische Gemeinde berufen. Schon 1715 hatte er sich mit Anne Charles aus Chalons gebürtig verheirathet, von welcher ihm nach dem Tode seiner beiden erstgebornen Söhne am 19. Januar 1721 jener merkwürdige Wundersohn Johann Philipp Baratier geschenkt wurde, dessen vielfach gegebene Lebensbeschreibung auch zu Nachrichten über den Vater veranlaßt hat. Am 13. Februar 1735 verließ Baratier Schwabach, um als zweiter Prediger an die französische Gemeinde nach Stettin überzusiedeln. Am 8. März 1735 traf er auf der Reise dorthin mit seiner Familie in Halle ein. Sein erster Besuch galt seinem alten Altdorfer Bekannten Schulze, der sogleich Vater und Sohn dem Kanzler von Ludewig zuführte. Nachdem sich dieser mehrere Stunden mit dem frühreifen Knaben unterhalten und seine Kenntnisse geprüft hatte, schlug er ihm vor, die höchste Würde in der Philosophie unentgeltlich anzunehmen und sich zum Magister der freien Künste ernennen zu lassen. Der junge Baratier lehnte das ehrenvolle Anerbieten anfangs ab, indessen ließ er sich zureden, bestand schon am 8. März das Examen vor der Fakultät und erhielt die Erlaubniß am 9. März über 14 Thesen philologischen, philosophischen und astronomischen Inhaltes unter dem Vorsitz des jüngeren Lange öffentlich zu disputiren. Der Saal war gedrängt voll von Studenten. Der 14jährige Magister antwortete mit solcher Sicherheit und Bestimmtheit, daß der Präses nichts weiter zu thun hatte, als ihm am Ende der Disputation unter dem allgemeinsten Beifalle die wohlverdiente Würde zu ertheilen. Die Empfehlungen der halleschen Professoren an den damals gerade in Berlin sich aufhaltenden Hoffmann verschafften dem Vater und dem Sohn die glänzendste Aufnahme bei Hofe; der König behielt beide zehn Tage in seiner nächsten Nähe, ließ den jungen Magister in seiner Gegenwart von Jablonski in den morgenländischen Wissenschaften examiniren und hernach die feierliche Wahl des Knaben zum ordentlichen Mitglied der Akademie der Wissenschaften vollziehen. Der König hob die Berufung des Vaters Baratier nach Stettin auf und ernannte ihn zum französischen Prediger in Halle, damit dort sein Sohn sich den Wissenschaften und vor allem der

Jurisprudenz widme. Nach vielen Gnadenerweisungen und mit
einer zugesicherten jährlichen Pension von 50 Thalern für 4 Jahre
kehrte der junge Gelehrte nach wenigen Wochen mit seinem Vater
nach Halle zurück, wo er fast alle Gebiete des Wissens mit räthsel-
hafter Schnelle durcharbeitete, sich mit gleicher Sorgfalt und Er-
giebigkeit den genauesten Untersuchungen über die Längenverhältnisse
des Meeres hingab wie der eingehenden Widerlegung der Unita-
rier oder der Erforschung der dunklen Successionsgeschichte der ersten
römischen Bischöfe, oder der Erklärung einiger seltenen Münzen
aus der Zeit des Caligula. Doch seine Frühreife war ein krank-
haftes Naturspiel, sein feingebauter zarter Körper unterlag den geistigen Anstrengungen, er starb am 5. October 1740 im Alter von
19 Jahren 8 Monaten und 14 Tagen. Er saß gerade mit seinen
Eltern zu Tische, als ihn die Todesschwachheit überfiel, und ver-
schied in den Armen seines Vaters.

Sehen wir noch auf die erste Jugend des Johann Philipp
zurück, so las er schon im 3. Jahre ganz geläufig, im vierten sprach
er französisch und deutsch, im fünften lateinisch, in seinem sechsten
verstand er griechisch und hebräisch, im siebenten sagte er alle Psalmen in der Grundsprache her. Dann verschlingt er das Chal-
däische, Syrische, Arabische und Rabbinische und im 13. Jahre hat
er schon den größten Theil der Hauptbücher in fast allen Fächern
gelesen. In zehn Tagen bewältigt er den allgemeinen Stoff in
Mathematik und Astronomie, die jetzt seine Lieblingsgegenstände
werden und ihn zur Erfindung neuer ingeniöser Instrumente an-
leiten. Ueber die Erziehung und Gelehrigkeit des jungen Baratier
war schon 1726 ein Brief des Vaters in der Leipziger Zeitung
von gelehrten Sachen veröffentlicht, 1728 erschien ein vollständiger
Bericht desselben unter dem Titel: „Merkwürdige Nachricht von
einem sehr frühzeitig gelehrten Kinde, nebst vielen zur Kinderzucht
gehörigen nützlichen Anmerkungen" zu Stettin und Leipzig; 1735
wurde die Schrift zum zweitenmale aufgelegt. (Vergl. auch Biblio-
theque Germanique Bd. 17. S. 78.)

Man hat gesagt, daß wenn der Vater weniger den Sporn
bei der Erziehung des Sohnes angewendet, sein Sohn ein gesun-
deres und längeres Leben geführt hätte. Alle seine Biographen
rühmen neben seiner wunderbaren Begabung, die gleich groß war

in Gedächtniß, Scharfsinn und Darstellungsgabe, seine Bescheiden-
heit; selbst ein Voltaire bewunderte und achtete ihn.

Kehren wir zu seinem Vater zurück, so war derselbe also 1735
Prediger an der halleschen französischen Gemeinde geworden, 1737
steigt er zum Inspektor über alle französischen Kirchen im Herzog-
thum Magdeburg auf.

Aus den Jahren 1737 liegt eine Instruction pour les In-
specteurs des Eglises Françoises et Divisions des dites Eglises
en Inspections vor, nach welcher der Inspektor nach dem Kirchen-
und Abendmahlsbesuch, nach dem Jugendunterricht, nach dem Kran-
kenbesuch, nach der Verwaltung des Armengeldes durch einen Receveur und Controleur, nach der Anlegung der Kirchengelder und
nach der Konsistorialordnung zu fragen hatte. Folgende Inspektio-
nen werden genannt: 1) die von Berlin (damals von Isaac de
Beausobre verwaltet) mit den Kirchen zu Berlin, Potsdam, Brandenburg, Bernau, Buchholz mit Umgebung, Cöpenick, Münchenberg,
Frankfurt, Cottbus, Neustadt an der Dosse und Stendal; 2) die
von Stettin (damals unter de Mauclerce) mit den Kirchen Stettin,
Stargardt, Schwedt und Umgebung, Angermünde mit Umgebung,
Prenzlow, Straßburg, Poblow mit Umgebung, Granzow mit Umgebung, Bergholz mit Umgebung, Barstein und Groshilt mit Umgebung; 3) die von Magdeburg (unter Baratier) mit den Kirchen von Magdeburg, Burg, Kalbe, Neuhaldensleben und Halle;
4) die von Halberstadt (unter Paul Jordan in Magdeburg) mit
der Kirche von Halberstadt; 5) die von Cleve (unter Artus de
Croix) mit den Kirchen von Minden, Wesel, Cleve und Emmerich.
Aus dem Jahre 1737 ist auch das wichtige, die ganze Kirchen-
disciplin recapitulirende Edit concernant les Eglises Françoises
enseignant en general aux Consistoires une exacte observation
de la Discipline.

Blicken wir in die Gemeindegeschichte zu Baratier's Zeit. Zunächst die Disciplin. Aus dem Mai des Jahres 1746 liegt eine
Berliner Verordnung vor, welche die öffentliche Buße für Vergehungen gegen das siebente Gebot sehr beschränkt. Man fand die
alte Weise jedes Unzuchtsvergehen öffentlich vor der Gemeinde zu
bekennen, zu hart, sie verletze mehr, als daß sie heile. Es wurde
zwischen einer Anticipation bei Verlobten, welche in der mildesten

Weise zu behandeln sei, Hurerei, welche eine Zeitlang vom Abendmahl ausschließe, und Ehebruch, welcher nach der Strenge der
Disciplin zu behandeln, unterschieden. Ueber die Verheirathungs-
möglichkeit der Wittwen geschahen Bestimmungen, sechsmal durfte
sich eine Wittwe als das äußerste Maß wieder verheirathen. Im
Allgemeinen herrscht in der Disciplin noch der alte Geist, nur hie
und da beginnt man an dieser heilsamen Ordnung zu bröckeln und
zu kleinern. Im Jahre 1740 gab der unregelmäßige Besuch der
Katechismuslehre Anlaß zur Klage, doch zeigt der Eifer der Aeltesten in der Beseitigung dieses Mangels, daß in ihnen noch thätige Liebe für die Gemeindewacht lebt. Bei allen wichtigen Verhandlungen entziehen sich die Familienhäupter in keiner Weise ihrer
Zusammenberufung und betheiligen sich lebhaft an der Berathung.
Im Februar 1732 forderten sie die Pastoren zur Abstimmung über
eine Orgel auf, die man in der Burgkapelle aufstellen wolle, die
Majorität von 31 Stimmen ist für diese neue Einrichtung, 7 Stimmen, unter ihnen einige Aelteste dagegen, ohne Zweifel, weil sie
jedem Neuen abgeneigt waren.

Die Wohlthätigkeit konnte in dieser Zeit nicht mehr dieselbe
sein. Die Handelstüchtigkeit der Franzosen hatte jetzt schon viele
Rivalen gewonnen, sie waren nicht mehr die einzigen gewandten
Unternehmer, Leipzig hatte Halle weit überflügelt, die Deutschen
die von den Franzosen gelernt, waren ihren Lehrern gleich geworden und Baratier berichtet an den Hof, que la Décadence de nos
Fabriques et Manufactures, dont le Boëtes de notre Eglise ou
les Charités publiques souffrent une Diminution très sensible ...
Dazu war die Zahl der Armen groß. Indessen ist die Freigebigkeit
noch immer ungehindert: eine Kollekte für die Galerensklaven im
Jahre 1739, welche nach Amsterdam zur Versendung ging, beträgt
100 Thaler, ein geschenkter Garten des Doctor Gedéon Alion bringt
den Armen eine jährliche Einnahme und in verschiedenen Hypotheken hat die Gemeinde ein kleines Vermögen niedergelegt. Als Clos
de Anne Charles, die Frau des Pastor Baratier starb, vermachte
sie 900 Thlr. an das Berliner französische Waisenhaus, 100 Thlr.
an die hallesche französische Kirche, 100 Thaler an die schwabacher
Gemeinde. Die Pastoren waren freilich auf ein sehr dürftiges Ein-

kommen angewiesen, von dem sie noch eine gemiethete Wohnung bezahlen mußten, da erst später die Gemeinde ein Pfarrhaus erwarb.

Im September 1741 hielten die Kirchenräthe Achard und Jarrigues eine Revision in der Gemeinde. Sie waren nicht wenig erbaut von der Einheit und Liebe, welche in der halleschen Gemeinde herrsche und hatten nichts zu tadeln. Auf ihren Vorschlag trennte man nur das Küster- und Vorsängeramt, welches in einer Person vereinigt war. Der eine Küster und Vorsänger war auch noch Vorleser und Lehrer gewesen.

Baratier starb am 7. September 1751. Seine Schriften:

Faigeaux, sein Nachfolger in Schwabach, hatte ohne Wissen von Baratier dessen

1) Sermon d'adieu à l'église française de Schwabach drucken lassen, Frankfurt 1745.

2) Fables et histoires possibles, welche er für seinen Sohn zusammengestellt hatte, wurden von Choffin, Halle 1763, herausgegeben und zum Theil wieder abgedruckt in dem Buche von Getting: Le jouet des jolis petits enfants 1776.

3) Der oben angeführte Bericht über seinen Sohn.

Gleichzeitig mit Baratier war noch Prediger an der Gemeinde:

Jean Jacques Galafrès 1740—1765.

Nach dem Tode von Poinlou wählte die Gemeinde aus den ihr vorgeschlagenen Pastoren Coullez von Neustadt an der Dosse, Toussains von Wesel, Coste von Bergholz, De Convenant von Butzow, Pelet von Burg und Galafrès von Danzig — Coste von Bergholz mit 69 von 78 Stimmen, doch nicht er, sondern Galafrès kam nach Halle. Dieser war der Sohn von Jacques Galafrès und Jeanne Martel zu Berlin und wurde von Danzig nach Halle versetzt. Er starb hier am 29. September 1765. Seine Frau war eine geborene Tenier. Für den kleinen Samuel Elie Galafrès übernahm das Konsistorium die Vormundschaft und die Frau Galafrès erhielt von demselben ein Geschenk von 25 Thalern comme une marque de son amitié. Von dem Verstorbenen heißt es, er habe sich ein bleibendes Andenken geschaffen par les monuments de son zèle et de sa tendresse.

Zwölftes Capitel.

Die letzten Pastoren.

Marc Philipp Louis D'Bern 1762—1809.

Der Vater von D'Bern war ein irländischer Edelmann, welcher sich mit Louise Antoinette Gräfin du Quesne verheirathet hatte.
Diese war die Enkelin des Marquis Henri du Quesne, des ältesten Sohnes des hochberühmten Admiral Abraham Marquis du
Quesne, der die französische Marine wieder hergestellt und den berühmten Ruyter besiegt hatte. Der Admiral war 80 Jahre alt als
das Edict von Nantes aufgehoben wurde und Ludwig XIV., der
die Verdienste des Mannes kannte und hochschätzte, gab sich alle
Mühe, ihn für die römische Kirche zu gewinnen. Er bot ihm den
Marschalls-Stab als Preis des Uebertrittes an. Der Held wies
auf sein weißes Haar und sagte: „allergnädigster König, ich habe
60 Jahre hindurch dem Cäsar gegeben, was des Cäsars ist, erlauben Sie, daß ich Gott nun gebe, was Gottes ist." Er erhielt
die Erlaubniß auf seinem Marquisat, dem ehemaligen Ländchen
Le Bouchet in Isle de France nicht weit von Estampes, seine letzten Tage ruhig zu verbringen. Seine Söhne verließen das Königs-
reich, aber sie mußten ihrem Vater versprechen, nie wider ihr noch
so undankbares Vaterland die Waffen zu führen.

Sein ältester Sohn war ein gelehrter Mann und arbeitete
mit an einer französischen Uebersetzung des Neuen Testamentes die
zu Genf bei Fabri und Barillot heraus kam. Später begab er
sich nach Genua und kaufte in dem Tavernierschen Concurs die
Freiherrschaft Aulbonne im Waadtlande. Er verlor einen großen
Theil seines Vermögens durch den betrüglichen Actienhandel von
Mississippi, verkaufte seine Herrschaft an den Kanton Bern und
starb 1712 zu Genua. Sein ältester Sohn ging nach England und
wurde königlicher Gouverneur der Insel Jamaica und hinterließ einen Sohn und eine Tochter ohne Vermögen. Diese Tochter ist die

Mutter von O'Bern. Als dieser 1762 nach Halle kam, lebte hier ein alter Greis Jaquier mit dem Zunamen Provencal, der in seiner Jugend auf der Flotte bei dem Bombardement von Algier unter dem Admiral du Quesne gedient hatte.

Unser O'Bern war am 11. Februar 1738 zu Erlangen geboren, wo sein Stiefvater französischer Prediger war. Er vollendete seine Studien in der Schweiz und machte in Zürich die Bekanntschaft von Lavater und Heß, die er in dankbarem Andenken behielt. Im Jahre 1762 wurde er zum zweiten Prediger an die hallesche Gemeinde berufen.

O'Bern war noch dem Lehrsystem der reformirten Kirche treu ergeben und in dieser seiner Anhänglichkeit an die damals überall preißgegebene und verlassene alte Lehre eine seltene, in Halle vielleicht die einzige Erscheinung. Er kannte sie gründlich, vertheidigte sie mit der ganzen Lebhaftigkeit seines Gefühls, wurde auch wohl ihren Feinden gegenüber scharf und heftig. In der Brüdergemeinde sah er allein eine Zufluchtstätte der verlornen Wahrheit und trat mit ihr in enge Verbindung. Er war eine innige, herzliche Natur, lebte in dem, was er glaubte und trug sein Bekenntniß mit warmer Ueberzeugung vor. Ohne künstliche Beredtsamkeit oder leere Declamation predigte er mit Eifer und suchte zu den Herzen zu reden. Als er einst Schleiermacher gegenüber die biblische Lehre von der Versöhnung mit Gluth und Glauben behauptete, und nach dem Gespräch dieser gefragt ward, ob die Theorie richtig sei, erwiederte er: „nicht die Theorie, aber die Liebe." Wir wissen, daß sich die Liebe in dieser Theorie nicht betrogen hat. In seinem Amte war O'Bern ungemein thätig und arbeitsam und seine Gemeinde verehrte ihn sehr. Er hatte jene bedachtlose Wohlthätigkeit, der es fast unmöglich wird einen Armen zurückzuweisen und wäre oft in seiner Güte mißbraucht worden, wenn nicht seine sparsame Frau ihn überwacht hätte. Sie war „die Vernunft, welche seine Gabe streng verbot." O'Bern war selten fleißig, sehr frühe stand er auf um seinen Lieblingsstudien nachzugehen und er konnte nie ohne Beschäftigung sein. Tüchtige Kenntnisse hatte er sich in den orientalischen Wissenschaften erworben und in den ersten Jahren seines halleschen Lebens mit den Professoren Simonis und Mursinna und

dem Domprediger Hirsekorn eine wöchentliche gelehrte Gesellschaft
gestiftet. Später wagte er es, Gesenius entgegenzutreten. Die
französische Sprache verstand er mit großer Genauigkeit, auch in der
deutschen Litteratur war er bewandert und liebte besonders Klopstocks
Messias, der ihn in einer schweren Krankheit getröstet hatte. Am
Ende seines Lebens fing er ein sorgfältiges Studium der Geographie und Topographie an, und wie er früher eine durch orientalische
Litteratur ausgezeichnete Bibliothek zusammengestellt hatte, so legte
er sich jetzt auf eine kostbare Kartensammlung, oder machte Auszüge
aus Reisebüchern, welche sich allmählig zu einem vollständigen Cur-
sus der Geographie erweiterten. Von einer französischen Ueberseßung
der Geographie von Büsching fand sich nach seinem Tode eine fast
vollendete Arbeit. Seine Kenntniß der Botanik zeigte sein wohlge-
pflegtes Gärtchen hinter dem Pfarrhause, in dem er namentlich in
einer zehnjährigen Krankheit oft Erholung suchte. Diese Krankheit,
welche zwischen gänzlicher Ohnmacht und Erschöpfung und nervöser
Erregtheit hin- und herschwankte, machte ihn unfähig sein Amt zu
verwalten. Um dennoch einige nützliche Arbeit zu thun, gab er in
den guten Stunden seines Leidens an Lehrerinnen unentgeltlichen
Unterricht in der französischen Sprache, in den er zuweilen geistliche Unterweisungen einfließen ließ. Auch diese langwierige körper-
liche Noth konnte die merkwürdige Regsamkeit und Frische seines
Wesens nicht zerstören, er blieb immer der lebhafte, lebendige Franzose, der sich freute, wenn den Einsamen ein Freund besuchte.
Dies geschah nicht zu oft und der Kranke lebte viel allein, doch
allezeit thätig und regsam. Als das Pfarrhaus abbrannte, er er-
hebliche Verluste erlitt, seine Bibliothek zum Fenster hinauswan-
derte und manch seltenes Buch nicht wiederkehrte, glaubte man, er
würde bei seiner Schwäche dies nicht überleben. Doch er blieb
still und gelassen und kehrte bald wieder zu seinen Arbeiten zurück.
Der bald darauf erfolgende Tod seiner Frau mehrte seine Noth,
schon vorher hatte ihn die französische Revolution um die Zinsen
seines Vermögens gebracht. Eine zweite Verheirathung mit Charlotte von Röder ordnete aufs Neue sein Hauswesen.

Nach seiner unerwarteten Genesung übernahm er mit verdop-
pelter Treue sein Amt, welches er bis zum 28. April 1809 fort-
führte. Den Sonntag vor seinem Todestage hatte er noch gepre-

digt. Sein Kollege Chodowiecky, der ihn obwohl ein Gegner seines Glaubens sehr liebte, widmete ihm einen Nachruf im halleschen
Wochenblatte und rühmte noch von ihm, er wäre „in collegialischen
Verhältnissen auch bei der größten Verschiedenheit der Charactere
unübertrefflich gewesen."

Aus der Gemeindegeschichte wie sie theils schon einige Jahre
vor seiner Zeit, dann zu seiner Zeit verläuft, theilen wir Folgendes mit.

Besondere bemerkenswerthe Beispiele von Gemeindezucht liegen
in den Kirchenakten nicht vor, außer etwa die Absetzung des Kü-
sters Pierre Mauran im Jahre 1738, weil er dem Pastor Galafrès nicht in geziemender Weise begegnete und seine eigene Frau
schlecht behandelte. Gaben der Liebe kamen noch immer ein. So
schenkte der Kaufmann Paul Hurlin ein in der großen Ulrichstraße
gelegenes Haus, das früher einem gewissen Balgalier gehörte und
an das Hurlin Schuldrecht hatte, damit es für die Armen ver-
werthet werde. Anfänglich vermiethete man es an Soldaten und
andere Leute, dann reparirte man es für 2579 Thaler und machte
es in seinem vorderen Theile zum langersehnten Pfarrhause. Die
Erpressungen der feindlichen Heere im siebenjährigen Kriege drückten
auch die französische Gemeinde und beraubten sie. Im Oktober
1760 rettete man wenigstens das Pastoren- und Armenhaus durch
eine feierliche nach dem Rathhause gesandte Deputation von einer
Brandschatzung. In dem Pfarrhause wohnten die Pastoren wie
auch der Vorsänger und Vorleser für eine billige Miethe, 1765 erhielt Galafrès wegen seiner mühevollen Verwaltung des Sekretär-
amtes freie Wohnung und die besonders berathene Erlaubniß auf
dem zur unteren Pfarrwohnung gehörigen Hofe einen Hühnerstall
halten zu dürfen. Im Jahre 1767 und 1768 wurde die Burgkapelle vom Könige restaurirt, in der Zwischenzeit hielt man im Dome
Sonntag Morgens um 9 Uhr und Nachmittags um 1 Uhr Gottesdienst. Die Kolonie minderte sich von Jahr zu Jahr. 1774
sind ihre Mitglieder 129, darunter 21 zu unterrichtende Kinder;
die jährliche Kommunikantenzahl beläuft sich auf 328 Theilnehmer:
es herrscht also noch die alte Sitte, daß die ganze Gemeinde bei
den verschiedenen Feiern zum Abendmahle geht. Wegen der vielen
Arbeiten, die das Aeltestenamt mit sich brachte, scheint man seine

Annahme gescheut zu haben. Denn gegen die im Jahre 1774 er-
gehende Aufforderung, daß die Aeltesten die Kirchenlisten abfassen
und einreichen sollten, protestiren sie, weil sie Kaufleute wären,
ihre gute Arbeit hätten und das wenig gesuchte Aeltestenamt nicht
noch mehr beschwert werden müßte (la charge d'Anciens est actu-
ellement peu recherchée.) Indessen ist die lebendige Theilnahme
der kleinen Gemeinde noch nicht verglommen, alle wichtigen Ereignisse begleitet sie mit Interesse und Urtheil. Im December 1773
setzte sie der Pastorenwahl des jungen Kandidaten Grandam entgegen, daß sich bei aller Anerkennung seiner Talente, welche sich
unter guten Händen zu schönen Früchten entwickeln könnten, doch
bei ihm noch zuviel jugendliche Leichtigkeit und Unerfahrenheit zeigte.
Vielfach sind die Klagen des oberen Konsistoriums in dieser Zeit
über den schlechten Schulbesuch. „Wie können wir, heißt es in
einem Reskript, die Gemeindemitglieder ermahnen, wenn die Pastoren selbst so wenig ihre Pflicht hierin thun?"

Die Gemeindeschule war am Ende des Jahrhunderts in trau-
rigem Zustande, der Lehrer war alt, hatte nur arme Kinder, die
reicheren besuchten zwei andere französische Schulen in der Stadt.
Auch durch die stete Kränklichkeit der Pastoren war es übel um die
Gemeinde bestellt und sie rang mit Bitten und Vorstellungen bei
dem oberen Konsistorium um ihre Existenzmittel.

Auch in der letzten Zeit der französischen Kolonie von 1780 bis
1809, welche am Ende der neunziger Jahre sogar noch einmal über
100 Mitglieder zählte, herrscht noch etwas die frühere Gemeindezucht, welche indessen durch manche verkehrte Zugeständnisse, wie
das der freien Wahl des Stadt-Predigers, der den zum Abendmahl vorbereitenden Unterricht geben soll, gebrochen wird. Geblieben ist dieselbe Sorgfalt und Sauberkeit in der Verwaltung
auch der kleinsten kirchlichen Ereignisse. Die vielen Armen, die
wenigen Reichen lassen die freigiebigen großen Gaben seltener werden. Manche unglückliche Ereignisse deuten gleichsam auf das Sterben der Kolonie hin. Der Bau eines Lazarethes auf der Moritzburg verbaut trotz des Protestes des Konsistoriums der Burgkapelle
ein Fenster und bringt andere Unbequemlichkeiten mit sich; der
Brand des oberen Theiles des Pfarrhauses in der Ulrichstraße am
8. Februar 1798, bei dem die beiden Pastoren in ihrem Besitze be-

deutend beschädigt wurden, bereitet der Gemeinde viele Noth um das nöthige Baugeld; die Neigung einiger Mitglieder für die deutsch-reformirte Gemeinde, welcher das Konsistorium mit Mühe zu wehren sucht, zeigt schon jetzt auf den Ort hin, der die letzten Franzosen auf-nehmen werde. Doch die Gemeinde erhebt sich aus ihren Verlusten mit neuem Muth. Das Pfarrhaus wird wieder erbaut (nach der Reparatur zahlte D'Bern für die obere Etage 60 Thaler Miethe, Chobowiedy für die untere 40 Thaler), sogar das Armenhaus auf dem Strohhofe wollte man um Geld zu erlangen, deshalb verkaufen, glücklicherweise war dies nicht nöthig. Wohlthätige, eifrige Mitglieder der Kolonie wie der Kommerzienrath Garrigues, der Assessor Bassenge thun viel um den Bestand der Gemeinde zu sichern und die Hoff-nung auf eine größere Zukunft ihres Kirchleins bleibt unter den Franzosen. Am Anfang des neuen Jahrhunderts wurde indessen schon die Anordnung einer deutschen Predigt an jedem vierten Sonn-tage nöthig. Die liturgischen Einleitungen dazu nahm man aus den „Andachts-Uebungen und Gebeten" von Zollikofer und die Ge-sänge aus dem Gesangbuch der deutschreformirten Gemeinde. Aus der Annahme dieser Bücher erkennt man, wie der Rationalismus auch in die französische Gemeinde seinen Einzug hält. Es ist sonst höchst merkwürdig, wie geringe Spuren er in der Gemeinde zeigt. Die Macht der kirchlichen guten Tradition, der Respekt vor der Bibel größer als in den lutherischen Gemeinden, die eingreifende Hervorhebung des Gesetzes in der Schriftlehre, wodurch man theils eine alle rationalistische Moral übertreffende Lebensregel hatte, theils auch ihre dargebotenen Verbesserungen nicht bedurfte oder als schwäch-lich ansehen konnte, wehrten ihn etwas ab, obwohl 1790 der Ge-sang der Psalmen den Franzosen so anstößig wurde, daß sie ihre Kirche nicht mehr besuchen wollten. Ihr Verlangen nach verständ-lichen Gesängen, welche sich direkt auf die Wahrheiten und das Wort des Evangeliums bezögen, wurde durch die Einführung der von Henry in Potsdam bewerkstelligten Sammlung von Psalmen, Hymnen und Gesängen erfüllt. Am 31. Juli 1791 sang die Ge-meinde avec un applaudissement general daraus, die deutschen Melodien, „viel besser als die der Psalmen," zogen aufs Neue die Kirchenbesucher herbei, auch die Deutschen kamen jetzt häufiger und die Almosen mehrten sich wieder.

Erlauben wir uns bei den eben angeregten Gedanken einen Excurs. Der Verfasser der Briefe über den Religionszustand in den preußischen Staaten seit der Regierung Friedrich des Großen (I. Bd. S. 226) findet unter den Berliner französischen Geistlichen nur einen — Reclam, welcher einer freieren theologischen d. i. rationalistischen Lehrart zuneigte und meint, daß die Franzosen hinter den deutschen Gottesgelehrten weit zurück seien. Indessen war die Religionsverfassung der französisch-reformirten noch damals derartig, daß sie auch diesem Reisenden „viel Schönes, viel Anziehendes und wirklich Großes" barbot. Er sagt: „Allerdings haben die französischen Geistlichen und die von ihnen abhängigen Schulbedienten viele Vorzüge. Sie lieben fast mehr wie die deutschen die brüderliche Einigkeit unter einander, besitzen fast gar keinen Stolz, sind ungemein dienstfertig und heitere menschenfreundliche Gesellschafter. Dabei hängen sie fast alle pünktlich an dem alten System der Theologie, vertheidigen die Lehrsätze der reformirten Kirche eifrigst und lassen auch keine Kandidaten zum Predigtamte, welche nicht ganz und gar orthodox sind. Ihre Kommunionen sind ernsthaft und rührend zugleich. Die ganze Gemeinde versammlet sich mit vieler Devotion zum Tische, wo die äußeren Zeichen ausgetheilt werden. Sie pflegen sich beim Einlegen des Almosens in die Becken sehr freigiebig zu erweisen. Die Sitten der französischen Kolonien sind noch immer einfach, und wenn man das Ganze betrachtet, unschuldig. Sie sind zur Mittelmäßigkeit gewöhnt und bemühen sich alles Uebermaß zu verhüten. Die Wahl der Prediger geht bei den Gemeinden ungemein unparteiisch zu. Man könnte ihnen viele Nachfolger wünschen." Ueber die französische Redelebhaftigkeit sagt der Briefschreiber: „Es fehlte nur noch, daß sie den Hut aufsetzten, mit der Dose, dem Tuche machen manche sehr viel Bewegung, die ins Uebertriebene fällt." Der ganze Abschnitt ist, mit Kritik gelesen, unterrichtend (II. 106.). Ebenso lobt die Sitten der magdeburger französischen Kolonie das Mémoire historique sur la fondation de l'église françoise de Magdebourg (1806). Als nämlich am 19. August 1804 der schöngebaute französische Tempel in wenigen Stunden niederbrannte und klagend und weinend die Franzosen auf den Trümmern standen, erwachte in ihnen der alte Geist, der die Kirche einst gegründet hatte. Dieselbe Freigie-

bigkeit, dieselbe Sparsamkeit, um so einen Ueberschuß für den Neu-
bau zu gewinnen, derselbe Eifer und gleiche fast noch größere Einigkeit zeigte sich unter ihnen. Was hiemit von anderen Kolonien
gesagt ist, wird auch von der halleschen gelten.

Während so die lutherische Kirche, ja auch die deutsch-reformirte dem Rationalismus zum Raube gefallen sind und die theuren Vätergüter um modernen Menschentand verspielt haben, bewahren die Zöglinge Calvins in dem Großen und Ganzen ihrer
Kirchensitte und Lehre das Wort ihres ihnen von Gott gesandten
Reformators. Es fehlte unter ihnen nicht an falschgeistigen Pastoren, so war Chodowiecky, der Kollege O'Berns, nach dem Zeugniß seiner eigenen Frau einer „der nichts glaubte," aber der ernste
und hohe Kirchengeist, welcher durch das strenge Vorbild ihres
Meisters und die Brandmale der Leiden ihnen eingehaucht war,
wirkte noch bis in diese Zeit elender Verflachung und Leerheit hinein. Und als echte Konservative, nicht als Revolutionäre und
Neuerer, tragen die Flüchtlinge Frankreichs bis zu ihren Kindes-
kindern den Schatz, um dessentwillen und mit dem allein als ihrer
einzigen Habe sie auswanderten.

Man verwechselt sehr häufig die französischen Kolonisten mit
den leichtfertigen glaubenslosen Franzosen, welche an dem Hofe
des großen Friedrich lebten oder mit denen, welche die Revolutions-
zeit aus Frankreich aussandte. Nichts ist falscher. Mit Recht sagt
Weiß, daß die Berliner Calvinisten sich mit Widerwillen von jenen unähnlichen Landsleuten abgewandt hätten, ihre Art wäre eine
andere, eine strengere gewesen. Bis in ihre letzten Tage hielten die
halleschen Franzosen dafür, daß sie etwas Besseres als die sie um-
gebenden Deutschen wären: sie waren kirchlicher, um den flachen
Ausdruck zu gebrauchen, religiöser und pflegten die brüderliche Gemeinschaft.

Am 20. October 1785 feierten sämmtliche französische Kolonien
in den königlich preußischen Landen ihren hundertjährigen Stiftungs-
tag. In Halle verlegte man ihn auf den folgenden Sonntag. Die
mit rothem Tuche ausgeschlagene Kirche war mit den Bildnissen des
großen Kurfürsten und des regierenden Königs geschmückt. Der
Gottesdienst begann früh um dreiviertel auf neun Uhr. Der Kantor und Lektor Mr. Laborde verlas die Geschichte der Einweihung

des Salomonischen Tempels und kündigte den 81. Psalm an, der mit Trompeten und Pauken gesungen wurde. Darauf bestieg Garagnon die Kanzel und kündigte nach dem Bußgebet den 122. Psalm an. Dem Psalmgesang ging eine ins Französische übersetzte Graunische Kantate voran. Die nun folgende Jubelpredigt war über Psalm 137, v. 5. u. 6. Nach dem Jubelgebet wurde der Ambrosianische Lobgesang mit Trompeten und Pauken unter Läutung aller Stadtglocken und Abfeuerung einiger Kanonen gesungen. Nachmittags verlas man zum Beginn des Gottesdienstes die Befreiung der Israeliten aus Egypten, nach dem Gesang von Ps. 67. predigte dann O'Bern über Sam. 7. v. 12. Der Gesang von Ps. 150. mit Musikbegleitung endigte die Feier. Diese geräuschvolle Feier ist indessen nicht calvinisch, sondern eine Anbequemung an eine leider auch jetzt noch in die Kirche hineingetragene Schauspielerei. Aus der gedruckten Predigt von O'Bern geben wir einige Auszüge. Nach einer geschichtlichen Darstellung der Leidensnoth der Reformirten in Frankreich, die doch in ihrer strengen Sittendisciplin und in ihrer Königstreue ein Vorbild Frankreichs waren, so daß selbst Richelieu sagte, die Krone des Königs wankte auf seinem Haupte, doch sie befestigten sie wieder, wandte sich der Redende zu dem gesegneten Andenken des großen Kurfürsten, welcher die Thränen der Entflohenen durch seine Wohlthaten trocknete. Er fährt dann fort:

„Unsere Vorfahren verließen Frankreich wie Jakob seine Heimath mit einem Stabe. Von allem entblößt, unbekannt mit der Sprache und den Sitten des Landes welches sie aufnahm, wie stark mußte ihr Glaube sein, um nicht im Anblick solcher Schwierigkeiten den Muth zu verlieren, doch Gott wachte über ihnen. Unermüdet thätig, fleißig und sorgsam, getragen von der unerschöpflichen Liebe des Kurfürsten, arbeiteten sie Tag und Nacht, durchdrungen von lebendiger Freude und Befriedigung Gott nach ihrem Gewissen dienen zu können, und der Herr segnete ihrer Hände Werk. Sie eröffneten neue Industriequellen, vervollkommneten schon vorhandene Gewerbe, errichteten Fabriken, welche jetzt Tausenden Brot geben. Der Handel hob sich plötzlich, die Rechtschaffenheit unserer Vorfahren verschaffte ihnen selbst in katholischen Landen Kredit, überall errichteten sie Handlungshäuser und knüpften Geschäftsverbindungen an und viele von ihnen wurden sehr reich. Derselbe Geist der Weisheit und Liebe, der sie in Frankreich zu freigiebigen Almosen antrieb, machte sich auch bald in den neu entstehenden Kirchen bemerkbar und nie waren ihre Armen gezwungen das Brot an den Thüren zu suchen. Zu jeder Zeit wurden wirkliche Arme, schwache Greise, alte Wittwen, verwahrloste Kinder aus den freiwilligen Beiträgen der Kolonisten unterhalten. Das Oeltröpfchen, was sie aus Frankreich mitnahmen, vertrocknete nicht in ihrem Kruge." O'Bern fährt dann fort die große Bedeutung der Franzosen in den verschiedensten Verhältnissen nachzuweisen, wie sie an der Seite des großen Friedrich kämpften und für ihr neues Vaterland ihr Blut vergossen, so daß die Hautcharmais, Forcade, Fouquet, St. Juliens, Bévilles, Montmartin immer ihre Namen in den Gedächtnißtafeln haben würden; wie die Beausobre, Lenfant, Gautier, la Croze, Abbadie, Pelloutier in der Literaturgeschichte nicht vergessen sein würden, und macht hierauf die dringende Anwendung auf die letzten Söhne der Flüchtlinge mit den Vorfahren in Gott den ewigen Fels zu suchen und Lutheranern und Katholiken das alte schöne Vorbild zu geben. Am folgenden Tage versammelten sich sämmtliche Mitglieder der Kolonie, Arme und Reiche, auf dem Kronprinzen, wo an drei Tafeln gespeist wurde und am Abend getanzt. Jeder hatte ein Jubelband von Orangefarbe angehängt, worauf die Worte standen: Die zu Halle vom Kurfürsten Friedrich Wilhelm etablirten, von seinen Nachfolgern, den Königen Friedrich dem Ersten und Friedrich Wilhelm beschützten Franzosen feiern ihr hundertjähriges Jubelfest den 29. Oktober 1785. Le Beaux hatte den Tanzsaal illuminiren und die beiden Seiten der geprägten Jubelmedaille im Großen abbilden lassen. Es war nämlich eine von Chodowiecky gezeichnete und von Abramson geprägte Medaille auf dieses Jubelfest von Silber geschlagen worden. Auf der einen Seite sieht man die weinende Religion mit der Bibel in der Hand auf den Knieen vor dem Brustbild des großen Kurfürsten und unten liest man die Worte: Die französischen Flüchtlinge in ihrem Unglück vom großen Kurfürsten getröstet, den 29. Oktober 1685. In der Entfernung sieht man einen Tempel in Flammen. Auf der andern Seite kommt die Religion vor den Altar der Vorsehung. Oben schwebt das Brustbild des regierenden Königs und unten liest man die Worte: „Die Nachkommen der Flüchtlinge sind glücklich unter der Regierung Friedrich des Großen den 29. Oktober 1785." Auch in den übrigen halleschen Kirchen gedachte man der Jubelfeier. Die hauptsächlichsten Repräsentanten der Gemeinde sind in dieser Zeit die Pastoren: Marc Philippe Louis O'Bern, Charles Auguste Garagnon; die Aeltesten: Jean Jacques Braconier, Zacharie Nicolas, Jean Daniel Brandi, Antoine Bourdau, Philippe Guilhauman; Armengelderverwalter: Jean Jacques Braconier; Lehrer und Vorsänger: David Laborde; Organist: JeanGottfried Kurze; Küster: Pierre Armand; Balgentreter: Pierre Louis Finiel; Richter und Direktor der Kolonie: Gottwald Hirsch; Assessoren: François Plantier, Jean Jacques Braconier und Alexandre Barthelemi Debeke (letzterer auch Greffier); Aerzte: Nicolas Theune, Charles Samuel Blanquet.

Am 24. October 1790 feierte die Gemeinde das Gedächtniß der Uebergabe und Einweihung der Moritzburgkapelle. Die Feier war ähnlich wie die eben beschriebene. Vormittags predigte O'Bern über Ps. 118. V. 24., Nachmittags der auf einige Wochen gegenwärtige Erman, Pastor in Potsdam, über Matth. 16. V. 18. Am Schlusse des Berichtes über die Feier wird noch bemerkt, daß die anwesenden Studenten merkwürdig ruhig und stille gewesen wären. Mit richtigem Takte verlegte man auch diesmal die Tafelfreuden auf den Montag, während in den deutschen Gemeinden bei Jubelfeiern derselbe Sonntag dazu gewählt wurde.

Die Gewaltherrschaft Napoleons lastete schwer auf Halle und somit auch auf der französischen Gemeinde, die zeitweise ihrer Kapelle beraubt war, indem dieselbe zu einem Heumagazin dienen mußte. Es war indessen keine tyrannische Beeinflußung, durch welche unter Jerome Napoleon die Vereinigung der französischen Gemeinde mit der deutsch-reformirten im Jahre 1809 sich vollzog. Im Juni 1808 machte das Presbyterium der deutsch-reformirten Gemeinde dem zweiten Prediger an der französischen Gemeinde Blanc den Vorschlag in die dritte unbesetzte Dompredigerstelle einzurücken. Blanc brachte nun dem Presbyterium den Gedanken einer Vereinigung beider reformirten Gemeinden entgegen. Viele Gründe sprachen dafür. Es kam zu Verhandlungen, in denen namentlich der Wunsch einiger Mitglieder der französischen Gemeinde nach einer französischen Predigt und Abendmahlsverwaltung in dieser Sprache die Vereinigung zu verhindern schien. Wäre man auf das Verlangen eingegangen, so hätte es dem Gottesdienste der deutsch = reformirten Gemeinde allerlei Nachtheile gebracht und eine innige Verschmelzung vereitelt. Nach verschiedenen Entwürfen geschah die Vereinigung in der Art, daß die französische Gemeinde auf die Haltung einer separaten Versammlung verzichtete und die beiden französischen Prediger D'Bern und Blanc, das Konsistorium und die Kirchenbedienten an die Domgemeinde übertraten. Die französische Gemeinde erhielt freie Kirchensitze im Dom; das Gehalt des Dompredigers Blanc wurde wegen vermehrter Arbeit erhöht, wie auch das von D'Bern, der wegen seines Alters außerdem volle Freiheit der Beschäftigung zugestanden bekam. Kantor und Küster gesellten sich für ihre Lebenszeit zu den gleichen Dombeamten, der Organist trat in die am Dom gerade unbesetzte Stelle. Aus dem Presbyterium und Konsistorium bildete sich folgendes Presbyterium: Kohl, Assessor Baffenge, Commerzienrath Garrignes, Professor Stange, Assessor Lehmann, Professor Ebers und Director Pallan. Am 9. Juni 1809 erließ Jerome Napoleon durch den Minister Wolfrath das Edict der Vereinigung, von dem Artikel I. lautet:

L'église reformée française a Halle Departement de la Saale est réunie á l'église reformée allemande pour ne former qu'une seule église reformée.

Ein französischer Fürst hat den letzten Gemeindeact der Franzosen bestätigt: er erlebte es in diesem kleinen Ereignisse, später in größeren, wenn auch in anderer Weise, daß das deutsche Element das fremde sich gleich mache oder es ausstoße.

Es waren etwa 25 Personen, um die die Domgemeinde durch die Franzosen vermehrt wurde. Außer den in dem gemeinsamen Presbyterium schon Genannten: General von Renouard (ein Familientheil noch jetzt in Dänemark, der jüngst verstorbene Kommandant der Festung Kronburg trug diesen Namen), Inspector Villaret, Justizrath Conrad, die Familie Braconier, Samuel Mangold, die Familien Chartier, Lasond, Laborde, Rauchfuß, Dan, Wittwe Altenstädt, Fräulein Villaret, Mad. Zschorn, Bernard.

Nur noch wenige Namen französischen Klanges birgt die Domgemeinde in sich. Zwei direkte Abkömmlinge von den ersten Einwanderern sind noch unter uns. Ein Handschuhmacher Dan und eine Jungfrau Laborde. Die Verdeutschung der französischen Namen geht immer mehr vor sich. Aus Hareng wird Hering, aus Lacroix Kreuz, Sauvage Wild, Poirier Birnbaum, Laforge Schmidt oder statt der Uebersetzung verstümmelt man, so giebt es in Halle einen Be-au statt Beau, einen Lange der aus Ange entstanden ist, Boutemont wird Buttmann, Cuny Kühne, Gottier Götter. Sonst begegnen uns noch eine Menge französischer Namen in unserer Bevölkerung: Le Clerc, Deparade, Barriés, Jordan ꝛc. Bleibende Erinnerungsstücke an die Franzosen haben wir in dem reformirten Pfarr- und Armenhause, beide als werthvolle Hinterlassungen an uns übergeben.

Auch die Kapelle auf der Moritzburg ererbte die deutsch-reformirte Gemeinde und wie die Kapelle überhaupt eine schicksalsreiche Geschichte hat und zu den verschiedensten Zwecken gebraucht ist, so ging dies noch einige Zeit fort. Seit dem Jahre 1806 diente sie zu einem Depot von Heu und Hafer, die Gottesdienste der Franzosen wurden im Dome gehalten; es miethete sie dann die Universität für 40 Thaler, um dort die Salztonnenreise unterzubringen, als der Saline das Reifhaus entzogen wurde. 1836 hätte man sie gar zu gerne dem akademischen Gottesdienste zugewiesen, damit dieser nicht das kirchliche Leben der Domgemeinde in der verderblichsten Weise zerstöre. 1847 wollte sie der Vorstand der deutsch-katholischen Gemeinde miethen und fast wäre das Presbyterium auch hierin seiner beliebten dehnbaren Toleranz gefolgt. Die Regierung suchte in demselben Jahre durch eine andere Interpretation des Jerom'schen Edictes der Domgemeinde das Besitzrecht zu bestreiten, doch es blieb ihr und der Minister Graf Stolberg kaufte endlich für 1000 Thaler die Kapelle an den Fiscus. Der Kontract ist vom 3. Januar 1848. Jetzt benutzt sie die hallesche Garnison und zuweilen tritt noch ein Domprediger in die alte noch wenig zerstörte Halle, wenn er die im Sommer dort in wohlthuender Kühle liegenden Militärkranken besucht. Die letzte französische Predigt wurde im Dome am 16. Juli 1809 vom Domprediger Blanc gehalten.

Das Jahr 1809 war auch für die übrigen französischen Gemeinden Preußens wichtig. Die Aufhebung des Kolonialdepartements, des Oberdirektoriums und Oberkonfistoriums, sowie die Abschaffung der französischen Gerichte zerstörte ihre eigenthümliche Besonderheit im preußischen Staate. Die einzelnen Gemeinden blieben in ihrer kirchlichen Gestalt unbeschädigt. Zu ihrer gänzlichen Vernichtung und Verschmelzung mit den deutschen Gemeinden forderte eine verkehrte Schrift auf: „Zuruf an die französischen Gemeinden in der preußischen Monarchie von einem ihrer ältesten Lehrer (Theremin, Prediger zu Grambzow in der Uckermark) Berlin 1814, wogegen eine andere besonnene das Gute des fortdauernden Bestandes der französischen Gemeinden hervorhob: „Adresse aux églises françaises dans les Etats prussiens" à Berlin 1814.

Die letzte Bemerkung in den Acten der französischen Gemeinde war die Eintragung des Todestages O'Berns in das Mortuaire. Dieser Gestorbene schließt würdig die Geschichte der Gemeinde ab.

Wir haben noch seine Schriften zu erwähnen:

1. Deux Sermons, prononcés par Mr. O'Bern, pasteur de l'Eglise Française de Halle. Halle 1787.

Die eine Predigt ist am Jubelfest gehalten, die andere über La Grandeur de Frédéric an dessen Gedächtnißfeier.

2. Sermon pour le Jubilé Centenaire de la Dedicace du Temple François du Moritzbourg prononcé le 24. Oct. 1790 par Mr. O'Bern etc. Berlin 1790.

3. Aufsätze im hallesschen Wochenblatt zum Besten der Armen. Ein sehr guter kenntnißreicher Aufsatz über die Geschichte der reform. fr. Kirche. 1786.

Theils einige Zeit vor ihm, theils gleichzeitig waren noch mit O'Bern folgende Pastoren an der Gemeinde:

Jerome Delas 1751—1757.

Nach dem Tode von Baratier schlägt das Berliner Konfistorium folgende Pastoren zur Auswahl vor: Jean Rouvière von Cleve, Coste von Bergholz, Bovet von Grambzow, Caltel von Stargard, Delas von Halberstadt, von welchen Delas mit 46 Stimmen gewählt wird. Er machte die Annahme der Wahl von der Bereitung einer freien Wohnung abhängig und dies nöthigte das Konfistorium das in der Ulrichsstraße geschenkte Haus zur

Pfarrwohnung herzustellen. Delas ist aus Berlin gebürtig und der Sohn von Pierre Delas und Susanne Débrulers. Er starb 44 Jahre alt am 14. Dezember 1757.

Jean Conrad Landolt 1757—1762.

Er wurde mit 51 Stimmen unter Mouline von Bernau, George von Schwedt, Roux von Patine, Gassoy von Parstein gewählt und ging im Januar 1762 an die Stelle von Ruynat nach Magdeburg, von dort in demselben Jahre nach Hamburg.

Landolt war zu Neustadt am Bieler See in der Schweiz geboren, seine Mutter hieß Anne Barbe Frechné. Er war verheirathet mit der Wittwe des Quartiermeister Erpel, Anne Elisabeth Le Beaux.

Nach dem Tode von Galafrès werden der Gemeinde als Pastoren vorgeschlagen: Landolt von Bale, Roux von Battin, Barthelemy von Schwedt, Engelmann von Angermünde, Marechaux von Grambzow.

Von 66 Stimmen wählen 47 Barthelemy, doch der Hof schlägt eine neue Auswahl vor, in der Barthelemy und Engelmann fehlen, aber der Kandidat Sannier hinzugefügt ist. Dieser wird mit 59 von 68 Stimmen gewählt.

Pierre Israel Sannier 1765—1773.

Wenn wir nicht irren, fanden wir unter den Directeurs de l'Ecole de Charité zu Berlin in der Mitte dieses Jahrhunderts einen Pastor Sannier. Vielleicht ist er der Vater des unsrigen. Sannier kränkelte in seinen letzten Jahren viel und da D'Bern auch krank war, stand es traurig um die Gemeinde. Ein Kandidat Grandam hatte die Vertretung zu üben. Sannier starb am 28. Dezember 1773. Sein Tod erregte großes Bedauern. Man gedachte an seine Sitten und Talente. Nach seinem Tode diente ein Jahr der Gemeinde der Pastor Desca aus Magdeburg, welchem D'Bern 150 Thaler von seinem Gehalt gab. Nach dem Tode von Sannier erbittet die Gemeinde zu ihrem Pastor Garagnon von Burg.

Charles Auguste Garagnon 1773—1790.

Für 50 Thaler vertrat er zugleich auch D'Bern. Mit D'Bern

hatte er einen kleinen Haber um die Benutzung des Gartens hinter dem Pfarrhause. Der Streit wurde so beigelegt, daß der eine von ihnen die linke, der andere die rechte Seite des Gartens erhielt. Sehr wichtige Dinge für die armen Pastoren. Er war verheirathet mit Charlotte Ernestine Christine von Röder. Im Juni 1790 bat er um seinen Abschied, da er krank sei und seine Familie besser durch Unterricht ernähren könne. Er muß hiedurch oder durch andere Dinge ein Aergerniß gegeben haben, weil nachher davon die Rede ist, daß um seiner conduite scandaleuse die Kirche nicht mehr so wie früher besucht worden sei.

Isaac Henri Chodowiecky 1791 — 1805.

Er war der Sohn des berühmten Kupferstechers Daniel Chodowiecky, dem er zu Berlin, als der Vater Vicedirektor der Akademie der bildenden Künste war, geboren wurde. Der Künstler Chodowiecky war eigentlich zu der Uebung seiner Kunst durch einen der schmerzlichsten und ergreifendsten Momente der reformirten Kirchengeschichte, den er ziemlich schlecht dargestellt sah, angeregt worden: durch ein Bild der malheureuse Famille de Calas.

Am 6. November 1791 war sein Sohn in der halleschen Gemeinde eingeführt worden: ein glatter, leichter, ungläubiger Franzose. Er verheirathete sich mit Clare Susanne George, Tochter des französischen Predigers an der Friedrichsstadtkirche. 1805 ging Chodowiecky nach Potsdam.

Zur Auswahl wurden der Gemeinde vorgeschlagen: Jean Frédérik von Bourg, Pierre Louis Marechaux von Wesel, Charles Guillaume Villaret von Neuhaldensleben, François Bok von Brandenburg, le ministre du S. Evangile Blanc.

Letzterer Ward gewählt. Ueber ihn haben wir an einem anderen Orte berichtet.

Dreizehntes Capitel.

Die sociale Wohlthat.

Wohlthaten aus früherer Zeit werden bald vergessen, wenn nicht sichtbare auffällige Denkmäler von ihnen in die Gegenwart hineinragen. Sie sind in den allgemeinen Strom dessen hineingeworfen, was von Güte und Gabe durch unsere Vorfahren auf uns geerbt ist und wir haben aus demselben geschöpft und genommen, ohne viel an die Gestalten und Namen der alten vergessenen Freunde zu gedenken. Unsere Gegenwart ist durch sie geworden, doch da Holz und Stein, Schild und Inschrift nicht mehr von ihnen redet, kennen wir sie nicht. Franckes Name und Wohlthat steht lebendig vor unseren Augen in den noch jetzt von lernender Jugend fröhlich belebten Gebäuden: eben in jener Zeit, wo seine Stiftungen entstanden, wurde die Stadt noch durch andere Gaben beglückt, die nicht weniger bedeutsam für ihr Gedeihen und ihre Blüthe waren, aber ich weiß, ich nenne unbekannte Namen, spreche ich von Abraham Valery, Aaron Basset, Le Clerc, Arbalétrier. Wir wollen ihr und anderer Gedächtniß wieder auffrischen und hoffen unsere Mitbürger mit dankbarem Gefühl für die Calvinisten zu erfüllen.

Die bedeutende Entwicklung Halles, welche im Ende des siebzehnten Jahrhunderts beginnt, ist durch die Uebergabe des Herzogthums Magdeburg an das brandenburgische Fürstenhaus eingeleitet worden. Wie ganz Preußen allein durch seine Fürsten zu der Höhe gekommen ist, die es heute einnimmt, so hat besonders auch Halle die brandenburgischen Regenten zu segnen. Sie haben die Universität gestiftet, Francke zu uns gezogen, den Franzosen das Land geöffnet, ihnen Sitze in Halle gegeben und durch diese drei Thaten mit plötzlichem Schlage die Stadt verändert und umgeschaffen.

Die alte Zeit Halles schließt ab mit den Trümmern und dem Elende, welches der dreißigjährige Krieg und die Pest gebracht hatten.

Ein genauer Kenner unserer Stadtgeschichte meint, es wären nach dem Kriege nur noch 900 Häuser in schlechtem Zustande bewohnt gewesen. Die Einwohnerzahl hätte kaum die Höhe von 5000 Seelen überstiegen. Die Gemeindeschuld war zermalmend groß, der Handel gänzlich ruinirt, Leipzig nicht nur sondern auch Magdeburg hatten den vollen Vorsprung. Selbst die reichen Salinen schienen zu versiegen, man übertraf ihren Betrieb an anderen Orten durch bessere Einrichtungen.

Sollte der Stadt geholfen werden, so mußten neue lebensvolle Bürger in ihre Mitte treten, ein frisches Blut durch die matten Adern rinnen.

Eine Schilderung des dreißigjährigen Krieges von Hertzberg schließt mit den Worten: „zur Zeit des großen Friedrich Wilhelm leuchteten dieser Stadt nach mehr denn 60 Jahren blutig dunkler Nacht wieder die ersten goldenen Sonnenstrahlen eines besseren Tages, einer neuen Zukunft." Es kamen die Franzosen, es kamen die Pfälzer. Gehen wir dem von ihnen gebrachten lichten Tage entgegen.

Von welchem bedeutenden Einflusse die französischen Flüchtlinge auf die gesegnete Entwicklung der brandenburgischen Lande gewesen sind, hat der große König Preußens selbst am besten in seinen Geschichtsbüchern gewürdigt.

Frankreich war den übrigen Ländern in Kultur und Bildung voran. Es waren nicht nur die engen Kreise der Gelehrten, in denen die Wissenschaften heimisch waren, sondern sie hatten sich auch in den sogenannt ungelehrten, höheren und mittleren, selbst unter dem weiblichen Geschlechte verbreitet. Man las viel, schätzte Kenntnisse und übte sich in angenehmen Lebensformen.

Bei den protestantischen Franzosen wirkte auch der Kampf gegen Rom und die Gefahr des Abfalles dahin, daß man durch stete Lectüre und einen guten Unterricht in den Gründen des evangelischen Glaubens sich bemühte fest und sicher zu werden. Das Lesen religiöser und historischer Bücher auch der alten Klassiker in den Uebersetzungen, welche ihre Sprache schon damals hatte, war ben Franzofen Bedürfniß geworden. Noch jetzt hat das adlige Fräuleinstift in Halle einen kleinen Rest einer bedeutenden Bibliothek von französischen Büchern, welche einst die Aebtissin Franziska von Bernatre, eine Réfugié, gesammelt hatte und die aus einer reichen Auswahl der besten Sachen bestand. Mit Selbstständigkeit und Verständniß betheiligte sich fast jeder an den Gemeindesachen. Dies ging nicht nur aus Liebe und Glauben hervor, sondern beruhte auch auf Bildung und Urtheil. Als Menschen die um ihres Bekenntnisses willen ihre Heimath verließen und das Leben wagten, waren sie gesammelten Sinnes, ernst und nüchtern. Besonnen und verständig fingen sie ihre Unternehmungen an, mit einer weisen Beschränkung und einem knappen Maaße, welches aus Kleinem Großes machte und unüberwindliche Hindernisse ebnete. „Ein Franzose kann von einem Frosche leben," sagte ein preußischer König. Noch am Anfang dieses Jahrhunderts besaß Halle einige französische Familien, welche in vollem Sinne als das bezeichnet werden konnten, was man gewöhnlich „gute Familien" nennt. Es herrschte in ihnen die Tradition eines einfachen sauberen Lebens, einer gewissen gemessenen Würde, fester Lebensregeln und erhaltender Sparsamkeit.

Ein ganz neuer Menschenschlag zog mit den Franzosen in Halle ein.

Die alten Bewohner unserer Stadt waren ein wildes hartes Geschlecht, sehr ergeben dem übermäßigen Gebrauch des Bieres und Branntweines. Alle Jahre wurde am 1. Trinitatis von den Kanzeln ein fürstliches Edict verlesen wegen des „Vollsaufens, Nachtschwärmens und Branntweintrinkens;" es fehlte nicht an wiederholentlichen Todesfällen solcher die sich auf „den Bierkellern todtgesoffen." Ernste Verbote ergingen auch gegen die „Kleiderhoffart," die besonders an den Hochzeiten in dem verschwenderischen Prunke sich zeigte. Der Krieg und die Pest hatten das hallesche Volk lebensmüde, darum aber auch roh, verbrecherisch und wüst gemacht. Man schwelgte in Luxus, besaß man noch etwas; man schwelgte in Laster und Wildheit, hatte man nichts und begehrte doch etwas zu haben. In der Gerichtspflege, in öffentlichen Skandalen, in der Polemik der Geistlichkeit tritt ein starkes Maaß ungebrochener Rohheit uns entgegen, welche nur vor einem mächtigen Aberglauben sich beugte. Die kirchlichen Zustände in der Vorstadt Halles, in Glaucha, über die Francke klagte, werden in denen der Stadt gewiß keine besseren Gegenbilder gehabt haben. Es liegen der Gründe genug vor, daß es in diesen ganz ähnlich aussah, und es war das dadurch bestrafte Gewissen eines Domprediger Schrader und eines Magister Roth, der Gegner Franckes, welches sie zu ihrer Polemik gegen den Waisenhausgründer antrieb. „Die Franzosen entfernt von jedem Luxus kleideten sich in reinlicher Einfachheit. Ihre heitere Munterkeit ergötzte sich bei mäßigem Mahle in angenehmen Gesprächen und ergoß sich zuweilen in frohe Lieder. Aber steife Schmausereien und wilde Trinkgelage blieben ihnen fremd."

„Derowegen so sei es," ermahnt daher der Gründer der halleschen Universität Thomas seine Zeitgenossen in seiner Flugschrift: „Welcher Gestalt man denen Franzosen im gemeinen Leben und Wandel nachahmen solle — man ahme denen Franzosen nach, denn sie sind doch heutzutage die geschicktesten Leute und wissen allen Sachen ein recht Leben zu geben. Sie verfertigen die Kleider wohl und bequem und ersinnen solche artige Moden, die nicht nur das Auge belustigen, sondern mit der Jahreszeit wohl übereinkommen. Sie wissen die Speisen so gut zu präpariren, daß sowohl der Geschmack als der Magen vergnüget wird. Ihr Hausrath ist reinlich und propre, ihre Sprache anmuthig und liebreizend und ihre unerzwungene ehrerbietige Freiheit ist geschickter sich in die Gemüther der Menschen einzuschleichen als eine affectirte bauerstolze Gravität. Es giebt bei uns nur altväterische Sudelköche, die einen guten Hirsebrei mit Bier und dergleichen Leckerbißlein aus denen alten Kochbüchern anrichten können."

Es ist hier noch besonders zu bemerken, daß vorwiegend die protestantischen Franzosen den Ruhm tüchtiger arbeitsamer Geschäftsleute hatten. Eben als Zöglinge ihrer Kirche waren sie thätige rechtschaffene Arbeiter. „Wenn auch alle Kaufleute von Nimes schreibt Baville im Jahre 1609 schlechte Katholiken sind, so hören sie darum nicht auf die besten Handelsleute zu sein". In vielen anderen Orten galten sie als die Reichsten und Angesehensten. Der Seehandel blühte durch sie, England und Holland vertraute ihnen allein, ihr Kredit war allgemein. Sie erzwangen sich unter ihren Feinden Hochachtung durch die Reinheit der Sitten, durch

ihren Patriotismus, durch ihre Königstreue. Mit einer großen Anzahl neuer Erwerbszweige bereicherten sie ihr Vaterland. Der Kern
der Nation wurde mit ihnen ausgetrieben.

Die Franzosen, welche nach Halle kamen, waren dem größten
Theile nach Fabrikanten, Kaufleute, Künstler, Fabrikarbeiter, Handwerker. Schon die kurze Bezeichnung der verschiedenen Stände bei
den ersten Einzüglern zeigte dies. Aus dem Jahre 1687 liegt ein
Verzeichniß der hauptsächlichsten Familienhäupter vor und außer
den Pastoren, dem Richter und einigen Militairpersonen gehören alle
den Handeltreibenden und Handwerkerständen an. Sie sollten in
unserer heruntergekommenen Stadt, die in Hinsicht auf Handel und
Gewerbe noch auf der niedrigsten Stufe der Entwicklung stand,
einen großartigen Aufschwung hervorrufen. Sie führten das Han-
delsleben der Stadt zu einer Höhe, daß Ancillon sagt, Halle habe
glücklich mit Leipzig rivalisirt. Vor der Ankunft der Franzosen und
Pfälzer war in Halle fast noch gar nichts geschehen, den Wohl-
stand zu heben. Ein einziger Tuchmacher fand sich, welcher aber
nicht selbst producirte sondern seine Tücher aus Sachsen bezog.

Es wurde anders als die Calvinisten kamen. Geschickte,
arbeitsame, vielgewandte Leute unternahmen sie sogleich mit re-
gem Eifer die frühere Thätigkeit. Einige von ihnen hatten einen
Theil ihres Vermögens gerettet, so vornehmlich die aus Metz Ent-
kommenen, welche nach Brandenburg 2 Millionen Franken brachten andere unterstützte der Kurfürst mit freigiebiger Hand und ihre
sparsame Haushaltung, ihre einfache Bedürfnißlosigkeit half ihnen
bald von geringen Anfängen zu dem lohnendsten Erfolge. „In
der Annahme von Vorschüssen waren sie sehr vorsichtig, nahmen
sie sie an, so waren sie beflissen dieselben zur bestimmten Zeit zu-
rückzuzahlen.“ Eine französische Kaufmanns- oder Handwerkersfa-
milie war für die Hallenser ein Vorbild von weiser Einschränkung
und rastloser Regsamkeit. In gewöhnlicher armseliger Bude fingen
sie an, fast jeden Schritt klug und bedächtig überlegend, nichts wa-
gend und endeten oft in großen Etablissements. Der Vater hatte
in seiner Frau und seinen Kindern die nöthigen Handlanger, man
that alles selbst und der Weg zum Markte ward zu Fuß gemacht,
man nahm die Waare auf den Rücken. „Ihr pünktliches Wort-
halten, die Gründlichkeit ihrer Arbeiten erwarb ihnen Vertrauen.

Jeder französische Protestant hatte die gute Meinung für sich, daß er ein rechtschaffener gewissenhafter Mann sei. Dieses erwarb den Künstlern und Handwerkern auch bei den höchsten Ständen Achtung und hatte die gute Folge, dem Bürger- und Handwerksstande überhaupt ein eigenes Ehrgefühl zu geben. Die Kinder der französischen Protestanten in solchem Gefühl aufgewachsen, drängten sich nicht zu höheren Ständen, beneideten nicht deren scheinbaren Glanz. Getreu den Gewerben ihrer Väter suchten sie dagegen dieselben zu noch höherer Vollkommenheit zu bringen." Als die Kurfürstin von Brandenburg alle ihre Kronjuwelen dem Peter Fromery, einem aus Sedan nach Berlin geflüchteten Juwelier anvertraute, und der hohe Gemahl sich darüber wunderte, antwortete sie: „Ist er nicht ein Flüchtling?" Eine Scene würdig von Chodowiecky durch einen Kupferstich dargestellt zu werden.

Gehen wir nach diesen allgemeineren Vorbemerkungen zu einem näheren Nachweis ihrer Wahrheit über, indem wir die besonderen Gebiete der Thätigkeit der Franzosen in Halle betreten. Zunächst ist ihr Einfluß auf die Erziehung der Jugend bedeutend gewesen. Es widmeten sich viele der Franzosen diesem Berufe. Die meisten hörten den höheren Ständen an und diese vornehmen gebildeten Lehrer von feiner Sitte und Weltkenntniß waren so gesucht, daß ihnen fast alle wohlhabenden Familien ihre Kinder schickten. Der Adel Brandenburgs wuchs so insonderheit unter ihren geschickten Händen zu einem ritterlichen wohlgesitteten Geschlechte auf.

Es war ein aus Grenoble ausgewanderter Reformirter Michael Milié genannt la Fleur, der geheime Kammerdiener des Herzog August von Sachsen, Administrator des Erzbisthums Magdeburg, welcher nach dem Tode seines alten Herrn unter dem neuen Regenten, dem großen Kurfürsten, durch die Gründung seiner Académie des Exercices für die ritterlichen Künste eine Lehrstätte in Halle gründete, welche wie sie später mit der Universität vereinigt wurde, so auch dazu mit beigetragen hat, den Gedanken zur Errichtung der Letzteren angeregt zu haben. Kaum war nämlich August gestorben, als sich la Fleur eilig nach Berlin begab, um dem Kurfürsten ein früher Bote dieser wichtigen Nachricht zu werden und dadurch seine Gnade für sich und seine zahlreiche Familie und auch für die Stadt zu gewinnen. Der bisherige Hof hatte einen zahlreichen Adel nach Halle gezogen, die Landeskollegien waren mit vielen für die damaligen Zeiten wohlbesoldeten Räthen besetzt und die Bürgerschaft zählte besonders unter den Pfännern und den Mitgliedern des Rathes wohlhabende und reiche Männer. Daher hatten sich hier mehrere sogenannte Exercitienmeister, die in den ritterlichen Künsten, im Reiten, Fechten, Tanzen, sowie in neueren Sprachen Unterricht ertheilten, niedergelassen. Ihnen war durch die Aufhebung des Hofstaates die Aussicht auf reichlichen Erwerb geschmälert, wo nicht abgeschnitten. Daher wußte la Fleur durch sein Bitten den Kurfürsten zu bestimmen, daß er ihm die Erlaubniß ertheilte „eine Sprach- und Exercitien-Schule" zu begründen und zu dem Behufe Sprach-, Fecht- und Tanzmeister anzunehmen. La Fleur machte sich mit gewandter und fleißiger Hand an die Ausführung seiner Gedanken, kaufte das Einsiedelsche Haus in der Märkerstraße (Nr. 454 und 455), hängte als Zeichen des kurfürstlichen Schutzes das Brandenburgische Wappen vor der Thür auf und stellte die nöthigen Lehrer, jedoch nur unter der Bedingung, daß sie für einen Thaler monatlich an seinem Tische aßen, an. Obgleich das Ganze mehr eine Privatunternehmung war, so erfreute es sich doch des besten Erfolges und die Zahl der Schüler nahm trotz des dagegen eifernden Rectors Prätorius immer mehr zu. In Folge dessen scheint der Kurfürst sowohl dem la Fleur als den einzelnen Lehrern im Jahre 1685 einen Gehalt ausgesetzt zu haben; denn ersterer bezog aus der Magdeburgischen Landschaftskasse jährlich 150 und aus den hiesigen Kammergefällen 100 Thaler. Tanzmeister war Maieux, Sprachmeister Channoy, Fechtmeister Petri. Die Zöglinge wohnten zum großen Theile auch in la Fleurs Hause und zahlten für den Unterricht im Tanzen, Fechten und in der französischen Sprache, sowie für Tisch, Stube und Bett jährlich 120 Thaler. Wir können hier nicht weiter auf la Fleurs Streitigkeiten mit der durch den Stallmeister von Berghorn gegründeten Ritterakademie eingehen. Sowohl diese neue Ritterakademie als die Anstalt la Fleurs gingen ein, als die Universität eröffnet wurde, deren Gründung sie durch ihre Frequenz als ein vortheilhaftes Unternehmen empfohlen hatten.

Hatte la Fleur mit seiner Anstalt ein kleines Vorspiel der zukünftigen Universität gegeben und für ritterliche Erziehung der vornehmen Söhne Halles sich bemüht, so fanden sich auch später, als sich die Franzosen in Halle mehrten, unter ihnen viele Lehrer. Neben verschiedenen Namen steht im Kirchenbuche die Bezeichnung: Lehrer der französischen Sprache, denn der Unterricht in ihrer Muttersprache mußte sich den Flüchtlingen gleichsam als erster Nahrungszweig darbieten. Neuerdings hat wieder Krabbe den Calvinismus zum Verderber der deutschen Muttersprache gemacht. Die Schuld lag weniger an den Calvinisten, als an der geckenhaften Vorliebe der Deutschen für diese Sprache schon vor der Ankunft der Flüchtlinge. Bei den vielen Wohlthaten die sie uns gebracht sollte man billig diesen Schaden bedecken: die großen Grimms zieren unser Jahrhundert. Die Franzosen verbanden mit dem Sprachunterricht die Unterweisung in feinerer Lebenssitte und edler Civilität und Francke in dieser Hinsicht ihre Gaben erkennend suchte sie für seine Unterrichtsanstalten zu gewinnen. Bei seiner „Frauenzimmeranstalt," die er am 25. Mai 1698 eröffnete, stellte er als Erzieherin der Töchter reicher und abliger Eltern die Französinnen Louise Charbonnet und Susanna Bail an, letztere die Schwester des Lehrer Bail. Sie unterrichteten hauptsächlich in der französischen Sprache, in der Religion, Arithmetik und Kalligraphie, noch andere Lehrer waren ihnen beigegeben. Im Jahre 1700 hat die Anstalt schon 13 Mitglieder aus verschiedenen Städten. 1714 veröffentlichte Charbonnet nach der Verlegung der Anstalt in ein neues Haus „einen Bericht von der in Glaucha an Halle zur Erziehung junger Töchter befindlichen, und von dem Waisenhause daselbst dependirenden Anstalt und deren ordinairen Unkosten dabei." Die Charbonnet starb 1739, ihre Verwandte Susanna Munier trat an ihre Stelle.

Fast bis ans Ende des achtzehnten Jahrhunderts bestanden in Halle noch Erziehungsanstalten „französischer Demoselles und Wittwen." Die letzten Schulen waren wohl die von der Wittwe Laborde und der Plantier geleiteten.

Schließen wir hier gleich das an, was wir über den Handel mit französischen Büchern in Halle wissen.

Französische Bücher wurden vor der Ankunft der Flüchtlinge in Brandenburg nicht gedruckt. Man bezog den nöthigen Vorrath direct aus Frankreich. Der erste Buchdrucker französischer Literatur war Robert Roger in Berlin, welcher die Bibel, die Psalmen und Andachtsbücher druckte. Später entstanden dort großartige Etablissements. In Halle erhielt unter dem 10. Januar 1703 Lefèvre das Privilegium französische Bücher drucken und verkaufen zu dürfen; die gleichen Rechte des Felix du Serre gingen unter dem 27. Mai 1721 (nicht 1720) an das reformirte Gymnasium über. Bei der Vorliebe für die französische Sprache werden diese Buchdrucker ihren Gewinn gefunden haben. Später wird als ein bedeutender französischer Buchhändler Adam Christoph Selllus († 1748) genannt.

Wir kommen zu dem Einfluß der Franzosen auf den Ackerbau.

Die Franzosen haben mit den Pfälzern den Tabacksbau, die Maulbeerbäume und den damit verbundenen Seidenbau eingeführt. Den Tabacksbau gab man bald auf, weil sich der fette hallesche Boden besser für die Anpflanzung von Getreide eignete. Der Seidenbau erreichte einen hohen Grad von Vollkommenheit. Auch das Pflanzen der zum Tuchmachen so nöthigen Karden und Kümmeln unternahm man mit glücklichem Erfolge. Die halleschen Disteln waren berühmt und gesucht.

Die Metzer förderten die Pflege der Gärten, führten neue Obstsorten ein und brachten seltene Gemüse in den allgemeinen Kauf. Wie weit sie den Weinbau unter uns cultivirt haben, ist mir nicht bekannt.

Wichtiger sind die neuentstehenden Fabriken.

Die Gründung einer großen Tuchfabrik geschah durch Abraham Valery aus Bédarrieux in Languedoc, welcher kurfürstlicher Kommercienrath wurde. Der Kurfürst kaufte für ihn das Otto Myliusche Haus für 2550 Thaler, gab 2000 Thaler für die Herstellung der Fabrik und die Anstalt hatte ein solches Fortgehen, daß schon 1687 Valery 25000 Thaler Capital besaß und 50 Arbeiter und 300 Spinnerinnen beschäftigte. Der gerade wackere Mann besaß das ganze Vertrauen des Kurfürsten und wurde der Ernährer von Vielen. Das Fabrikhaus besitzt jetzt der Mühlenbesitzer Küstner und dieser hat zu unserer Freude bei einem Umbau eine alte Inschrift vortrefflich erneuern lassen, welche so lautet:

Durch Privilegium des Churfürsten
Friedrich Wilhelm
vom 14. Februar 1687, erbaut von Abraham Valery,
neuerbaut von F. H. W. Küstner 1848.

Feine Tücher wurden von jetzt an in vorzüglicher Güte in Brandenburg gemacht und von dort die nordischen Lande mit fast allen Arten von wollenen Zeugen versorgt.

Der erste Strumpfwirker-Stuhl kam in Magdeburg in Gebrauch. Friedrich Wilhelm bezahlte das erste in Berlin gewirkte Paar wollener Strümpfe mit hundert Thalern.

Namentlich waren aus Bédarrieux nach Halle viele Tuchscheerer und Wollkämmer gekommen, welche auch den großartigen Betrieb des Strumpfwebens sowohl wollener als seidener Strümpfe hervorriefen. Mit dem Strumpfweben ging Hand in Hand das Strumpfstricken und die Verfertigung von gewalkten Strümpfen. Eine große Menge von Menschen lebten von dem Auslesen, Zubereiten, Kämmen, Färben und Spinnen der Wolle und Seide, wie auch von dem Weben, Zusammennähen und Zwickelsticken der Strümpfe. Dieser Gewerbszweig erforderte und ernährte auch die Nadelmacher und noch verschiedene andere Nebenarbeiter. Als ansehnliche Fabrikherrn von Strumpfwirkereien werden uns Aaron Basset aus Bédarrieux, Pierre Baudouin aus Clermont-Lodève und andere genannt. Neben den Franzosen sind hier auch stets die reformirten Pfälzer zu erwähnen, welche mit gleichem Fleiße auf diesem Gebiete sich bethätigten. Ein Jahrhundert hindurch hat Halle das Strumpfweben als gutes Ernährmittel betrieben. Hier ist auch noch der Verfertigung von Barchent und ähnlichen Stoffen zu gedenken, von denen weiße und gefärbte Muster in weite Ferne ausgingen.

Glücklich arbeiteten die Flüchtlinge bei uns weiter in Flanell- und Leinwanddrucken. Eine Fabrik für gedruckte Wachsleinwand hatte kein langes Bestehen. Als Fabrikant von Sammet, Tapeten und ungarischen Spitzen war Gaspard le Clerc berühmt und beim Kurfürsten hochangesehen. Auch Pierre Roussel aus Vitry le François in der Champagne und Florent

Bontin aus Chatellerant in Poitou sollen Sammetfabrikanten gewesen sein. In dieser Fabrikation bestand der vorzügliche Ruhm
der halleschen Kolonie. In Zusammenhang hiermit standen die
Fabriken von Gold-, Silber- und Seiden-Bändern. Die
Fabrik von zinnernen Knöpfen war keine der geringsten, sie
hatte Export in fremde Lande.

Wir sind indessen noch nicht am Ende mit der Aufzählung
der vielen socialen Wohlthaten der Franzosen in Halle.

Außer der Verfertigung von Tabackspfeifen aus schönem
weißen Thone und einer durch sie gegründeten Porzellanfabrik,
brachten sie ferner nach Halle die Kunst des Glasmachens,
welche Frankreich den Venetianern abgelernt hatte. Matthieu de
Simonzy aus Tournai führte sie ein und aus dem Jahre 1702
ist als Inspector der Glashütten Jocquet genannt. In der Familie Arbalétrier war das Geheimniß des Aschensalzes bewahrt.

Die damals noch seltenen Uhren fabricirte Samuel du Thuil-
ley aus Guien an der Loire. Die Uhrmacher hatte man bis dahin zu den Schlossern in Brandenburg gerechnet. Alle Arbeit in
Gold, in Malerei in Email, in Juwelen lag in den Händen der
Franzosen. Als Juweliere arbeiteten in Halle mit großem Handel nach Sachsen, Moyse Garrigues und Jean Lacoste, welchen
1688 freie Wohnungen zugestanden wurden. Die Hutmacherei
hatte ihr verborgenes Kunstgeheimniß in der Bereitung der Hasen-
und Kaninchenhaare. Sie scheint in Frankreich ganz Eigenthum
der Reformirten gewesen zu sein, denn mit ihrem Weggange schied
dies Gewerbe von Frankreich und wurde erst später wieder von
England in Frankreich eingeführt. Es gab viele Hutmacher in
Halle: Angels, Gallio 2c. Haarputz, Perücken, Toilettengegenstände
verfertigten die Perruquiers, Bijoutiers, die niederen Aerzte, eine
Fabrik von Ungarischen Wasser und Poudre entstand frühe.
Damenschneider, Friseure 2c. traten als neue wunderliche Handwerker unter den Hallensern auf.

Die Kunst der Weiß- und Lohgerberei pflanzten, obgleich
in ihrem Gewerbe nicht mit gleichem Erfolge wie die übrigen Franzosen gekrönt, die Flüchtlinge Étienne Chabot und Pierre Bergal-
lier nach Halle. Und doch wäre ihnen ein guter Fortgang zu
wünschen gewesen, um noch mehr zur Hebung jenes Handwerkes

beizutragen, welches in Halle eine große Blüthe erreichte, ich meine die Handschuhmacherei. Die ledernen Handschuhe, welche die vornehme Welt damals nur in ihren höchsten Spitzen gebrauchte, das niedere Volk schützte sich gegen die Winterkälte mit Tuchhandschuh, bezog man aus Frankreich, wohin große Summen dafür gingen. Die Flüchtlinge in Brandenburg betrieben diese in Frankreich sehr ausgebildete Kunst mit solchem Erfolge, daß der ganze Norden Europas von ihnen kaufte. Sie verarbeiteten dänisches und schwedisches Leder, im Magdeburgischen auch viele Ziegenfelle, die ihnen das dortige Land reichlich bot. Die billigen Lebensmittel erlaubten ihnen viele Unterarbeiter anzustellen, welche die Felle bereiteten und zusammennäheten und so lebte eine Menge von Menschen von diesem einträglichen Geschäfte.

In Halle waren die Handlungen von Isaac Figuièr aus Metz, Hérard Dan aus Grenoble, Arbalétrier aus der Dauphiné, Plantier aus Saint Armand weitbekannt. Der Markt von Leipzig und Braunschweig bot einen nahen vortheilhaften Absatz.

Die Regierung gab den Handschuhmachern am 27. September und 24. October 1702 die Rechte einer besonderen Handwerksinnung unter dem Namen Maîtrise des Gantiers François Réfugiés.

Im Jahre 1709 erhielten die Franzosen die Braufreiheit. Sie durften zwei Brauhäuser errichten, und waren von der Zahlung des Importes für das Getreide frei. Ein gewisser Blancbois führte dieses Geschäft. Später kaufte ihnen der Rath das auf dem Strohhofe gelegene Brauhaus ab. Ein leichtes braunes Bier, viel getrunken, bezog man von ihnen.

Als Wächter der großartigen Thätigkeit der Franzosen unter uns wollen wir zum Schlusse noch erwähnen, den Kommercienrath François le Clerc, den Secretair des Handels Jacques Horguelin und den Beaufsichtiger der Fabriken Cavallier, welche eine sorgfältige Visitation ausübten und von der Berliner Handelskammer abhingen, von welcher ein gutes System der Bewachung und Förderung des neuen gewerblichen Aufschwunges über die brandenburgischen Lande ausging.

Wir haben zum Schlusse noch über das Bureau d'Adresse der Franzosen in Halle zu berichten.

Das Bureau d'Addresse (Leih= und Pfandhaus) ist eine gleiche Einrichtung wie der Mons Pietatis in Italien oder wie das Lombard an anderen Orten. Gegen Einsetzung eines sicheren Unterpfandes und Entrichtung eines gewissen Zinses kann man aus der Anstalt Geld entlehnen. Ist die Lehnzeit verronnen, muß man das Pfand wieder einlösen, wenn man nicht desselben verlustig gehen will. Läßt man es stecken, so wird es in einer öffentlichen Auction verkauft, damit die Anstalt zu ihrem Capital, zu den Zinsen und den Auctionskosten komme. Ist der Verkaufsertrag größer als das ausgeliehene Geld, so erhält der Eigenthümer des Pfandes den Ueberschuß heraus. Von Italien verbreiteten sich diese Anstalten nach Frankreich und waren für die Handwerker und armen Leute von großem Nutzen, besonders konnte der mit Waare überhäufte Handwerker durch sie leicht einen Vorschuß bekommen.

Im Brandenburgischen entstand zuerst ein Bureau d'Addresse in Berlin, nach dessen Muster Jacques Pourtalès aus Sauve in Languedoc mit einem Königlichen Privilegium eine ähnliche Anstalt in Halle 1715 errichtete, für welche die unter dem 2. April 1717 der Berliner vorgeschriebenen Reglements gleichfalls gültig waren. Nach dem Tode des Gründers 1713 erhielt Moyse Vors das Privilegium und nach dessen Absterben der Juwelier Louis Poinlon, dessen Erben es bis in den Anfang dieses Jahrhunderts besaßen.

Man nahm von 100 Thaler 5 Procent, dann noch als Magazinage (Aufbewahrungsgeld) 7½ Procent jährlich. Nach Abfluß der Leihzeit wartet man noch ein Jahr, dann wird, meldet sich der Eigenthümer nicht, das Pfand verauctionirt. Ist der Eigenthümer verschollen, so fällt der etwaige Ueberschuß (Déshérence) dem Könige zu. Dieser überließ jedoch den Ueberschuß dem Königlichen französischen Collège in Berlin. Am 5. October 1781 wurde das Recht der Addreßhäuser der französischen Kolonien aufs Neue bestätigt (ne doit sortir de la Colonie française). Nach dem Aufhören des französischen Leihhauses, vielleicht schon früher, bildete sich das städtische, über dessen Werth man verschiedener Ansicht sein kann. Gewöhnlich betrachtet man solche Anstalten als ein gutes Hülfsmittel für die armen Klassen.

In der Mitte des vorigen Jahrhunderts fing die Handelsblüthe Halles zu welken an. Die Fabriken hatten an anderen Orten besonders in Leipzig bedeutende und stärkere Rivalen. Wir ermangeln der Mittel um einen eingehenderen Nachweis des Verfalles zu geben.

Aus dem Mai des Jahres 1797 liegt ein Bericht über das Handelswesen der Kolonie vor, nach dem eine Fabrik von seidenen Strümpfen von Bourbau, zwei Fabriken von Handschuh von Figuièr und de Charles und das Leihhaus der Erben Poinlon allein noch übrig waren von dem einst so blühenden vielseitigen gewerblichen Treiben der Franzosen. Die Fabrik von seidenen Strümpfen hatte mit dem Mangel an solchen Arbeitern zu kämpfen, welche die Seide färbten, Nadeln verfertigten und andere nöthige Eisenhandwerkzeuge machten. Sie fehlten in Halle und der Bezug dieser nothwendigen Stücke von auswärts brachte Kosten. Mit ähnlichen Hinderuissen hatten die Fabriken von Handschuh zu thun. Es waren keine sie unterstützende Weißgerber in Halle. Dann besaßen sie auch nicht hinreichende Geldmittel, um das Geschäft zu heben.

Die Erinnerung an die Wohlthaten der reformirten Franzosen wird immermehr unter uns bleichen, so möge denn das hier gesetzte Denkmal ihre Namen bewahren und von ihren Gaben reden.

Der reiche vergeltende Segen Gottes kam durch sie über ihre gastfreie gütige Zufluchtsstätte Brandenburg und sie selbst erfuhren es in schon irdischer zeitlicher Erfüllung, daß wenn der Gerechte auch viel leiden muß er dennoch nicht seines Brotes entbehren werde sondern die Fülle haben. Das königliche Wort Jesu trat bei den Heimathlosen in Kraft: „Es ist Niemand, so er verlässet Haus, oder Brüder, oder Schwestern, oder Vater, oder Mutter, oder Weib, oder Kinder, oder Aecker, um meinetwillen und um des Evangelii willen; der nicht hundertfältig empfahe jetzt in dieser Zeit, Häuser, und Brüder, und Schwestern, und Mütter, und Kinder, und Aecker, mit Verfolgungen, und in der zukünftigen Welt das ewige Leben."

Literarischer Nachtrag.

Die Hauptquellen, aus denen die gegebene Darstellung geschöpft ist, sind: 1) die französischen Acten der Domkirche, welche die zum Theil ungemein sauber geschriebenen Konsistorialverhandlungen bewahren, unter denen besonders die aus der ersten Zeit auch noch dadurch eigenthümlich sind, daß nach einem festen Princip alle Namen klein geschrieben sind; 2) Mémoires pour servir à l'histoire des Réfugiés français dans les états du Roi, par Erman et Reclam à Berlin 1787—1799, ein ausführliches nicht leicht zu handhabendes Buch, unvollendet; 3) Histoire de l'etablissement des François réfugiés dans les Etats de Brandenbourg à Berlin 1690 (par David Ancillon). Ein geistreiches Büchlein, sich von damaliger deutscher Literatur auf dem Geschichtsgebiete durch geschickte Gruppirung, feine Bemerkungen und unterhaltende Art unterscheidend; 4) Weiss, histoire des Réfugiés Protestants de France. Paris 1853. 5) La France protestante der Gebrüder Haag, dieses Meisterwerk französischen Fleißes. 6) von Dreyhaupt, Chronik von Halle. II. S. 531 ff. Auch bei unserer Durchforschung der Quellen hat sich aufs Neue der Chronist bewährt.

Zu den einzelnen Capiteln bemerken wir noch folgende Quellen.

·Cap. I. Das Edict des Kurfürsten findet sich abgedruckt bei Weiss, Tome II, pièces justif. 405, vergl. auch Dohm, Denkwürdigkeiten. 5. Band. Ein empfehlenswerthes Buch, welches auch eine Darstellung der Flucht aus Frankreich giebt, sind die Vorlesungen von Buch über französische Reformationsgeschichte (Bremen). Die eigentliche Quelle der Refuge ist Benoît in seinem bekannten Buche, welches auch in holländischer Uebersetzung vorhanden ist. Eine angenehme Lectüre bietet Wenz, des Glaubens Kraft, Bonn 1834. Ferner: Entretiens d'un père avec ses enfans sur l'histoire de la reformation et sur l'histoire du refuge. Seconde édition publiée par la compagnie du Consistoire. Berlin 1819 (p. Henry).

Ueber die Aufnahme der Flüchtlinge in der Schweiz erzählt hübsche Züge ein neues Buch von Mörikofer, Bilder aus dem kirchlichen Leben der Schweiz, 1864, S. 322 ff. Die Nachricht über Augier ist aus der La France pr. unter seinem Namen.

Cap. II. Hier liegt zum Theil ein Actenstück des Rathhauses zum Grunde, welches als das letzte klägliche Erbe des ausgeplünderten Archivs auf uns gekommen ist. So wenig weiß die liebe Stadt noch von ihren alten Wohlthätern. Auch die Martuaires der Gemeinde gaben manche Notiz.

Cap. III. ist nach den ersten Konsistorialverhandlungen.

Cap. IV. In welch ingeniöser Weise die Gelder unter den Galerenscla-ven vertheilt wurden, darüber brachte die evangel. = reform. Kirchenzeitung einen Aufsatz 1862, 11 u. 12. Was in dieser Zeit der Flucht für überraschend große Summen aus freiwilliger Liebe zusammenkamen, darüber findet sich manches bei Weiß, Wenz und Mörikofer.

Cap. V. Ueber die confession de foy vergl. Niemeyer in seiner Collectio Conf. in. E. R. p. 311 — 340. Henry, das Glaubensbekenntniß der franz. = reform. Kirche. Berlin 1845. v. Polenz, Geschichte des Calvinismus I. §. 17. Böckel, Bekenntnißschriften der evang. = reform. Kirche: ein der Verbreitung werthes Buch, Leipzig 1847 bei Brockhaus.

Giebt man eine überfeine Lehrzergliederung auf, wie sie Schneckenburger in seiner „vergleichenden Darstellung" versucht hat, dem es aber damit so ge-gangen ist wie Rothe mit seiner Erklärung von Röm. 5., die architectonisch geführten hohen Thürme sind von zerbrechlichstem Glase, so muß man sagen, daß zwischen beiden Reformatoren nur der Unterschied herrscht, daß Luther Brot u. Wein im Abendm. zu Trägern der himmlischen Gaben macht, was Calvin verneint, womit dann bei ersterem die Allgegenwart des Leibes Christi zusammenhängt auch in anderen Naturgegenständen. Wie bei Calvin so ruht auch die ganze Lehrweise Luthers auf der Gnadenwahl, die er ja auch aufs schärfste ausgesprochen hat und der ganze Weltlauf erhält auch bei ihm den Schluß, „daß die Erwählten selig wer-den, die anderen aber der Teufel holt." Statt sich zu bemühen, die beiden Re-formatoren in ihrer Lehreinheit zu trennen, sollte man lieber die verschiedene Auffassungsweise der einen Lehre in beiden nachweisen, wie sie bedingt ist durch verschiedene Characteranlage und anders gestaltete Lebensverhältnisse. Die neuere Zeit hat wieder große Versuche über die Theologie Luthers gebracht (Harnack, Köstlin): man sollte den freien, kräftigen, oft unbedacht redenden Mann nicht in eine enge Systemjacke sperren. — Was den Vorwurf des abstracten Demokratismus betrifft, der den Reformirten gemacht wird, so geht der ehrwürdige Genfer jetzt gewöhn-lich in den Fehden und Anklagen der Ultraconservativen den rothesten Partei-häuptern der Umsturzmänner voran: frevelhaft genug. — Ueber die Discipline vergl. Ebrard, die Entstehung der Presbyterialverfassung in der reform. Kirche Frankreichs, Zeitschrift für historische Theologie. Derselbe: das Synodal-leben der reform. Kirche in Frankreich von 1598 — 1685 in der Reform. = Kir-chenzeitung Nr. 2, 1853. v. Polenz, Gesch. des Calvinismus I. §. 17. Ge-schichte, Wesen und Vorzüge der Presbyterialverfassung aus dem Englischen mit Zusätzen von Hellmar. Halle 1849. S. 157. Jacobsohn, die kirchlichen Ver-hältnisse der Reformirten in Preußen. Zeitschr. für Kirchr. von Dove. 1863. Hft. II. u. III. Im Allgemeinen: Lechler, Geschichte der Presbyterialverfassung. Die Discipline selbst findet sich mit ihrem Synodaldetail bei Aymon, Tous les synodes nationaux des églises réformées de France. A la Haye 1710. Sehr em-pfehlenswerth ist die Conformité de la Discipline Ecclesiastique des Protestants de France avec celle des Anciens Chrétiens in verschiedenen Ausgaben, Haag 1710, zuletzt in Lausanne 1846, nouvelle édition par Henry Martin. Auch Henry hat in seiner Ausgabe des Glaubensbekenntnisses die ersten Grundlineamente mitgetheilt. Aymon ist fehlerhaft. Ueber die erste französische Gemeinde in Berlin und ihre Stellung zur Disciplin vergl. Ancillon S. 60. und Mémoire historique sur la fondation de l'église française de Berlin 1772. — Ueber den Gottesdienst vergl. Formes des prières ecclesiastiques avec la manière d'admistrer les Sacremens et celebrer le Mariage et la visitation des malades, welche 1541 zu Genf erschienen (auch abgedruckt bei Niemeyer) und auf denen die gottesdienstlichen Handlungen der Franzosen beruhen, welche den Psalmbüchern mit dem Katechismus angedruckt wurden. Sie sind wörtlich wiedergegeben in la Liturgie et le Catéchisme des Eglises Reformées Françoises, imprimé chez Ulrich Liebpert, Imprimeur du Roy. 1704 und 1740. Alt, der kirchliche Gottesdienst, zweite Aufl. I. 271. Ebrard, practische Theol. §. 151. Ueber die Entwicklung dieser Liturgie zur Frankfurter, zu der Joh. a Lasco und zu der Niederländischen vergl. Ebrard a. a. O. und die Bekenntnißschr. und Formulare der Niederländisch-Reformirten Kirche in Elberfeld. Elberfeld 1850. S. 16 ff. Die Uebersetzung und Benutzung der Disciplin und der Liturgie ist selbstständig nach den Quellen.

Cap. VI. Die Kanzelberedtsamkeit der römischen Franzosen hat uns Bungener lebendig vorgeführt in seinen bekannten Schriften. Ueber Saurin vergl. die Encyclop. von Herzog. Rambach der so vieles übersetzt hat, hat auch Reden von Lenfant verdeutscht (heilige Reden über wichtige Wahrheiten der Lehre Jesu Christi, 1742). Ueber Marot und Böze vergl. die La France pr. Die Einheit des Genfer Katechismus mit dem Heidelberger kann durch den in die deutschreformirte Kirche eingeschmuggelten Melanchthonismus nicht gestört werden. Die Heidelberger Theologen waren gute Calvinisten. Wahrhaft zerstörend wirkt aber dieser von Heppe eingeführte Melanchthonismus auf seine Darstellung der Dortrechter Synode, in welcher sogar aus Liebe zu diesem Fündlein die arminianische Partei ein theilnehmendes halbes Anerkennen findet. In etwas ist diese Auffassung der Dortrechter Synode, immerhin eine der herrlichsten Erscheinungen in der Kirchengeschichte der Reformirten, durch die Beurtheilung von Gomarus durch Subhoff in der Encyclopädie parallelisirt. (Vergl. auch Licht mit Duisternis. Geschiedenis der Remonstrantie in de vereenigde Nederlanden, opgemaakt uit de Nederlandsche Historie van Johan van den Sande. Utrecht 1855).

Ueber das Glaubensexamen der Kinder der Gemeinde vergl. Bachmann Gesch. der Konfirmat. S. 71 ff. und v. Zezschwitz, Katechetik S. 576.

Cap. VII. Vergl. die Kirchenacten, La France prot., welche jedoch über Besombes und Lugandi Fehler enthält. Ueber de Vignolles (weniger richtig des Vignolles) vergl. Rathlef, Geschichte der jetzt lebenden Gelehrten V, 347., der jedoch fälschlich berichtet, daß de Vignolles die erste französische Predigt in Halle gehalten habe.

Cap. VIII. Ueber die Inspirirten haben wir die Quellen verzeichnet in unseren Mittheilungen über die Geistlichen der ev. ref. Domgemeinde zu Halle 1863 unter Knauth. Bei Lange ist ein Theil der Tractatenwelt über die Inspirirten mitgetheilt S. 57. Wir benutzten außer dem a. a. O. angegebenen Material noch das Urkundenbüchlein der halleschen Weissagungen: Quand vous saurez saccagés, vous serez saccagés. 1714; auch in lateinischer Uebersetzung, uhi devastaveritis, devastabimini: nam lux io tenebris enituit, ipsos ut delest. Curis N. F. 1714. S. 9 79. befinden sich die in Halle gehaltenen Weissagungen. Ueber die Geschichte der Inspirirten vergl. auch Goebel, in der Zeitschrift für historische Theologie 1854. II. III. 1855. I. III.

Cap. X. In der Darstellung des Uebertrittes von Johann Sigismund sind wir hauptsächlich Hering gefolgt in s. historischen Nachricht von dem ersten Anfange der reform. Kirche in Brandenburg, dann Droysen in s. Geschichte der brandenburgisch-preußischen Politik II. II. S. 603 ff. (vergl. Protest. Kirchenzt. 1860, Nr. 22—24.) doch haben wir auch aus dem Chur-Brandenburgischen Reformationswerk von 1615 geschöpft, in diesem befindet sich das Bekenntniß von Thomas von Knesebeck. Ueberhaupt birgt dieser Anfang der reform. Kirche in Brandenburg viel Schönes, wenig gekannt.

Cap. XI. Göttens gelehrtes Europa III. 421. La France protestants, Eckstein Chronik von Halle. S. 109., hier findet sich auch die weitere Literatur.

Cap. XII. Ulrichs Briefe I. Band S. 226. Jacobsohn a. a. O. Dohm, Denkwürdigkeiten. 5. Die la France pr. hat über D'Bern keine Nachrichten. Meine Mittheilungen über die Geistlichen der evang.-reform. Domgemeinde unter Dohlhoff. Ueber die französische Gemeinde in Magdeburg vergl. Mémoire historique sur la fondation de l'église française de Magdebourg. (p. Dihm). Magd. 1806. — Hallesches patriot. Wochenbl. 10. Jahrg. 463.

Cap. XIII. Außer den oben angegebenen Hauptquellen, Eckstein, Chronik von Halle S. 5. Derselbe über die Charbonnet in den Natalicia Secolaria A. H Franckii 1863. S. 12. Er nennt die Französin pis, so nannten sie ihre alten Pastoren nicht. Da wir die Aebtissin von Bernatre erwähnt haben, wollen wir hier auch noch die übrigen aus Frankreich stammenden Stiftsdamen nennen: Constanze Albertine Marie du Tour, Marie Wilhelmine von Montmartin, Louise Martha von Cordier (Aebtissinnen); Charlotte le Maçon de la Fontaine (aus Paris), Elisabeth von Chalezar (aus Xaintogen), Henriette Charlotte Louise von Hautcharmoy, Louise Amalie von Bernezobre, Marie Elisabeth de l'Homme von Courbiere (Kanonissinnen).

Berichtigungen.

Seite 4 Zeile 21 u. 22 lies: nach der Reinheit seines Wortes, für: nach Reinheit ꝛc.
  „ 61 „ 20 lies: Coligny statt Colligny.

Inhalt.